ROGER DOMMERGUE

VÉRITÉ ET SYNTHÈSE
LA FIN DES IMPOSTURES

OMNIA VERITAS

ROGER-GUY DOMMERGUE
POLACCO DE MÉNASCE

VÉRITÉS ET SYNTHÈSE
LA FIN DES IMPOSTURES
2000

Publié par
OMNIA VERITAS LTD

OMNIA VERITAS

www.omnia-veritas.com

PRÉFACE 15

Le Juif, l'ennemi principal c'est Lui 23

PREMIÈRE PARTIE 25
CE QUE LES JUIFS ONT DIT D'EUX-MÊMES 25

AVANT PROPOS FONDAMENTAL 25

UN RABBIN PLAIDE COUPABLE 29
CE QUE LES JUIFS DISENT DES JUIFS 38

Baruch lévy, juif 41
Les glandes de l'humanité. 42
« Jewish World » 43
Walter Ratheneau, juif 44
Benjamin disraeli, juif 44
Benjamin disraeli, juif 46
Marcus Éli Ravage, juif 47
Isidore Loeb, juif 49
« La Revue des Études Juives » 49
Les Protocoles des Sages de Sion 51
Werner Sombart, juif 52
Le coadjuteur du Grand Rabbin de Jérusalem 53
Henri Barbusse, juif 53
Adolphe Crémieux, juif 53
Adolphe Crémieux, juif 55
René Groos, juif 56
Blumenthal, juif 56
La conférence centrale des rabbins américains 57
Déclarations faites au sein du B'nai B'rith 57

CE QUE LES JUIFS DISENT EUX-MÊMES À PROPOS DU COMMUNISME 64

Rabbin Judah l. magnes 64
M. Cohan, juif 64
Nahum sokolow, juif 65
Rabbin lewis Brown 65
Professeur Reinhold niebuhr, juif 65
« The American Hebrew » 65
Hermalin, juif 66
« Jewish Chronicle » 66
Rabbin Judah L. Magnes 67
Otto Weininger, juif 67
« Vers moscou » 67
Angelo Rappoport, juif 68
Moritz Rappoport, juif 68
« Jewish tribune » 68
Kadmi Cohen, juif 68
« The maccabean » 69
Maurice Samuel, juif 70
Angelo Rappoport, juif 70
Bernard Lazare, juif 70
« L'univers israélite » 71
« Archives israélites » 71
« New York Time » 71
Elie Eberlin, juif 72
« Jewish Chronicle » 73
Manifeste de rabbins 73
Louis Fisher, juif 74
« The maccabean » 74
« Jewish World » 75
« Canadian Jewish Chronicle » 75

Maurice murrey, juif 75
« Novy mar » 76
J. Olgin, juif 76
Bernard Lazare, juif 77
Angelo Rappoport, juif 82
Alfred Nossig, juif 83

LE COMMUNISME SOUTENU ET FINANCÉ PAR LA HAUTE BANQUE JUIVE 84

Voici ce texte et les analyses du R.P. Fahey. 84
Rapport des services secrets américains 85
Capitalistes juifs 88
La Révolution russe est un placement juif 89
Le symbolisme du drapeau rouge 90
Les Juifs et le libéralisme 91
Un intéressant document britannique concernant les Juifs . 92
Constatations incontournables 93
Un grand banquier juif fait de sensationnels aveux 94
Ce texte mérite une profonde méditation. Il est simplement ahurissant. 101
Voici un document atroce : 105
La grande propriété anéantit la petite 105
Les vrais génocides de l'Histoire 106
Intéressant document sur la conversion du Grand Rabbin Néofit 110
Deux citations intéressantes de Zinovieff, juif 111
L'or Juif, maître du monde 111
Le tsar dans le château des Rothschild 118
« Tag » 119
« Les Juifs doivent vivre » 119
Un gouffre infranchissable 128

Les Juifs forment le plus raciste de tous les peuples............ *130*
La société des nations, organisation juive *130*
Dr Klee, juif.. *130*
Jesse E. Sampter, juif... *131*
Max Nordau, juif... *131*
Nahum Sokolov, juif.. *131*
Lucien Wolf, juif.. *132*
Lennhorr, juif... *132*
« Judische Rundschau » *132*
Sir Max Waechter, juif... *132*
Lénine, juif... *133*
Emil Ludwig, juif.. *133*
Au grand convent maçonnique international................. *134*
Au convent du Grand orient... *134*
Au congrès de l'American Jewish Committee................. *135*
La Conférence de la Paix.. *135*
La franc-maçonnerie, instrument juif............................ *136*
Benjamin disraeli, juif... *138*
« La Vérité israélite » *138*
Bernard Shillmann, juif... *138*
Bernard Lazare, juif... *139*
Ludwig Blau, juif.. *139*
Isaac Wise, juif... *139*
Bernard Lazare, juif... *139*
« The Jewish Historical society » *140*
« The free mason Guide »... *140*
« Encyclopedia of freemasonry » *140*
Rudolph Klein, juif... *140*
Rev. S. Mac Gowan... *140*
« Le symbolisme » *141*
« The text book of free-masonry ».................................. *141*
« Alpina » *141*

« Les Constitutions d'Anderson ».. 141
Samuel Untermeyer, Juif et franc-maçon........................ 142
Findel, Juif et franc-maçon 142
« The Jewish tribune » 143
« L'encyclopédie juive » 143
« B'nai B'rith magazine » 143

POURQUOI LES JUIFS NE PEUVENT-ILS JAMAIS ÊTRE LES NATIONAUX D'AUCUN PAYS ?............145

Preuves illimitées qu'ils en donnent 145

Dr Chaim Weizman, juif.. 145
Ludwig Lewinsohn, juif... 145
« Israël messenger » 145
Jesse E. Sempter, juif... 146
« Jewish Encyclopedia ».. 146
« New York tribune » 146
Max Nordau, juif... 147
« Jewish Chronicle » 147
« Archives israélites ».. 147
Lévy-Bing, juif.. 147
Bernard Lazare, juif.. 147
« Pro-israël ».. 148
Max Nordau, juif... 148
Nahum Sololow, juif... 148
S. Rokhomovsky, juif.. 148
« L'univers israélite » 149
« Archives israélites ».. 149
« Jewish Chronicle » 150
Wodislawski, juif... 150
« Sunday Chronicle ».. 150

« Jewish World » 150
Théodore Herzl, juif 151
Léon. Lévy, juif 151
« Jewish World » 152
« Jewish World » 152
Rabbin Morris Joseph 152
Arthur D. lawis, juif 153
Léon Simon, juif 153
Moses Hess, juif 153
« Jewish Chronicle » 153
« Jewish Courrier » 153
G. B Stern, juif 154
S. Gerald Soman, juif 154
La prière du Kol Nidre 159
Conséquences de cette psychopathologie 160
Klatskin, juif 161
Jacob Braffmann, juif 161
Marcus Éli Ravage, juif 161
James Darmesteter, juif 162
Kurt Munzer, juif 162
Otto Weininger, juif 162
Bernard Lazare, juif 163
René Groos, juif 163
M. J Olgin, juif 163
Medina Ivrit, Juive 164
Koppen, juif 164
Baruch Lévi, juif 164
Docteur ehrenpreis, grand rabbin 165

L'ÉCROULEMENT DE LA RUSSIE 166

« British israel truth » 166

La Judéopathie totalitaire est-elle tolérable ? 166
« Jewish encyclopedia ».. 167
Bernard Lazare, juif.. 168
Dr Hugo Ganz, juif.. 168
Théodore Reinach, juif.. 169
Dr Rudolf Wasserman, juif... 170
Cerfbeer de Medelsheim, juif... 170
L'usure a procuré aux Juifs la moitié de l'Alsace............. 170
Oscar Frank, juif... 171
Graetz, juif... 172
Dr Rudolf Wasserman, juif... 172
Dr M. J. Guttmann, juif.. 172
Kreppel, juif.. 172
Le drapeau français vu par le Juif Jean Zay.................... 173
Symbolisme du poing fermé et du bras levé, main ouverte 178
Danger !... 178
Communisme et Juiverie au Canada 180
Un intérêt vital 181
Karl marx, fondateur du Communisme 182
Boycott systématique de tous les ouvrages qui ne sont pas en faveur des Juifs, déjà depuis 1895........................... 182
Le sort de la Russie s'est joué en 1913............................ 183
À propos de la Bible 184
À propos du Japon 184

CE QU'ILS ONT FAIT POUR L'HUMANITÉ 186

Latzis, juif... 186
Dr. Fromer, juif... 186
Quelques propos significatifs de Juifs 187
Corruption fondamentale 189

Le Jewish Chronicle commente l'œuvre d'un théologien irlandais *193*
Les Judéo-Communistes du front Populaire espagnol et 1837 .... *194*
Témoignages unanimes, aussi bien des Juifs que des Goyim *195*

CONCLUSION TRAGIQUE **199**
QU'ONT AFFIRMÉ LES JUIFS DANS CETTE PREMIÈRE PARTIE DU LIVRE ? **201**

Mille ans ! A côté de l'éternelle sion ! *216*

DEUXIÈME PARTIE **226**
CE QUE LES GOYIM DISENT DES JUIFS **226**

Winston Churchill *226*
Mahomet *228*
Érasme *229*
Luther *229*
Ronsard *229*
Voltaire *229*
Emmanuel Kant *230*
Benjamin Franklin *230*
Malesherbes *231*
Fichte *231*
Napoléon *231*
Charles Fourier *232*
Schopenhauer *232*
Alfred de Vigny *232*
Honoré de Balzac *232*
Alphonse Toussenel *232*
Proudhon *233*

Michelet.. *233*
Ernest Renan.. *233*
Bakounine *234*
Dostoïevski... *234*
Victor Hugo *234*
Wagner... *234*
Édouard Drumont.................................. *235*
Edmond de Goncourt............................. *236*
Guy de Maupassant............................... *236*
Jules Verne *236*
Adolphe Hitler *237*
Georges Simenon *237*
Jean Giraudoux...................................... *237*
Lucien Rebatet *237*
Paul Morand *238*
Marcel Aymé.. *239*
Pierre-Antoine Cousteau *239*
Louis Ferdinand Céline *239*

L'HOLOCAUSTE SHERLOCKHOLMISÉ **243**

Complément à propos de l'ONU................... *250*
Secrétariat général *251*
Centre d'information *252*
Bureau international du travail (BIT)........... *253*
Organisation pour l'Alimentation et l'Agriculture (fAo) .. *253*
Organisation pour l'education, la science et la Culture (unesCo) *254*
Banque Mondiale pour la Reconstruction et le Développement *254*
Fonds monétaire international (fmi) *255*
Organisation Mondiale des Réfugiés............ *255*

Organisation Mondiale de la Santé (oms) *256*
Organisation Mondiale Du Commerce (OMC) *256*
Union Internationale des Télécommunications (UIT) *257*

TROISIÈME PARTIE 258
UN TEXTE D'UNE ÉCRASANTE VÉRITÉ ATTRIBUÉ À UN JUIF 258

Le droit de la race supérieure *259*

À NOUS LA FRANCE ! 293
LA JUDÉOPATHIE MONDIALISTE TOTALITAIRE 311
CONCLUSION 317

AUTRES OUVRAGES DE ROGER DOMMERGUE.................. 318

PRÉFACE

« Tout finira par la canaille ». Nietzsche

Attaché à sa communauté le juif est inassimilable. Le génie du peuple juif est d'avoir présenté le problème juif sous son seul aspect religieux. Selon le juif, il y aurait des Français de confession juive, tout comme il y a des Français de religion catholique. De nombreux goyim (étrangers au peuple juif) sont tombés dans ce piège. Monseigneur Lustiger incarne l'exemple type du juif de religion catholique.

Tout d'abord les sémites ne sont pas d'origine européenne, ils sont ethniquement proches de l'arabe, pas du gaulois.

Ensuite le juif appartient d'abord au peuple d'Israël, c'est sa communauté nationale.

Enfin le judaïsme entérine religieusement le plus vieux racisme que la terre ait jamais porté. Seul le peuple élu appartient à l'essence même de dieu, les autres hommes sont assimilés à des animaux. Pas de prosélytisme chez les rabbins, convertir des animaux au judaïsme est inutile.

Preuve de sa félonie, le juif se dit Français d'origine roumaine (François Copé, Pierre Moscovici), Français d'origine hongroise (Nicolas Sarkozy), Français d'origine luxembourgeoise (Stéphane Bern), Français d'origine espagnole (David Pujadas) …

Quand il ne se dit pas Français, le juif se dit Européen, Corse, Breton … Citoyen du monde.

Mais jamais, oh combien jamais il ne se dit juif.

'Là où est l'or, est notre patrie' cette parole typiquement juive se vérifie partout. Les juifs sont concentrés dans les régions les plus riches des plus riches nations. Pas de juifs au Mozambique, beaucoup de juifs en Amérique. La région parisienne et l'Alsace, les deux régions les plus riches de France, concentrent l'essentiel du peuple juif.

L'argent est maîtresse du monde et les juifs sont les rois de la finance : Soros, Barclay, Rothschild, Rockefeller …

L'usurier Moïse déjà exhortait son peuple à prêter de l'argent, sans jamais en emprunter.

L'emprunt avec intérêt entre juifs est religieusement interdit.

Cette passion de l'or est confirmée par le nom de nos plus célèbres économistes : Marc Touati, Elie Cohen, Alain Minc, Guy Sorman…

Neuf fois sur dix notre ministre des finances appartient à la race errante. Alors que la population juive de notre pays est d'un pour cent.

Pour anecdote les premières paroles du tube commercial de Jean-Jacques Goldman (en français : *L'homme en or*) étaient « *Un jour j'aurai tout ce qui brille entre mes mains* ». Plus qu'un symbole, une prophétie.

Tous les ans lors de la réunion du CRIF (Conseil Représentatif des Institutions Juives de France), tous les leaders politiques sont convoqués et sommés de prêter publiquement allégeance à la communauté juive. À l'exception du front national qui a été exclu de la vie politique française suite à une ordonnance du B'naï B'rith (franc maçonnerie exclusivement juive) émise en 1986.

Jacques Chirac (le plus enjuivé des français) doit sa place à la promesse qu'il avait faite à la communauté, qu'une fois élu il dénoncerait officiellement l'État français et ses mesures de préservation nationale antijuives.

En 2002 l'escroc-supermenteur est réélu à plus de 80 % en défendant la première des valeurs que le peuple juif exige des autres : La Tolérance.

Le rêve juif d'un monde sans frontières passe par la dissolution des nations dans l'Europe, puis par la dissolution de l'Europe dans le monde. Souvenez-vous du désarroi de la juive Christine Ockrent lors du non français au référendum euromondialiste de 2005.

Les juifs sont les plus fanatiques militants de l'entrée de la Turquie dans l'union européenne :

Daniel Cohn-Bendit, Pierre Lellouche, Gilles Martin-Chauffier, Pierre Moscovici, Alexandre Adler…

Leur rêve doit devenir notre cauchemar. L'argument avancé est que la Turquie a toujours été protectrice des juifs, même aux heures les plus sombres de notre histoire.

Les juifs des États-Unis se battent avec la même hargne pour l'entrée du Mexique dans l'union américaine.

Toujours cette volonté juive d'anéantir cet homme blanc qui pourrait à nouveau menacer le petit-peuple-qui-a-tant-souffert.

Le front national l'a toujours affirmé, ce ne sont pas les immigrés qui doivent être mis en cause, mais les responsables de la politique d'immigration.

De Marek Halter à Elie Wiesel, le juif rêve chez nous, d'immigration, de métissage, d'ouverture sur le monde, d'accueil de l'Autre — avec un A majuscule.

Le moteur de cette obsession est la vengeance. Le peuple juif veut nous faire payer les représailles, selon lui injustes, qu'il a subi durant toute l'histoire de notre pays.

Le peuple juif nous rappel constamment à son devoir de mémoire. Au mieux pour nous soutirer de l'argent, au pire pour nous faire accepter l'inacceptable : le remplacement d'une population française d'origine européenne par une autre d'origine africaine. La mise en scène de l'holocauste et son exploitation politique nous interdisent toutes mesures de salut national.

Les plus enragés partisans des sans-papiers appartiennent à la race de Judas : la bête juive Emmanuelle Béart, la bête juive Stéphane Hessel, la bête juive Alain Krivine, la bête juive Patrick Gaubert, la bête juive Mathieu Kassovitz, la bête juive Arno Klarsfeld …

Pendant 30 ans le peuple juif a soutenu l'arabisation et l'islamisation de la France. Juifs et arabes défilaient main dans la main contre les représentants sincères du peuple français. Vociférant contre le front national et son président. Le juif Bernard Stasi nous martelait son slogan ' *L'immigration une chance pour la France* '. C'était l'époque heureuse d'S.O.S. racisme fondé par le juif Julien Dray.

Depuis les flambées de violence au proche orient entre juifs et arabes. Nous avons assisté à un retournement de situation, désormais ces deux communautés sont en guerre sur notre propre sol. Même la communauté noire réclame des comptes aux juifs ayant profité de la traite négrière (familles juives nantaises, dont les Mendès-France). Désormais le peuple juif se tourne vers les français, cherche leur appui par la voix d'Alain Finkielkraut qui aujourd'hui dénonce le racisme anti-blanc.

L'islamophobie, cheval de bataille de Philippe de Villiers, est d'abord un signe adressé à la communauté juive. C'est un signe d'allégeance et de ralliement en direction du lobby qui n'existe pas.

Après l'Irak, les juifs préparent l'opinion à une guerre contre l'Iran. La guerre préventive chère à Bernard Kouchner, c'est d'abord la possibilité de détruire préventivement tout pays qui pourrait menacer l'état d'Israël.

Après la victoire juive de 1945, l'antiracisme, le multiculturalisme et le métissage sont devenus les valeurs fondatrices de la société judéo-occidentale.

Cécilia, la compagne de Sarkozy, juive pur-sang, se vante de n'avoir pas une seule goutte de sang français dans les veines. Pendant que son mari nous explique le déclin des civilisations par le manque de métissage.

Pour la juive Madame de Fontenay, organisatrice des élections miss-France, les plus jolies femmes se rencontrent dans les régions les plus métissées.

Officiellement les races n'existent pas, mais elles doivent se mélanger, il faut à tout prix mélanger ce qui n'existe pas !

Le peuple dominateur se prétend épris de justice. Plus proche des assassins que de leurs victimes, le juif Robert Badinter fait abolir la peine de mort.

Le juif André Gluksmann dénonce constamment les bavures commises en Tchétchénie, mais passe systématiquement sous silence les crimes commis par le peuple juif en Palestine.

Le gardien du temple de la mémoire Claude Lanzmann a affirmé publiquement, que si on laissait les historiens révisionnistes s'exprimer librement, d'ici 2 ou 3 ans, plus personne ne croirait à l'holocauste.

Il est vrai que pour un peuple qui prétend avoir été exterminé, ils pullulent dans les médias : les Drucker, les Arthur, les Fogiel, les Castaldi, les Moati, les Okrent, les Miller, les Benamou, les Schonberg, les Pujadas, les Attal, les Veil, les Abiker, les Beigbeder, Les Namias …

Ce sont ces mêmes médias qui organisaient des manifestations spontanées contre le FN, lors de l'entre-deux tours des présidentielles de 2002.

On dit des antisémites qu'ils souffrent de paranoïa, qu'ils voient des juifs partout. Prenons un exemple au hasard. Les postulants à l'élection présidentielle de 2007 au sein du parti socialiste sont :

Laurent Fabius : *Juif*

Dominique (*Gaston*) Strauss-Kahn : *Juif*

Jack Lang : *Juif*

François Hollande : *Juif*

Bernard Kouchner : *Juif*

Ségolène Royal : *Une Française enfin !*

On dit des antisémites qu'ils surestiment l'influence du juif. Mais enfin qui dicte la politique étrangère des États-Unis. À un tel point que l'on ne sait plus si ce sont les États-Unis qui sont l'allié d'Israël ou l'inverse.

De Voltaire à Shakespeare en passant par Dostoïevski, les plus brillants esprits de la culture européenne sont antisémites.

Quant aux philosémites, ils veulent nous convaincre de l'égalité de tous les hommes entre eux. Pourtant l'agression réelle d'un Français suscite généralement peu d'intérêt, c'est un simple fait divers parmi d'autres, une banalité, un point de détail. Tandis que l'agression réelle (*affaire Halimi*) ou fictive (*affaire du RER*) d'un sémite déclenche aussitôt une levée de bouclier, l'émotion suscité est à son comble et les plus hautes instances dirigeantes lancent leur rappel à l'ordre : '*S'attaquer à un juif, c'est s'attaquer à la France toute entière*'.

On nous rappelle instamment que la vie d'un seul juif vaut celle de 60 millions de Français.

Cette France juive est moralement incarnée par le milliardaire Bernard Henry Levy. Dans son livre torchon *L'idéologie française*, il vomit la France profonde, la France française.

Les civilisations naissent et meurent, mais le juif est toujours là, éternel à lui-même. Éparpillé à travers le monde, minoritaire partout, il traverse les millénaires.

Lorsque la France africanisée à mort aura définitivement rejoint le tiers monde. Les juifs feront leurs bagages vers des contrées plus prospères (*probablement l'Asie*) afin d'y continuer leurs affaires. Jacques Attali a toujours affiché son mépris pour les peuples sédentaires attachés à leur terre.

L'immigration de repeuplement et l'encouragement de l'avortement (*inauguré par la juive Simone Veil*) sont les 2 piliers de la politique juive exercés à l'encontre du Français de souche. Sans doute ne faut-il pas généraliser la culpabilité du juif dans l'extermination du peuple français. Il y a peut-être parmi eux quelques innocents.

Longtemps nos rois nous ont protégé de la puissance financière juive. La monarchie avait même réussi à expulser le peuple juif hors du royaume de France.

Quant à l'église catholique, elle a trahi sa mission première : Nous protéger de la perfidie du peuple déicide.

Aujourd'hui la bête juive place toutes ses espérances dans le capitalisme apatride. Le monde entier considéré comme un grand marché ouvert, sans frontières, sans nations, sans identités, sans traditions. Un monde unicolore peuplé de consommateurs portant tous des jean's Levis.

Plus rien désormais ne semble entraver l'ascension du peuple juif dans la voie du gouvernement mondial des sages.

Devons-nous pour autant perdre tout espoir, nous coucher et mourir de cette mort lente dont le juif a le secret : non !

Autrefois le peuple juif croyait atteindre son but de domination mondial par le communisme (*idéologie du juif Marx, révolution du juif Trotsky*). Le communisme a engendré le fascisme et le nazisme.

À chaque fois que la bête juive approche son but suprême ; Elle se montre trop sûre d'elle-même ; Elle devient imprudente ; Elle nous dévoile son arrogance hautaine. Suscitant chez le non-juif le sursaut salvateur.

LE JUIF, L'ENNEMI PRINCIPAL C'EST LUI

Pour vous en convaincre, lisez la presse juive et plus particulièrement la revue *Droit de vivre* de la LICRA.

Prenons pour exemple la RECONQUISTA, cette lutte de 5 siècles contre l'occupation de l'Espagne par les arabes, qui n'aurait jamais été possible sans l'expulsion préalable du peuple juif.

G. S.

Solstice d'été 2006

PREMIÈRE PARTIE
CE QUE LES JUIFS ONT DIT D'EUX-MÊMES

> « *Les rois du siècle où nous entrerons bientôt seront ceux qui sauront le mieux s'emparer des richesses. Les fils d'Israël possèdent cette aptitude à un degré qui n'a pas encore été égalé, et dans le mouvement général qui se dessine partout contre eux, il faut voir des symptômes précurseurs des luttes redoutables qu'il faudra mener contre eux pour se soustraire à leur menaçante puissance* ».[1] **Gustave le Bon**, *fin du XIXème siècle*

AVANT-PROPOS FONDAMENTAL

Le mot antisémite ne signifie strictement rien.

Un Juif n'est sémite que si les circonstances géographiques l'y contraignent et cela au même titre que d'autres sémites. Un Juif, grand, blond, aux yeux bleus, et dont la famille demeure depuis sept siècles en Pologne, n'a rien de sémite. Un petit Juif râblé d'Amérique du Sud n'a rien de commun avec ce Juif Polonais hormis un particularisme constant dans le temps et l'espace dont ce livre traitera abondamment.

---

[1] Le malheur est que, un siècle plus tard, en 1999, la judéopathie totalitaire a accompli son œuvre hégémonique avec des conséquences de pollutions morales, physiques, écologiques, qui étant contre nature, ne peuvent se résorber que dans des cataclysmes multiformes.

Hormis les races blanche, noire, jaune et rouge, les races n'existent pas : il n'existe que les ethnies qui sont le résultat de l'adaptation hormonale à un environnement fixe, pendant au moins huit à dix siècles. Les Juifs n'ont jamais séjourné mille ans dans un lieu géographique fixe, pas même en Palestine : ils ne peuvent en aucun cas constituer une ethnie.

Les traits caricaturaux qu'ils présentent souvent, comme leurs possibilités spéculatives hors pair, mais privées de sens moral et d'esprit de synthèse, comme nous le voyons à profusion dans l'actualité de ce siècle, et dans l'Histoire, sont exclusivement dues aux effets de la circoncision au 8ème jour, premier jour des vingt et un jours de la première puberté.[2]

Il n'y a donc pas de Goyim tel que des Soros, Warburg, Hammer, Marx ou Freud (finance, logique démâtée, rêve à système).

On peut donc être « antijuif » pour des raisons évidentes prouvées par des arguments implacables et des faits.

Des Juifs célèbres les ont exposés. Des Goyim célèbres comme Benjamin Franklin, qui voulait leur refuser la citoyenneté américaine, les ont confirmés.

---

[2] Le problème de la circoncision juive est traité dans mon livre « *Dossiers secrets du XXIème siècle* ». Cette découverte est due au Dr Jean Gautier qui a expliqué l'antériorité fonctionnelle du système hormonal sur le système nerveux. J'ai soutenu en Sorbonne une thèse de doctorat à partir de son œuvre : « *Le dandysme, hyperthyroïdie physiologique* ».

Toute vérité concernant les Juifs est automatiquement taxée « d'antisémitisme » et désormais punie par la loi, puisque les Juifs ont fait promulguer des lois racistes « antiracistes » (crime de la pensée selon Orwell) qui interdisent de divulguer leurs manœuvres, leurs actions, leur importance monstrueuse dans les gouvernements occidentaux où, comme par exemple aux États-Unis, ils dominent tout.

Nous allons étudier dans ce livre les vérités exprimées par des Juifs très célèbres et confirmées par de célèbres Goyim.

À notre époque, une telle étude est confidentielle puisqu'en l'an 2000 il ne subsiste aucune liberté d'expression, hormis celle accordée profusément à la drogue, à la pornographie, à l'homosexualité, à l'avortement, à la pilule pathogène et tératogène, à la chimification alimentaire et pharmaceutique, à la pédophilie, à la destruction écologique et à l'horreur économique en général…

On me pose souvent la question : « Pourquoi, vous, Juif, choisissez-vous de révéler la vérité qui ne peut que desservir votre 'race' » ?

Je réponds à cela que d'abord il ne s'agit pas de race mais de pathologie extra dimensionnelle et que ce n'est pas parce qu'on a la peste que l'on doit clamer que la peste est un critère de santé.

De plus la symbiose de la perversité juive et de la connerie (il n'y a pas d'autre mot) goy sont en train de mener le monde entier au néant, à sa fin.

Je voudrais éviter, à la mesure de mes moyens, que ne se réalise cette prédiction de Hitler dans *Mein Kampf* : « Si les Juifs avec leur profession de foi marxiste prennent les rênes de l'humanité, alors la terre sera privée de ses habitants et recommencera à tourner, seule dans l'éther comme il y a des millions d'années. »

Le texte qui suit : « *Un rabbin plaide coupable* », est d'une telle importance que je l'ai volontairement mis au début de ce livre. Avec une lucidité implacable, le rabbin Manfred Reifer fait un panorama magistral de l'action nécrosante juive qui précédait Hitler, démythifiant ainsi la diabolisation hitlérienne et mettant en évidence la diabolisation juive.

Jamais un « antisémite » Goy n'a écrit avec une lucidité aussi implacable, même pas Céline…

Un rabbin plaide coupable

Ce document devenu introuvable a été détruit massivement par les Juifs.

On comprendra aisément pourquoi. Huit mois après l'accession de Hitler au pouvoir, le « *Czernowitz Allgemeine Zeitung* » publiait le 2 septembre 1933 cet article du rabbin Manfred Reifer.

« La situation actuelle des Juifs d'Allemagne est l'aboutissement d'un processus historique. C'est un développement dont le début peut remonter au temps de Bismarck. Il fallait qu'il aboutît ainsi si l'on comprend la profonde importance historique de ce mouvement antisémite dont Hitler est l'expression la plus forte. Celui qui ne pouvait prévoir cela était aveugle.[3]

On essayait de fermer les yeux sur les événements et on agissait suivant l'axiome vulgaire : « ce que l'on ne désire pas, on n'y croit pas ». *C'était un moyen commode d'éviter les questions fondamentales, de regarder le monde à travers des lunettes roses. Les prédicants de l'assimilation juive tentaient de jeter un voile*

---

[3] Rappelons que le philosophe juif Henri Bergson a averti les Juifs, dix ans avant le Nazisme, que s'ils ne changeaient pas de comportement, ils connaîtraient la plus grande manifestation antisémite de l'Histoire.
Or, aujourd'hui où les paramètres de l'antisémitisme sont concentrés comme ils ne l'ont jamais été dans l'Histoire, je leur dis exactement la même chose : ils ne m'écouteront pas car on n'a même pas le moyen de le leur dire sans se faire inculper, que l'on soit Juif ou Goy. Cette superbe analyse sera complétée par la mienne dans la seconde partie du livre.

sur la réalité des choses et ils jouaient comme dernière carte, le Libéralisme, mort depuis longtemps. Ils ne comprirent pas le cours de l'Histoire et crurent qu'ils pourraient y échapper en se déclarant « Allemands de foi mosaïque », en niant l'existence d'une nation juive, en coupant tous les fils qui les reliaient à la juiverie, en effaçant le mot « Sion » de leur livres de prières, et en inaugurant le « Sunday Service ». Ils regardaient l'antisémitisme comme un phénomène passager qui pourrait être éliminé par une propagande intensive par l'organisation de sociétés fondées en vue de le combattre.[4]

Telles étaient les pensées d'un grand nombre de Juifs allemands. De là l'immense désappointement, la profonde résignation devant la victoire de Hitler, de là le désespoir sans nom, la psychose grandissante, culminant jusqu'au suicide, la démoralisation complète. Mais celui qui juge les événements d'Allemagne suivant le principe de causalité, jugera le mouvement national-socialiste comme le point culminant d'un développement naturel.

Il comprendra aussi que l'Histoire ne connaît pas d'accidents, que chaque époque est le résultat de l'époque qui la précède. Là est la clef de la compréhension de la situation actuelle. La lutte contre le juivisme a été conduite en Allemagne avec intensité depuis un demi-siècle avec une précision toute allemande.

---

[4] Ils font encore la même erreur : ils s'imaginent que la création du MRAP, de la LICRA, de SOS racisme, etc. va les empêcher d'être complètement dépassés, engorgés même s'ils arrivent au stalinisme de la loi Gayssot.
Ils ne pourront échapper à une effroyable explosion car le problème n'est pas là. Il est en eux-mêmes. La solution radicale est uniquement la suppression de la circoncision au 8ème jour car ils sont incapables de changer de comportement : au contraire ils l'aggravent en progression géométrique.

L'antisémitisme scientifique a pris racine dans le sol même de l'Allemagne.

Tout cela les Juifs d'Allemagne refusèrent de le voir. Ils se nourrissaient de faux espoirs, ignoraient la réalité et rêvaient de cosmopolitisme, de l'époque des Dohm, Lessing, Mendelssohn. Les Juifs déracinés se livrèrent à des idées fantastiques et se leurrèrent de rêves cosmopolites. Cela se manifesta d'une double façon : ou ils acclamèrent le libéralisme général ou ils se firent les porte-drapeaux du Socialisme. Les deux champs d'activité fournirent un aliment nouveau à l'antisémitisme. En toute bonne foi, désirant servir la cause de l'humanité, les Juifs commencèrent à s'infiltrer activement dans la vie du peuple allemand. Avec leur passion juive si caractéristique ils se lancèrent dans tous les champs de connaissances. Ils s'emparèrent de la presse, ils organisèrent les masses des travailleurs et ils s'efforcèrent d'influencer toute la vie spirituelle dans le sens du libéralisme et de la démocratie. Cela devait naturellement occasionner une profonde réaction dans le peuple qui les hébergeait. Quand les Juifs, par exemple, prirent le contrôle des disciplines soi-disant internationales, lorsqu'ils se distinguaient dans les champs de la physique, de la chimie, de la médecine, de l'astronomie et, jusqu'à un certain point de la philosophie, ils pouvaient tout au plus inspirer de l'envie à leurs collègues Aryens, mais non une haine générale de toute la nation. On n'aimait pas à voir des Juifs obtenir des Prix Nobel, mais on acceptait la chose en silence. Mais dans le cadre des disciplines nationales, c'est tout autre chose.

Dans ce domaine, chaque nation s'efforce de développer ses forces originales et de transmettre aux générations présentes et futures les fruits des travaux spirituels de la race. Ce n'est pas une affaire indifférente pour le peuple de savoir qui écrit des articles sur Noël, qui célèbre la messe, qui demande de fréquenter l'Église. Chaque peuple de chaque nation veut que ses enfants soient éduqués dans son propre esprit. Mais pendant que de grandes parties du peuple allemand luttaient pour le maintien de leur espèce, nous les Juifs, avons rempli de nos clameurs les rues de Germanie.

Nous avons posé aux réformateurs du monde et nous avons pensé influencer la vie publique par nos idées.

Nous avons sonné les cloches et lancé l'appel à la prière silencieuse, nous avons préparé le repas du Seigneur et célébré sa Résurrection.

Nous avons joué avec les possessions les plus saintes du peuple et avons tourné en dérision tout ce qui était sacré pour la nation.

Nous nous sommes fiés aux droits impérissables de la démocratie et nous nous sommes sentis des citoyens égaux de l'État dans la communauté allemande. Nous avons posé aux censeurs de la morale du peuple et avons déversé des coupes pleines de satires sur le Michel allemand.

Nous avons voulu être des prophètes dans les champs païens de la Germanie et nous nous sommes oubliés jusqu'au point d'oublier que tout cela devait attirer la destruction sur nous.

Nous avons fait des révolutions et comme des éternels chercheurs de Dieu nous nous sommes élancés à la tête des masses populaires.

Nous avons donné une deuxième Bible au prolétariat international, une Bible en rapport avec l'époque et nous avons soulevé les passions du Tiers-État.

> ➢ *De l'Allemagne le Juif Karl Marx déclara la guerre au capitalisme.*
> ➢ *Le Juif Lassalle organisa les masses du peuple en Allemagne même.*
> ➢ *Le Juif Édouard Bernstein en popularisa l'idée.*
> ➢ *Les Juifs Karl Liebknecht et Rosa Luxembourg donnèrent vie au mouvement Spartakiste.*
> ➢ *Le Juif Kurt Eistner créa la république soviétique de Bavière, et en fut le premier président.*

Contre tout cela la nation allemande se souleva et se révolta. Elle voulait forger sa propre destinée, déterminer elle-même l'avenir de ses enfants. Elle ne devrait pas être blâmée de le vouloir.

Ce sur quoi je n'ai jamais exprimé mon accord, c'est l'idée de citoyenneté mondiale et de cosmopolitisme, avec des Juifs au premier rang de leurs troupes. Ces déracinés[5] s'imaginaient qu'ils possédaient la force de transplanter les idées d'Isaïe dans les plaines de Germanie et de prendre d'assaut la Walhalla avec Amos. Par moment, ils y réussirent, mais ils s'engloutirent eux-mêmes avec tout le peuple juif sous les ruines d'un monde qui s'est écroulé.

Il faut examiner la lutte du régime hitlérien sous un angle différent de celui que nous imposons et apprendre à le

---

[5] Simone Weil a repris ce terme : « Les Juifs, cette poignée de « *déracinés* », a causé le déracinement de tout le globe terrestre ».

comprendre. Nous, les Juifs, ne nous sommes-nous pas révoltés et n'avons-nous pas fait des guerres sanguinaires contre tout ce qui était étranger ?

Que furent les guerres des Maccabées, sinon une protestation contre une manière de vivre étrangère et non juive ? Et en quoi donc consistèrent les éternelles batailles des prophètes ? En nulle autre chose qu'en l'élimination des éléments étrangers et en la conservation sacrée de la nature originale du Juivisme. Ne nous sommes-nous pas révoltés contre les rois racialement mêlés de la maison des Iduméens. N'avons-nous pas exclu de notre communauté les Samaritains parce qu'ils pratiquaient les mariages mixtes ?

Pourquoi les nationalistes allemands ne feraient-ils pas comme nous, lorsqu'un Kurt Eisner s'approprie personnellement les prérogatives des Wittelsbach ?

Nous devons apprendre à regarder la vérité bien en face et à tirer nos conclusions.

Je voudrai bien être un faux prophète, mais écarter les faits tangibles ne résoudra pas le problème.

Ce qui arrive aujourd'hui en Allemagne arrivera demain en Russie. Pour tous les crimes qui ont découlé du système communiste les Juifs de la Russie soviétique auront à souffrir un jour. Nous aurons à payer chèrement le fait que Trotsky, Joffe, Sinovieff, etc. ont joué des rôles prépondérants en Russie soviétique.

N'avons-nous pas péché plus gravement contre la démocratie en Russie Soviétique qu'en Allemagne ? Alors qu'en

Allemagne Hitler était élu par la majorité, rien de la sorte n'a eu lieu en Russie. Dans ce pays-là une petite minorité qui aujourd'hui compte à peine quatre millions de personnes, après 15 ans d'organisation, a proclamé la dictature du prolétariat.

En Russie soviétique, les Juifs ont aussi essayé d'être les précurseurs et les proclamateurs d'une nouvelle vérité absolue. Ils multiplient leurs efforts pour interpréter la bible bolchévique et pour influencer la pensée du peuple russe.

Ce procédé appelle la plus vive résistance et conduit à l'antisémitisme. Que se passera-t-il lorsque le gouvernement soviétique sera tombé et que la démocratie célébrera en Russie son entrée solennelle ?

Les Juifs auront-ils un meilleur sort que celui qu'ils subissent aujourd'hui en Allemagne ?[6] Derrière les Trotsky, les Kameneff, les Sinovieff, etc. Est-ce que le peuple russe ne découvrira pas leurs vieux noms juifs et ne fera pas souffrir les enfants pour les crimes de leurs pères ? Ou même le régime durera-t-il si peu longtemps que les pères aient eux-mêmes à expier ?[7]

N'y a-t-il pas des exemples de cela ? Des milliers de Juifs n'ont-ils pas perdu leur vie en Hongrie parce que Bela Kuhn

---

[6] Cette analyse est d'autant plus d'actualité que ce 17 novembre 1998, une antisémitisme russe, même communiste, vient d'éclater allant jusqu'à pousser aux pogromes. Voilà qui souligne la lucidité de cette analyse, dont aucune Goy, à ma connaissance n'a été capable.

[7] Dans une émission historique sur la Cinq, nous avons appris que Staline, juste avant sa mort, avait planifié un pogrome national qui n'eut pas lieu du fait de son décès.

avait instauré une république soviétique sur la terre de Saint Etienne ? Ce même Bela Kuhn qui avait fait massacrer 25 000 chrétiens en moins de cent jours ! Les Juifs de Hongrie ont payé chèrement pour avoir joué aux prophètes.

Au sein des Internationales, les Juifs apparaissent comme les éléments les plus radicaux.

Les Allemands, les Français, les Polonais, les Tchèques ont une patrie et leur internationalisme se résorbe en Allemagne, en France, en Pologne, en Tchécoslovaquie. Ils sont autochtones sous un pouvoir national. Cela est démontré dans la vie pratique En 1914, les Allemands brûlèrent le drapeau rouge dans le zoo de Berlin et coururent à la guerre avec des refrains patriotiques aux lèvres. Le socialiste polonais Daszinski fut au premier rang pour la lutte de la résurrection de la Pologne et les socialistes Tchèques chantèrent avec enthousiasme leur chant patriotique (Kde domov muj).

Seuls les Juifs ne voulaient rien entendre à propos de patrie. Ils tombèrent en prophètes ostensibles sur le champ de bataille de la liberté. Karl Liebnecht, Rosa Luxembourg, Kurt Eisner, Gustave Landauer : aucun Kaddosh ne sera récité,[8] aucune messe ne sera dite. Eux, et dans une certaine mesure, les enfants du Libéralisme, tous ces poètes, auteurs, artistes, journalistes (Juifs) ont préparé les temps présents, ont nourri l'antijuiverie, ont fourni base et matériaux au Nazisme. Ils ont tous désiré le mieux et n'ont atteint que le contraire.

---

[8] Ils furent tous tués au cours des troubles provoqués par les révolutions qu'ils avaient organisées.

La malédiction de l'aveuglement les avait frappés.[9]

Ils ne virent pas approcher la catastrophe. Ils n'entendirent pas les pas du temps, les pas lourds de leur destin, les pas très lourds de la Némésis de l'Histoire. »

---

[9] Et les frapperont toujours jusqu'à ce qu'ils aient détruit l'humanité en se détruisant eux-mêmes. Seule la suppression radicale de la circoncision au 8ème jour pourrait sauver les Juifs et l'humanité.

CE QUE LES JUIFS DISENT DES JUIFS

Dans son numéro du 1er juillet 1880, « *Le Contemporain* », une importante revue parisienne, publiait un long article sous le titre « *Compte rendu de sir John Readcliff sur les événements politico-historiques survenus dans les dix dernières années* ». Il s'agissait d'un discours prononcé à Prague par le rabbin Reichhorn en 1869 sur la tombe du grand rabbin Siméon Ben Jéhouda. Ce document a été reproduit dans le livre « *La Russie juive* », de Calixte de Volsky, puis dans « *The Britons* » de Londres, puis dans « *La Vieille France* (N° 214), et d'autres journaux. On apprit dans « *La Vieille France* » que Readcliff avait été tué peu avant la publication de ce document et que le Juif qui le lui avait procuré (un certain Lassalle) avait été tué en duel.

Tel fut le texte prononcé par le rabbin Reichorn :

« *Tous les cent ans, nous les Sages d'Israël, avons coutume de nous réunir en Sanhédrin, afin d'examiner nos progrès vers la domination que nous a promise Jéhovah, et nos conquêtes sur la Chrétienté ennemie.*

Cette année, réunis sur la tombe de notre vénéré Siméon Ben Jéhouda, nous pouvons constater avec fierté que le siècle écoulé nous a rapprochés du but et que ce but sera bientôt atteint. L'or a toujours été et sera toujours la puissance irrésistible. Manié par des mains expertes, il sera toujours le levier le plus utile pour ceux qui le possèdent et objet d'envie pour ceux qui ne le possèdent pas. Avec l'or on achète les consciences les plus rebelles, on fixe le taux de toutes les valeurs, le cours de tous les produits, on subvient aux emprunts des états qui sont ainsi à notre merci.

Déjà les principales banques, les Bourses du monde entier, les créances sur tous les gouvernements sont entre nos mains. L'autre grande puissance est la presse. En répétant sans relâche certaines idées, la presse les fait admettre comme vérités. Le théâtre rend des services analogues. » (Le cinéma n'existait pas à cette époque et il deviendra leur monopole).

Partout la presse et le théâtre obéissent à nos directives. Par l'éloge infatigable du régime démocratique, nous diviserons les Chrétiens en partis politiques, nous détruirons l'unité de leurs nations, nous y sèmerons la discorde. Impuissants, ils subiront la loi de notre banque toujours unie, toujours dévouée à notre cause. Nous pousserons les Chrétiens aux guerres, en exploitant leur orgueil et leur stupidité. Ils se massacreront et déblaieront la place où nous pousserons les nôtres. La possession de la terre a toujours procuré l'influence et le pouvoir. Au nom de la justice sociale et de l'égalité nous morcellerons les grandes propriétés, nous en donnerons des fragments aux paysans qui les désirent de toutes leurs forces qui seront bientôt endettés par l'exploitation. Nos capitaux nous en rendrons maîtres. Nous serons à notre tour les grands propriétaires et la possession de la terre nous assurera le pouvoir.

Efforçons nous de remplacer dans la circulation l'or par le papier-monnaie. Nos caisses absorberont l'or et nous réglerons la valeur du papier, ce qui nous rendra maîtres de toutes les existences. Nous comptons parmi nous des orateurs capables de feindre l'enthousiasme et de persuader les foules. Nous les répandrons parmi les peuples pour annoncer les changements qui doivent réaliser le bonheur du genre humain. Par l'or, par la flatterie, nous gagnerons le prolétariat qui se chargera d'anéantir le capitalisme chrétien. Nous promettrons aux ouvriers des salaires qu'ils n'ont jamais osé rêver, mais nous élèverons ensuite le prix des choses nécessaires à tel point que nos profits seront encore plus grands. Nous préparerons ainsi les révolutions que les Chrétiens feront eux-mêmes et nous en cueillerons tous les fruits.

Par nos railleries, par nos attaques, nous rendrons leurs prêtres ridicules et odieux, et leur religion aussi ridicule et odieuse que leur clergé. Nous serons ainsi maîtres de leurs âmes. Car notre pieux attachement à notre religion à notre culte prouvera la supériorité de nos âmes.

Nous avons déjà placé nos hommes dans toutes les positions importantes. Efforçons-nous de fournir aux Goyim des avocats et des médecins. Les avocats sont au courant de tous les intérêts ; les médecins, une fois dans la maison, deviennent des confesseurs et des directeurs de conscience.

Mais, avant tout, accaparons l'enseignement. Par-là, nous répandrons depuis l'enfance les idées qui nous sont utiles et nous pétrirons les cerveaux à notre gré. Si l'un des nôtres tombe par malheur dans les griffes de la justice des Chrétiens, courons à son aide. Trouvons autant de témoignages qu'il en faut pour le sauver de ses juges, en attendant que nous soyons juges nous-mêmes.

Les monarques de la Chrétienté, gonflés d'ambition et de vanité, s'entourent de luxe et d'armées nombreuses. Nous leur fournirons tout l'argent que réclame leur folie et nous les tiendrons en laisse. Gardons-nous d'empêcher le mariage de nos hommes avec des filles chrétiennes : car par elles nous pénétrons dans les cercles les plus fermés. Si nos filles épousent des Goyim, elles ne nous seront pas moins utiles car les enfants d'une mère juive sont à nous. Propageons l'idée de l'union libre pour détruire chez les femmes chrétiennes l'attachement aux principes et aux pratiques de leur religion.

Depuis des siècles, les fils d'Israël méprisés, persécutés, ont travaillé à se frayer un chemin vers la puissance : ils touchent au but. Ils contrôlent la vie économique des Chrétiens maudits ; leur influence est prépondérante sur la politique et les mœurs. A l'heure voulue, fixée d'avance, nous déchaînerons la révolution qui, ruinant toutes les classes de la Chrétienté, nous asservira définitivement les Chrétiens.

Ainsi s'accomplira la promesse de Dieu faite à son peuple. »[10]

BARUCH LÉVY, JUIF

Ami d'Adolphe Crémieux et de Rothschild, Baruch Lévy a écrit la lettre suivante à Karl Marx. Cette lettre méconnue fut pourtant reproduite dans de nombreux livres et journaux, dont la « *Revue de Paris* » du 1er juin 1928, page 574 : « *Dans la nouvelle organisation de l'humanité, les enfants d'Israël se répandront sur toute la surface du globe et deviendront partout sans la moindre opposition l'élément dirigeant, surtout s'ils réussissent à imposer à la classe ouvrière le ferme contrôle de quelques-uns d'entre eux. Les gouvernements*

---

[10] Les Juifs ne peuvent que nier l'authenticité de tels textes : cela ne sert à rien car ces simples lignes sont un compte rendu parfait de la politique du siècle telle que je l'ai observée et telle qu'elle s'est réalisée.
Ils ont dit aussi que « *Les Protocoles des Sages de Sion* » était un faux. Je le crois sans peine, mais hélas, tout ce qu'il y a dans cet écrit est absolument vrai et très en deçà de l'horreur de l'actualité (mondialisme, ruine économique, pornographie, drogue, homosexualité, effondrement écologique, etc.).

des nations formant la République Universelle passeront sans effort aux mains des Juifs sous le couvert de la victoire du prolétariat.

La propriété privée sera alors supprimée par les gouvernants juifs qui contrôleront partout les fonds publics. Ainsi se réalisera la promesse du Talmud que lorsque le temps du Messie arrivera les Juifs posséderont les biens de tous les peuples de la terre ».

Saint Paul a dit lui-même : « *Les Juifs ne plaisent point à Dieu et sont les ennemis du genre humain* » (première épître). Tout ce qui est rapporté ici, parfaitement réalisé en l'an 2000, ne donne pas tort à saint Paul...

LES GLANDES DE L'HUMANITÉ

Texte composé par Louis Lévy en 1918, édité par la maison « *Nytnordisk Forlag* » de Copenhague. Il fut lu par l'acteur juif Samuel Basekow à une fête en faveur du Karen Hajesad à Copenhague 8 décembre 1935 d'après le « *Berlingske Tidende* » du 9 décembre 1935 devant un auditoire juif en délire.

« *Les temps sont venus — et une seule chose importe maintenant— c'est que nous nous manifestions pour ce que nous sommes : une nation entre les nations — les princes de l'argent et de l'intelligence. Un soupir va s'élever de toute la terre et les foules frémiront tandis qu'elles écouteront attentivement la sagesse qui réside chez les Juifs.*

Qui ignore ce que signifient les glandes du corps humain ? Eh bien, maintenant, par un judicieux instinct de conservation, les Juifs se sont fixés dans les glandes de la communauté moderne des peuples. Les glandes de cette communauté des peuples, ce sont les Bourses, les Banques, les Ministères, les grands quotidiens, les maisons d'édition, les commissions d'arbitrage, les sociétés d'assurances, les hôpitaux, les Palais de Justice.

Il y a quelques publicains et quelques pécheurs, des savants et des professeurs qui affirment qu'il n'y a pas de Question juive. Demandez-le donc au premier qui passe dans la rue, il est mieux renseigné. Par sa jalousie belliqueuse, ce rustre sera antisémite !

Naturellement il faudrait que le peuple Juif ait une représentation internationale, un territoire national qui lui soit propre. Ne croyez pas que les Juifs de l'Europe Occidentale bougeront d'un pas. En apparence tout restera inchangé et pourtant tout sera transformé. Jérusalem deviendra la papauté nouvelle. Jérusalem ressemblera à une toile d'araignée laborieuse, une toile dont les fils d'électricité brilleront sur le monde entier.

Le centre de ce réseau d'or d'où partiront tous les fils sera Jérusalem. »

« JEWISH WORLD »

Un des principaux journaux juifs d'Angleterre a publié le 9 février 1883 le texte suivant : « *La dispersion des Juifs a fait d'eux un peuple cosmopolite. Ils sont le seul peuple vraiment cosmopolite et en cette qualité ils doivent agir et ils agissent comme un dissolvant de toute distinction de race et de nationalité.*

Le grand idéal du Judaïsme n'est pas que les Juifs se rassemblent un jour dans quelque coin de la terre pour des buts séparatistes, mais que le monde entier soit imbu de l'enseignement juif et que dans une fraternité universelle des Nations — un plus grand Judaïsme en fait — toutes les races et religions séparées disparaissent.

En tant que peuple cosmopolite, les Juifs ont dépassé le stage que représente dans la vie sociale la forme nationale du séparatisme. Ils ne pourront plus jamais y revenir. Ils ont fait du monde entier leur « home » et ils tendent maintenant leurs mains aux autres nations de la terre afin qu'elles suivent leur exemple. Ils font plus. Par leur activité dans la littérature et dans la science, par leur position dominante dans toutes les branches de l'activité publique, ils sont en train de couler graduellement les pensées et les systèmes non-juifs dans des moules juifs. »

WALTER RATHENEAU, JUIF

Industriel (AEG) et organisateur de l'économie de guerre du Reich pendant la Première guerre mondiale, Walter Ratheneau, Juif et ministre des Affaires étrangères allemand, a publié dans « *Wiener Press* » les propos suivants en décembre 1921 : « *Trois cents hommes seulement dont chacun connaît tous les autres gouvernent les destinées de l'Europe. Ils choisissent leurs successeurs dans leur entourage. Les Juifs allemands ont en main les moyens de mettre fin à toute forme de gouvernement qu'ils jugent déraisonnable.* »

BENJAMIN DISRAELI, JUIF

Le Premier ministre de la reine Victoria a écrit ceci dans « *Coningsby* », roman célèbre publié en 1844 : « *Et en ce moment même, en dépit de siècles ou de dizaines de siècles de dégradation, l'esprit juif exerce une vaste influence sur les affaires d'Europe. Je ne parle pas de leurs lois auxquelles vous obéissez toujours, de leur littérature dont vos cerveaux sont saturés, mais l'intellect israélite actuel. Vous ne verrez jamais un grand mouvement intellectuel en Europe auquel les Juifs n'auront pas largement participé. Cette mystérieuse diplomatie russe qui alarme tant l'Europe est organisée et menée principalement par les Juifs. Cette grande révolution, qui sera en fait une seconde Réforme, plus importante que la première, et de laquelle on sait si peu de choses en Angleterre se développe sous les auspices de Juifs qui monopolisent en grande partie les chaires professorales d'Allemagne.*

Neander, le fondateur du Christianisme spirituel et qui est professeur royal de théologie à l'Université de Berlin, est Juif. Benary, également célèbre, et de la même université est Juif également.

Il y a de cela quelques années, on s'adressa à nous de Russie. En vérité il n'y a jamais eu entre la Cour de Saint Pétersbourg et ma famille (Rothschild) des liens d'amitié... Cependant les circonstances inclinèrent vers un rapprochement entre les Romanoff et les Sidonia (Rothschild). Je résolus d'aller moi-même à Saint Pétersbourg. J'eus en arrivant une entrevue avec le ministre des Finances de la Russie, le Comte Cancrine. Je me trouvai en face du fils d'un Juif lithuanien. L'emprunt était en rapport avec les affaires d'Espagne. Je voyageai d'une traite. J'obtins dès mon arrivée audience du ministre espagnol, el Señor Mendizabel. Je me trouvais en face d'un de mes semblables, le fils d'un « nuevo christiano », un Juif d'Aragon.

Par suite de ce qui transpirait à Madrid, j'allais tout droit à Paris pour y consulter le président du Conseil français. Je me trouvais en face d'un Juif français : un héros, un maréchal d'empire, et il n'y avait là rien d'étonnant, car où seraient les héros militaires sinon parmi ceux qui adorent le Dieu des armées ?

- Et Soult, est-il Juif ? — Oui, et bien d'autres maréchaux français. Le plus célèbre d'entre eux est Masséna, dont le vrai nom est Manasseh.

Mais revenons à mon anecdote. Le résultat de nos consultations fut qu'il serait bon de faire appel à quelque puissance septentrionale en qualité d'amie et de médiatrice. Nous fixâmes notre choix sur la Prusse, et le Président du Conseil fit une démarche auprès du ministre prussien qui assista quelques jours plus tard à notre conférence. Le Comte Arnim entra dans le cabinet et je me trouvai en face d'un Juif prussien. Vous voyez bien, mon cher Coningsby, que le monde est gouverné par de tout autres personnages que ne s'imaginent ceux qui ne sont pas dans les coulisses... »

BENJAMIN DISRAELI, JUIF

Benjamin Disraeli, (Lord Beaconsfield) publia un autre livre intitulé « *The life of Lord George Bentinck, a political biography* ». A la page 357 de ce livre, il écrivait ceci : « *Qu'une insurrection éclate contre la tradition et l'aristocratie, contre la religion et le droit de propriété, alors l'égalité naturelle de l'homme et l'abolition du droit de propriété seront proclamés par des sociétés secrètes qui forment des gouvernements provisoires, car des Juifs se trouvent à la tête de chacune de ces sociétés. Le peuple de Dieu collabore avec les athées : les plus habiles accumulateurs de richesses s'allient avec les Communistes. La race particulière et choisie donne la main à toute la lie et à toute l'écume des bas-fonds de l'Europe et tout cela parce que les Juifs veulent détruire cette ingrate chrétienté qui leur doit même son nom et dont ils ne veulent plus endurer la tyrannie.* »

Disraeli écrivit aussi à la même page, au sujet de la révolution de 1848 qui plongea plusieurs pays dans le chaos : « *Si cela n'avait pas été le fait des Juifs, cette perturbation indésirable n'aurait pas ravagé l'Europe.* »

MARCUS ÉLI RAVAGE, JUIF

Cet auteur juif a écrit dans le « Century Magazine » de janvier et février 1928 ce qui suit :

« Vous faites beaucoup de bruit autour de l'influence indue des Juifs dans le théâtre et le cinéma. Très bien. Admettons que votre plainte est fondée. Mais qu'est-ce que cela à côté de notre influence pénétrante dans vos églises, vos écoles, vos lois, vos pensées de chaque jour ? Vous n'avez pas encore commencé à apprécier la profondeur réelle de notre culpabilité. Nous sommes des intrus. Nous sommes des trouble-fête. Nous sommes des subversifs. Nous avons pris votre monde naturel, vos idéaux, votre destinée et nous les avons brouillés. Nous avons été à la racine non seulement de la dernière grande guerre, mais de presque toutes vos guerres, non seulement de la révolution russe mais de toutes les révolutions majeures de votre Histoire. Nous avons apporté la discorde, la confusion et la frustration dans votre vie personnelle et publique. Nous le faisons encore et personne ne peut dire combien de temps nous le ferons encore.

Qui sait quelle grande et glorieuse destinée eût été la vôtre si nous vous avions laissés tranquilles ! Mais nous ne vous avons pas laissés tranquilles. Nous vous avons pris en main et avons abattu la belle et généreuse structure que vous aviez édifiée et nous avons changé le cours de votre Histoire. Nous vous avons conquis comme jamais un de vos empires n'a subjugué l'Afrique et l'Asie. Et nous l'avons fait sans armes, sans balles, sans carnage et sans fracas par la seule force de notre esprit. Nous l'avons fait seulement par l'irrésistible force de notre esprit, de nos idées, de notre propagande.

Prenez les trois principales révolutions des temps modernes, la française, l'américaine et la russe. Que sont-elles, sinon le triomphe de l'idée juive sur la justice sociale, politique et économique. Nous vous dominons encore… Est-il étonnant que vous nous en vouliez ? Nous avons mis un frein à votre progrès. Nous avons simplement divisé votre âme, jeté la confusion dans vos impulsions, paralysé vos désirs. Si nous étions à votre place, nous vous détesterions plus que nous ne vous détestons. Vous nous appelez des subversifs, des agitateurs, des fomentateurs de révolutions. C'est vrai. On peut apprendre avec le plus simple effort et la moindre réalisation des faits que nous avons été au fond de toutes les révolutions majeures de votre Histoire. Sans aucun doute nous avons joué un rôle important dans la révolution luthérienne, et c'est un fait connu que nous avons été les instigateurs principaux des révolutions bourgeoises, démocratiques de l'avant dernier siècle en France et aux États Unis. Si nous ne l'avions pas été nous eussions ignoré nos intérêts. »

ISIDORE LOEB, JUIF

Dans son livre « *La Question juive* », Georges Batault cite les propos suivants d'Isidore Loeb : « *Les nations se réuniront pour aller porter leur hommage au peuple de Dieu : toute la fortune des nations passera au peuple Juif. Elles marcheront derrière le peuple juif dans les chaînes comme des captifs et se prosterneront devant lui. Les rois élèveront ses fils et les princesses seront les nourrices de ses enfants. Les Juifs commanderont aux nations. Ils appelleront à eux des peuples qu'ils ne connaissent même pas et des peuples qui ne les connaissent pas accourront vers eux. Les richesses de la mer et la fortune des nations viendront d'elles-mêmes aux Juifs. Le peuple et le royaume qui ne serviront pas Israël seront détruits. Le peuple élu boira le lait des nations et sucera la mamelle des rois. Il mangera la fortune des nations et se couvrira de leur éclat. Les Juifs vivront dans l'abondance et la joie. Leur bonheur ne prendra pas fin, leur cœur se réjouira, ils pousseront comme l'herbe. Les Juifs seront une race bénie de Dieu et le peuple tout entier sera un peuple de dieux. La postérité des Juifs et leur nom seront éternels. Le plus petit d'entre eux se multipliera par milliers et le plus infime deviendra une grande nation. Dieu fera avec eux une alliance éternelle. Il régnera de nouveau sur eux et leur puissance sur les hommes sera telle que suivant une expression consacrée, ils marcheront par grandes enjambées sur les hauteurs de la terre. La nature elle-même sera transformée en une sorte de paradis terrestre : ce sera l'âge d'or de l'humanité.* »

« LA REVUE DES ÉTUDES JUIVES »

Financée par James de Rothschild, cette revue a publié en 1880 un document inédit qui montre les Sages de Sion à l'œuvre en France dès le XVème siècle pour diriger l'action conquérante des Juifs.

Le 13 janvier 1489, Chamor, rabbin des Juifs d'Arles en Provence, écrit au grand Sanhédrin siégeant à Constantinople et lui demande conseil dans des circonstances critiques.

Les Français d'Aix, d'Arles, de Marseille, qui ne se trahissent pas en ce temps-là par l'élection d'un Léon Blum, menacent les synagogues : Que faire ?

Telle fut la réponse : « *Bien-aimés frères en Moïse, nous avons reçu votre lettre dans laquelle vous nous faites connaître les anxiétés et les infortunes que vous endurez. Nous en avons été pénétrés d'une aussi grande peine que vous-même.*

L'avis des grands satrapes et rabbins et le suivant : à ce que vous dites que l'on vous impose, il est bien de vous faire chrétien. Faites le puisque vous y êtes obligé mais gardez la loi de Moïse dans votre cœur.

À ce que vous dites qu'on commande de vous dépouiller de vos biens : Faites vos enfants marchands afin que peu à peu ils dépouillent les Chrétiens des leurs. À ce que vous dites qu'on attente à vos vies, faites vos enfants médecins et apothicaires afin qu'ils ôtent aux Chrétiens leurs vies.[11] *À ce que vous dites qu'ils*

---

[11] Cette déclaration au premier degré semble exagérée et même absurde. Mais la réalité est bien pire : le mandarinat de la médecine allopathique est Juif. Cette médecine chimique est pathogène et tératogène. Les laboratoires chimiques de thérapie sont radicalement liés à la finance juive. Ce n'est pas les Chrétiens qu'ils tuent mais l'Homme dans son entité au niveau chromosomique. L'avortement de Simone Veil comme la pilule pathogène de Baulieu (nom d'emprunt) sont juifs. La

détruisent vos synagogues, faites vos enfants chanoines et clercs afin qu'ils détruisent leur Église.[12] *À ce que vous dites qu'on vous fait d'autres vexations : Faites en sorte que vos enfants soient avocats, notaires, et que toujours ils se mêlent des affaires des États afin que, en mettant les Chrétiens sous votre joug, vous dominiez le monde et vous puissiez vous venger d'eux.*

Ne vous écartez pas de cet ordre que nous vous donnons, parce que vous seriez abaissés alors que vous êtes bientôt au faîte de la puissance. » (Signé ; V.S.S.V.F.F., *Prince des Juifs*, le 21 de Casleu, novembre 1489)

LES PROTOCOLES DES SAGES DE SION

Citons pour mémoire ce texte confondant de vérité. Le Canadian Jewish Congress a tenté de discréditer ce document en s'appuyant sur un article de « *L'Ordre* » que le « *Patriote* » avait confondu en mars 1934. Dans un pamphlet. Le CJC prétend que « *les Protocoles des Sages de*

---

vaccination systématique, pactole de la finance, détruit les systèmes immunitaires et dégénère massivement la race humaine. (500 cas de sclérose en plaque en 1995 à la suite de la vaccination antihépatite B).

[12] Le plus important prélat français à l'aube de l'an 2000 est un Juif : le cardinal Lustiger, archevêque de Paris. Ce n'est pas lui qui soutiendra J.M. Le Pen, détenteurs des idées chrétiennes élémentaires, ou simplement des idées élémentaires pour qu'une nation soit saine, quelle que soit sa tradition religieuse.
De même, la mère de Jean Paul II est Juive. Le pape est donc Juif. La pénétration juive a effondré l'Église alors qu'un rabbin a dit : « si j'étais catholique je serais intégriste, car étant Juif, je suis à coup sûr, intégriste. Ce n'est pas dans une synagogue qu'on trouverait l'équivalent de femme sans chapeau, en jeans, messe face au peuple, en français, avec des musiques régressives sous l'alibi de l'ouverture et de la tolérance. Rien n'a bougé dans la synagogue. Tout est devenu grotesque dans la catholicité.

Sion » furent publiés pour la première fois à Londres en 1920, alors que le British Museum avait catalogué cet ouvrage, édition Nilus, dès 1906. (Sous la cote 3926 D17, 10 août 1906, tel que mentionné par les éditeurs de la première édition anglaise, la maison « *Eyres and Spottishwoode, Limited* », imprimeur du gouvernement britannique)

Remarquons une fois encore que l'authenticité est sans importance, puisque tout ce qui est dans ces textes est vrai. J'ai personnellement constaté pendant ma vie, tout au long du XXème siècle, la réalisation, de tous les mots d'ordre de ce livre, et même bien pire (freudisme, pornographie, musiques pathogènes et criminogènes, drogue, effondrement écologique, effondrement intellectuel et esthétique, sans parler de la suprême horreur marxiste).

WERNER SOMBART, JUIF

Dans son étude « *Les Juifs et la vie économique* » (1926, page 51) Werner Sombart, économiste et sociologue allemand, nous dit : « *Dans une certaine mesure, on est en droit d'affirmer que c'est à l'empreinte juive que les États-Unis doivent d'être ce qu'ils sont, c'est-à-dire leur américanisme, car ce que nous appelons américanisme n'est que l'esprit juif ayant trouvé son expression définitive. Et étant donné l'énorme influence que depuis sa découverte l'Amérique n'a pas cessé d'exercer sur la vie économique de l'Europe et sur l'ensemble de la culture européenne, le rôle que les Juifs ont joué dans l'édification du monde américain est devenu d'une importance capitale pour toute l'évolution de notre histoire.* »

LE COADJUTEUR DU GRAND RABBIN DE JÉRUSALEM

Ce rapport sur la situation en Palestine (Source : *Agence Télégraphique Juive*, juillet 1920) déclarait ceci : « *Le Juif apparaît dès à présent comme le véritable monarque du monde. Des empires comme la Russie, l'Allemagne, l'Autriche sont gouvernés par les Juifs. Les Juifs sont les conducteurs des peuples. Bientôt suivront les autres pays et les autres nations. Les Juifs verront flotter leur drapeau sur le monde entier.* »

HENRI BARBUSSE, JUIF

Dans son livre « *Jésus nous dit* », cet admirateur de Staline tient les propos suivants : « *Nous traiterons les nations avec une verge de fer. Or, la justice, c'est le rétablissement de la dynastie de David : La pitié, c'est celle de la condition des Juifs. La foi, c'est celle de la revanche. Je te dis que nous les vrais et les seuls accomplisseurs de la loi de la lutte finale pour le royaume de Dieu et pour la vie éternelle qui est la gloire éternelle du conquérant juif. Que par toi le verbe du Seigneur roule sur les villes comme un rouleau. J'ai dans l'esprit un soulèvement qui ressemble à la révolution* ».

ADOLPHE CRÉMIEUX, JUIF

Adolphe Crémieux, émancipateur des Juifs d'Algérie, était Grand Maître du Grand Orient de France, président de l'Alliance Israélite Universelle et fut deux fois ministre de la Justice en 1848 et en 1870, au moment critique de ces deux révolutions. La déclaration suivante fut reproduite dans « *The Morning Post* » de Londres du 6 septembre 1920 : « *L'union que nous désirons fonder ne sera pas une union française, anglaise, irlandaise ou allemande mais une union juive universelle. D'autres peuples et races sont divisés en nationalités. Nous seuls n'avons pas de citoyens mais des coreligionnaires.*

En aucune circonstance, un Juif ne deviendra l'ami d'un Chrétien ou d'un Musulman avant qu'arrive le moment où la lumière de la foi juive, la seule religion de la raison brillera sur le monde entier. Dispersés parmi les autres nations, qui depuis un temps immémorial furent hostiles à nos droits et à nos intérêts, nous désirons d'abord être et rester immuablement Juifs. Notre nationalité, c'est la religion de nos pères et nous ne reconnaissons aucune autre nationalité. Nous habitons des pays étrangers et ne saurions nous inquiéter des ambitions changeantes de pays qui nous sont entièrement étrangers pendant que nos problèmes moraux et matériels sont cruciaux. L'enseignement Juif doit s'étendre à toute la terre.

Israélites ! Quelqu'endroit où le destin vous conduise, dispersés comme vous l'êtes sur toute la terre, vous devez toujours vous considérer comme faisant partie du peuple élu.

Si vous vous rendez compte que la foi de vos pères est votre unique patriotisme, si vous reconnaissez qu'en dépit des nationalités que vous avez adoptées, vous restez et formez toujours et partout une seule et unique nation, si vous croyez que le Judaïsme est la seule et unique vérité religieuse et politique, si vous êtes convaincus de cela, Israélites de l'univers, alors, venez, entendez notre appel, et envoyez-nous votre adhésion.

Notre cause est grande et sainte et son succès est assuré. Le Catholicisme, notre ennemi de tous les temps, gît dans la poussière, mortellement frappé à la tête. Le filet qu'Israël jette actuellement sur le globe terrestre s'élargit et s'étend et les graves prophéties de nos livres saints vont enfin se réaliser.

Le temps est proche où Jérusalem va devenir la maison de prière de toutes les nations et de tous les peuples, où la bannière unique du Dieu d'Israël sera déployée et hissée sur les rivages les plus lointains. Mettons à profit toutes les occasions.

Notre puissance est immense : apprenons à adapter cette puissance à notre cause. Qu'avez-vous à craindre ? Le jour n'est pas éloigné où toutes les richesses, tous les trésors de la terre deviendront la propriété des enfants d'Israël. »

ADOLPHE CRÉMIEUX, JUIF

Cet homme d'influence déclarait dans la revue « *Les Archives israélites* » (cahier N°25, 1861) :

« *Un messianisme des temps nouveaux va surgir, la Jérusalem d'un nouvel ordre, sainte fondation entre l'Orient et L'Occident, doit se substituer au double empire des papes et des empereurs. Je ne cache pas qu'au cours des années, je n'aie jamais consacré ma pensée qu'à cette seule et unique œuvre. À peine a-t-elle commencé son œuvre que l'influence de l'Alliance Israélite Universelle s'est faite sentir au loin.*

Elle ne se restreint pas seulement à notre culte, elle veut pénétrer dans toutes les religions comme elle a pénétré tous les pays.

- ➢ *Les nationalités doivent disparaître, les religions doivent être supprimées.*
- ➢ *Israël, lui ne doit pas disparaître car ce petit peuple est l'élu de Dieu.*

Dans tous les pays nous devons mettre les Juifs isolés en relation avec les autorités pour qu'à la première nouvelle d'une attaque nous puissions nous lever comme un seul homme. Nos voix désirent se faire entendre dans les cabinets des ministres, jusqu'aux oreilles des princes et advienne que pourra. Tant pis si nous devons faire usage des lois de force incompatibles avec les progrès de l'heure, nous nous joindrons alors à tous les protestataires.[13] *On nous adjure de pardonner le passé, le moment est là où se crée sur des fondements inébranlables une alliance immortelle.* »

RENÉ GROOS, JUIF

Dans un article publié par « *Le Nouveau Mercure* » de mai 1927, il écrit ceci : « *Les deux internationales de la finance et de la révolution travaillent avec ardeur : elles sont les deux visages de l'internationale juive... Il y a une conspiration juive contre toutes les nations.* »

BLUMENTHAL, JUIF

Ce rédacteur du « *Judisk Tidskrift* » a écrit ceci (N°57, 1929) : « *Notre race a donné au monde un nouveau prophète, mais il a deux visages et porte deux noms : Rothschild, chef des*

---

[13] À l'aube de l'an 2000, toutes les organisations protestataires racistes, déguisée en antiracisme, sont juives : SOS racisme, la LICRA, le MRAP qui concoctent sous couvert d'antiracisme, un monstreux racisme par juxtapostions d'ethnies mutuellement inassimilables et qui ne poseraient aucun problème si elles vivaient selon les normes géographiques, logiques et naturelles qui les concernent. La mystification antiraciste infligée par le racisme juif mégalomaniaque est une mystification suprême qui repose surtout sur la stupidité des Goyim.

grands capitalistes, et Karl Marx, l'apôtre des ennemis de l'autre. »

(Ces lignes résument toute la politique mondiale).

LA CONFÉRENCE CENTRALE DES RABBINS AMÉRICAINS

Le journal Juif « The Sentinel » de Chicago, rapporte dans son numéro du 24 septembre 1936, les propos suivants, tenus pendant cette conférence : « *La plus remarquable mais aussi la plus nuisible des conséquences de la guerre mondiale a été la création de nouveaux nationalismes et l'exaltation de ceux qui existaient déjà.*

Le nationalisme est un danger pour le peuple juif. Aujourd'hui comme à toutes les époques de l'Histoire, il est prouvé que les Juifs ne peuvent demeurer dans les États forts où s'est développée une haute culture nationale. »[14]

DÉCLARATIONS FAITES AU SEIN DU B'NAI B'RITH

Cette secte maçonnique exclusivement juive, est donc interdite aux Goyim. Les propos qui y furent tenus ont été cités par « *Le Réveil du Peuple* » de février 1936 : « *Aussi longtemps que subsistera parmi les Goyim une conception morale de l'ordre social, et aussi longtemps que la foi, le*

---

[14] D'où la nécessité pour les Juifs de dégrader les nations par tous les moyens : laïcisme, marxisme, freudisme, chimification, vaccinations systématiques, pornographie de Benazareff et consorts, drogue gérée par leur Haute finance, musiques pathogènes et criminogènes, etc…

patriotisme et la dignité n'auront pas été déracinés, notre règne sur le monde est impossible.

Nous avons déjà accompli une partie de notre tâche mais nous ne pouvons encore prétendre que tout le travail est accompli. Nous avons encore un long chemin à parcourir avant de renverser notre principal ennemi : l'Église catholique. Nous devons toujours avoir à l'esprit que l'Église catholique est la seule institution qui s'est maintenue et qui, tant qu'elle se maintiendra, nous barrera la route.

L'Église catholique, par son travail méthodique et par ses enseignements édifiants et moraux, tiendra toujours ses enfants dans un tel état d'esprit qu'ils auront trop de respect d'eux-mêmes pour plier devant notre domination et pour fléchir devant notre futur roi d'Israël.

C'est pourquoi nous nous sommes efforcés de découvrir le meilleur moyen de secouer l'Église catholique dans ses bases profondes. Nous avons répandu l'esprit de révolte et un faux libéralisme parmi les nations des Goyim de façon à les persuader d'abandonner leur foi et même à leur inspirer la honte de professer les préceptes de leur religion et d'obéir aux commandements de leur Église. Nous avons conduit de nombreux parmi eux à se vanter d'être des athées et mieux encore, à se glorifier d'être des descendants du singe !

Nous leur avons fourni des théories nouvelles de réalisation radicalement impossible, telles que le communisme, le socialisme ou l'anarchisme.

Ces mythes servent nos fins. Les Goyim, stupides, les ont acceptés avec le plus grand enthousiasme sans réaliser le moins du monde que ces théories viennent de nous et qu'elles constituent un puissant instrument contre eux-mêmes.

Nous avons noirci l'Église par les plus ignominieuses calomnies. Nous avons sali son histoire et jeté le discrédit sur ses plus nobles activités. Nous lui avons imputé les torts de ses ennemis et avons amené ces derniers à se rapprocher plus étroitement de nous. Ainsi nous sommes aujourd'hui les témoins satisfaits de rébellions contre l'Église dans plusieurs pays.

Nous avons transformé son clergé en objet de haine et de dérision. Nous l'avons exposé au mépris de la foule. Nous avons fait considérer comme démodés et comme perte de temps, les pratiques de la religion catholique.

Les Goyim, à notre stupéfaction, se sont montrés des dupes extraordinaires. On s'attendait à plus d'intelligence et de sens pratique de leur part mais ils ne valent pas mieux qu'un troupeau de moutons : laissons les paître dans nos champs jusqu'à ce qu'ils soient assez gras pour être immolés à notre futur Roi du Monde.

Nous avons fondé de nombreuses associations secrètes qui travaillent à nos fins, sous nos ordres et notre direction. Nous avons fait en sorte que les Goyim considèrent comme un honneur d'en faire partie. Elles sont plus florissantes que jamais grâce à notre or.

Les Goyim qui trahissent ainsi leurs intérêts les plus précieux, doivent ignorer que ces associations sont notre œuvre et qu'elles travaillent pour nous. L'un des nombreux triomphes de la Franc Maçonnerie est que les Goyim ne soupçonnent même pas que nous nous servons d'eux pour construire leur propre prison, et qu'ils forgent les chaînes de leur propre servilité à notre égard.[15]

Jusqu'ici nous avons conduit nos attaques contre l'Église suivant une stratégie opérant de l'extérieur. Mais ce n'est pas tout. Voyons maintenant comment nous avons procédé pour hâter la ruine de l'Église, comment nous avons pénétré dans ses cercles les plus intimes et amené une grande partie de son clergé à se faire les chantres de notre cause.

En plus de l'influence de notre philosophie, nous avons pris d'autres mesures pour ouvrir une brèche dans l'Église. Nous avons induit certains de nos enfants à se joindre au corps catholique, avec l'intimation explicite qu'ils devaient travailler d'une façon encore plus efficace à la désintégration de l'Église en créant des scandales dans son sein. Nous avons obéi à l'ordre séculaire : « faites de vos enfants des chanoines afin qu'ils puissent détruire l'Église ».

Malheureusement des Juifs convertis n'ont pas tous été fidèles à leur mission.[16] *Plusieurs d'entre eux nous ont trahis. Mais un grand nombre a tenu sa promesse et fait honneur à sa parole.*

---

[15] Il n'y a pas que la Franc-Maçonnerie qui joue ce rôle, Des associations telles que le CFR, le Club de Rome, le Bilderberg, la Commission Trilatérale, etc., ont asservi tous les politiciens de tous les partis. La Franc-Maçonnerie ne se cache pas de vouloir détruire « race, nation, famille » (voir « *Juifs et Francs-Maçons constructeurs de temples* », Editions du Rocher, par Bérésniak)

[16] Aujourd'hui, les Juifs convertis sont tous fidèles à cette consigne de désintégration de l'Église. Pas un seul prélat célèbre ne soutient Jean Marie Le Pen, qui est le seul défenseur des valeurs traditionnelles sans lesquelles aucune nation ne peut survivre et qui sont élémentairement catholiques.

Nous sommes les pères de toutes les révolutions, même ce celles qui parfois se sont retournées contre nous. Nous sommes les maîtres suprêmes de la paix et de la guerre. Nous pouvons nous vanter d'avoir été les créateurs de la Réforme. Calvin était Juif, l'autorité juive lui fit confiance et il eut l'aide de la finance juive pour dresser son plan de réforme.

Martin Luther céda aux influences de ses amis Juifs et grâce à l'autorité et à la finance juive, son complot contre l'Église fut couronné de succès.

Grâce à notre propagande à nos théories sur le Libéralisme, à notre définition perverse de la Liberté, les Goyim furent prêts à accepter la Réforme. Ils se séparèrent de l'Église pour tomber dans nos filets. L'Église s'affaiblit, son autorité sur les rois fut réduite à néant.

Nous sommes reconnaissants envers les protestants pour leur loyauté à nos desseins. Mais la plupart d'entre eux ignorent totalement qu'ils nous sont loyaux. Mais nous leur sommes reconnaissants pour l'aide merveilleuse qu'ils nous donnent dans notre lutte contre le château-fort de la civilisation chrétienne et nos préparatifs vers l'avènement de notre suprématie sur le monde entier et les royaumes de Goyim.

Nous avons réussi à renverser la majorité des trônes d'Europe. Les autres suivront dans un proche avenir. La Russie sert déjà notre domination. La France, avec son gouvernement maçonnique est entièrement à notre merci. L'Angleterre par sa dépendance à notre finance, est sous notre talon et son protestantisme détruira le catholicisme dans le pays. L'Espagne et le Mexique ne sont que des jouets entre nos mains.

De nombreux pays sont entre nos mains : les États-Unis y sont intégralement. Mais l'Église est toujours vivante. Nous devons la détruire sans attendre davantage et sans la moindre pitié.[17] *La presse mondiale est sous notre contrôle. Encourageons de façon plus violente la haine contre l'Église catholique. Intensifions nos activités dans l'empoisonnement de la morale des Goyim. Répandons l'esprit de révolution dans le cœur des peuples.*

Il faut les amener à mépriser le patriotisme, l'amour de leur famille, à considérer leur foi comme une fadaise, leur obéissance à l'Église comme une servilité dégradante de sorte qu'ils deviennent sourds à l'appel de l'Église et aveugles à ses cris d'alarme contre nous.[18]

Par-dessus tout rendons impossible la réunion à l'Église des chrétiens qui sont hors de son giron et la réunion des non chrétiens à l'Église. Autrement, le plus grand obstacle à notre domination sera raffermi et notre travail restera inaccompli.[19] *Notre complot serait dévoilé. Les Goyim se retourneraient contre*

---

[17] Aujourd'hui, l'Église est détruite. Ses prélats sont grotesques. Trente évêques communistes ont signé une « *repentance* » concernant un holocauste qui est une ineptie arithmético-technique. Mais il est certain que des Juifs sont morts pendant la Deuxième guerre mondiale, de faits de guerre, de typhus et de malnutrition dans les camps.
Mais deux ou trois cent mille Juifs morts pendant la Deuxième guerre mondiale sont loin des quinze millions d'Allemands morts dans une guerre que les Juifs ont déclarée à Hitler en 1933 !

[18] Tout ceci est parfaitement réalisé en l'an 2000.

[19] Cette politique a changé : aujourd'hui les Juifs prêchent l'œcuménisme qui est un atout dans une Église qui a disparu.

nous dans un esprit de vengeance et notre domination deviendrait impossible.[20]

Tant que l'Église aura des militants, nous ne serons pas les maîtres du monde. Les Juifs ne régneront que lorsque le Pape de Rome sera détrôné, comme tous les autres monarques de la terre. »

---

[20] Etant donné la stupidité goy, il n'y a là aucun risque. Ils ne voient rien, ne comprennent rien et manifestent dès qu'un Juif lève le petit doigt.

CE QUE LES JUIFS DISENT EUX-MÊMES À PROPOS DU COMMUNISME

RABBIN JUDAH L. MAGNES

S'exprimant à New York en 1919, il déclara : « *Les qualités radicales qui sont dans le Juif vont au fond des choses, en Allemagne, il devient un Marx ou un Lassalle, un Haas et un Édouard Bernstein. En Autriche, il devient un Victor Adler, en Russie, un Trotsky. Voyez la situation actuelle en Allemagne et en Russie. La révolution met en action ses forces créatrices, voyez quel grand contingent de Juifs est immédiatement prêt pour la bataille. Socialistes révolutionnaires, mensheviki, bolcheviki, socialistes majoritaires et minoritaires, de quelque nom qu'on les appelle, on trouve dans tous ces partis des Juifs comme leurs chefs dévoués et comme leurs travailleurs réguliers.* »

M. COHAN, JUIF

Cette déclaration fut publiée dans « *The Communist* », Kharkoff, No°72, 12 avril 1919) :

« *On peut dire sans exagération que la grande révolution russe a été faite par la main des Juifs. Ce furent précisément les Juifs qui conduisirent le prolétariat russe à l'aurore de l'Internationale qui non seulement ont conduit mais qui conduisent encore la cause des Soviets, qui restent dans leurs mains fiables. Il est vrai qu'il n'y a pas de Juifs dans l'armée* rouge en ce qui concerne les soldats mais les Juifs commandent bravement comme chefs des comités et organisations soviétiques, et mènent les masses du prolétariat russe à la victoire. *Le symbole de la juiverie est devenu le symbole du prolétariat russe. Avec ce symbole viendra la mort des parasites de la bourgeoisie qui paiera en gouttes de sang les larmes juives.* »

NAHUM SOKOLOW, JUIF

Ce grand dirigeant juif déclare dans son livre « *The history of Zionism* » : « *Le Sionisme a joué un rôle important dans les menées bolchéviques en Russie.* »

RABBIN LEWIS BROWN

Ce rabbin nous dit, dans son livre « *How odd of God* » : « *Nous voulons refaire le monde non-Juif, faire ce que les Communistes font en Russie.* »

PROFESSEUR REINHOLD NIEBUHR, JUIF

Ce célèbre théologien protestant, s'exprimant le 3 octobre 1934 devant le « Jewish *Institute of Religion* » à New York : « *Le Marxisme est une forme moderne de la prophétie juive.* »

« THE AMERICAN HEBREW »

L'article suivant a paru dans l'édition du 10 septembre 1920 : « *Du chaos économique le Juif a conçu le capital avec son mécanisme d'application, la banque. L'un des phénomènes impressionnants de nos temps modernes est la révolte des Juifs contre ce monstre que son esprit avait conçu et que ses mains avaient façonné. La révolution bolchévique de Russie, cet accomplissement destiné à figurer dans l'Histoire comme le résultat primordial de la Grande guerre, fut dans une large mesure, le résultat de la pensée juive, du mécontentement juif.*

Ce que l'idéalisme juif et le mécontentement juif ont si puissamment contribué à accomplir en Russie, les mêmes historiques qualités de cœur et d'esprit juives tendent à l'accomplir dans les autres pays.[21]

Est-ce que l'Amérique comme la Russie des tsars va accabler le Juif d'amers et vils reproches comme un destructeur et le forcer d'être un ennemi irréconciliable ? Où est-ce que l'Amérique va profiter du génie juif ? C'est à la population d'Amérique de répondre à cette question. »

HERMALIN, JUIF

Ce Juif communiste a déclaré dans un discours prononcé à New York en 1917 : « *La révolution russe fut faite par les Juifs. Nous avons formé des sociétés secrètes. Nous avons imaginé le règne de la terreur. Nous avons fait réussir la révolution par notre propagande convaincante et nos assassinats en masse afin de former un gouvernement bien à nous.* »

« JEWISH CHRONICLE »

---

[21] Inutile d'insister sur le marxisme universellement tentaculaire et ses 200 millions de victimes…

Dans l'édition du 4 avril 1919 du grand journal juif de Londres : « *Il y a beaucoup dans le fait du bolchevisme lui-même, dans le fait que tant de Juifs sont bolcheviks, dans le fait que les idéaux du bolchevisme se confondent sur bien des points, avec les idéaux les plus élevés du Judaïsme.* »

RABBIN JUDAH L. MAGNES

Ce rabbin de New York fit la déclaration suivante lors de la conférence radicale nationale des États-Unis, en avril 1918 : « *Je prétends être un vrai bolchévique. Je peux dire définitivement que le président des États-Unis dans peu de temps lancera aux gouvernements alliés un appel pour conclure une paix immédiate. Il demandera une paix immédiate sur la simple base avancée par les Bolchevistes de Russie.* »

OTTO WEININGER, JUIF

Dans « *Sexe et Caractère* », publié à Vienne en 1921, ce Juif autrichien déclare, à la page 406 :

« *L'idée de la propriété est liée indissolublement avec l'individualité, avec ce que le caractère a de particulier. C'est une des causes qui fait que les Juifs affluent en troupeau au communisme.* »

À la page 413 : « *Le Juif est un communiste.* »

À la page 407 : « *L'incapacité complète du Juif à comprendre l'idée de l'État.* »

« VERS MOSCOU »

On peut lire dans l'édition de septembre 1919 de ce journal bolchévique juif : « *Il ne faut pas oublier que le peuple Juif forme le véritable prolétariat, la véritable internationale qui n'a pas de patrie.* »

ANGELO RAPPOPORT, JUIF

L'auteur de « *Pioneers of the Russian Révolution* » nous dit : « *Les Juifs de Russie, dans leur ensemble, furent responsables de la révolution.* »

MORITZ RAPPOPORT, JUIF

L'auteur des lignes suivantes, commentant la révolution allemande de 1918 : « *La révolution nous rappelle de nouveau l'importance de la Question juive, parce que les Juifs sont l'élément dirigeant de la révolution.* »

« JEWISH TRIBUNE »

A lire dans son édition du 5 juillet 1922 : « *La révolution allemande est l'œuvre des Juifs. Les partis libéraux démocratiques ont un grand nombre de Juifs à leurs têtes, et les Juifs jouent un rôle prépondérant dans les hauts postes du gouvernement.* »

KADMI COHEN, JUIF

Dans son livre « Nomades », paru en 1928, le Juif Kadmi Cohen déclare : « L'instinct même de propriété, d'ailleurs résultant de l'attachement à la glèbe, n'existe pas chez les

Juifs qui n'ont jamais possédé le sol, qui n'ont jamais voulu le posséder. De là leur tendance communiste indéniable depuis la plus haute antiquité. » (page 85) Ne suffit-il pas de rappeler les noms des grands révolutionnaires juifs des XIXème et XXème siècles, les Karl Marx, les Lassalle, les Kurt Eisner, les Bela Kuhn, les Trotsky, les Léon Blum, pour que les noms des théoriciens du socialisme moderne soient mentionnés ?

S'il n'est pas possible de déclarer le bolchevisme, pris globalement, comme une nation juive, il n'en reste pas moins vrai que les Juifs ont fourni plusieurs chefs du mouvement maximaliste et qu'en fait, ils ont joué un rôle majeur. Les tendances des Juifs au communisme, en dehors de toute collaboration matérielle à des organisations de parti, quelles confirmation éclatante ne trouvent-elles pas dans l'aversion profonde qu'un grand Juif, un grand poète, Henri Heine, éprouvait pour le Droit romain.

Les causes subjectives, les causes passionnelles de la révolte de Rabbi Aquiba et de Bar Kocheba en 70 après J-C contre la Pax romana et le Jus romanum, comprises et ressenties subjectivement, passionnément par un Juif du XIXème siècle, qui apparemment n'avait conservé aucun lien avec sa race. Et les révolutionnaires Juifs et les communistes Juifs qui s'attaquent au principe de la propriété privée dont le monument le plus solide est le Codex Juris Civilis de Justinien et de Vulpien, font ils autre chose que leurs ancêtres qui résistaient à Vespasien et à Titus ? En réalité ce sont les morts qui parlent. » (page 86).

« THE MACCABEAN »

Ce journal juif de New York publia en novembre 1905 un article retentissant sous le titre

« *Une révolution juive* » — « *La révolution de 1905 en Russie est une révolution juive, une crise dans l'histoire juive. C'est une révolution juive parce que la Russie est l'abri de presque la moitié des Juifs du monde entier et que le renversement de son gouvernement despotique aura une très grande influence sur les destinées de millions de Juifs habitant ce pays et sur celle de milliers qui ont émigré de tous côtés. Mais la révolution de Russie est une révolution juive parce que les Juifs sont les révolutionnaires les plus actifs de l'empire du tsar.* »

MAURICE SAMUEL, JUIF

Dans son livre « *Moi, le Juif* », paru en 1923, l'auteur déclare : « *Nous, les Juifs, nous sommes des révolutionnaires. Dieu nous a ainsi faits et constitués que s'il nous était donné d'atteindre quelques-uns de nos buts, objet de nos convoitises avouées, nous nous mettrions immédiatement à l'œuvre, par simple principe, pour essayer de démolir ce qui vient d'être édifié.* »

ANGELO RAPPOPORT, JUIF

Dans « *Pioneers of the Russian Revolution* », publié en 1918, à la page 100 : « *À travers toute l'histoire, l'esprit des Juifs a toujours été révolutionnaire et subversif, mais subversif avec l'idée de construire sur les ruines.* »

BERNARD LAZARE, JUIF

Dans son livre publié à Paris en 1894, « *L'antisémitisme et ses causes* », l'auteur nous dit : « *Le Juif joue un rôle dans les révolutions et il y participe en tant que Juif ou plus correctement en tant qu'il reste Juif. L'esprit Juif est essentiellement révolutionnaire et consciemment ou autrement, le Juif est un révolutionnaire.* »

« L'UNIVERS ISRAÉLITE »

Dans l'édition du 5 septembre 1867 : « *La révolution avec son égalité et sa fraternité est l'étoile d'Israël.* »

« ARCHIVES ISRAÉLITES »

Dans le numéro du 6 juillet 1889 : « *L'année 1789 est une nouvelle Pâques, la Révolution française a un caractère hébraïque très prononcé.* »

« NEW YORK TIME »

Dans l'édition du 24 mars 1917 : « *Kennan repasse l'histoire. Il dit comment Jacob Schiff, banquier juif, a financé la propagande révolutionnaire dans l'armée du tsar. M.Kennan a parlé du travail pour la révolution accompli par les amis de la liberté russe. Il dit que pendant la guerre russo-japonaise, il était à Tokyo et qu'il lui fut permis de visiter les 12 000 prisonniers russes aux mains des Japonais. Il avait conçu l'idée d'imprégner l'armée russe d'idées révolutionnaires. Il fit venir d'Amérique toute la propagande révolutionnaire russe qu'on pouvait obtenir. Il dit qu'un jour le Dr Nicholas Russel vint le rencontrer à Tokyo et lui confia qu'il avait été envoyé pour l'aider dans son travail.*

Le mouvement était financé par un banquier de New York que vous connaissez et que vous aimez tous, dit-il, en faisant allusion à M. Schiff. Bientôt nous reçûmes une tonne et demie de propagande révolutionnaire en russe. À la fin de la guerre, 50 000 officiers et soldats russes retournaient dans leur pays transformés en ardents révolutionnaires. Les amis de la liberté russe avaient planté 50 000 semences de liberté dans 100 régiments. Je ne sais pas combien de ces officiers s'emparaient de la forteresse de Pétrograd, la semaine dernière mais nous savons quelle part l'armée vient de jouer dans la révolution. Puis fut lu à l'assemblée un télégramme de Jacob Schiff se lisant en partie comme suit : Dites pour moi à ceux qui sont là ce soir combien je regrette de ne pouvoir célébrer avec « les amis de la liberté russe » la récompense tangible de ce que nous avons espéré et que nous avons fait durant ces longues années. »

ELIE EBERLIN, JUIF

Ce Juif, dans son livre « *Les Juifs d'aujourd'hui* », paru en 1928, a écrit ceci : « *Le Peuple du Sionisme poursuit sa tâche en Russie, en Palestine et ailleurs. A l'heure qu'il est, il apparaît comme l'unique parti prolétarien international. Une de ses fractions adhère à l'Internationale communiste, l'autre à l'Internationale socialiste.* (page 24) *Au cours de son existence autonome, le peuple juif est passé par de nombreuses formes de gouvernement. Mais ni la dictature paternelle du grand Moïse, ni le pouvoir des rois régi par une constitution religieuse, ni la république des fidèles sous la présidence des grands prêtres, ni le despotisme des derniers roitelets s'appuyant sur Rome n'ont été agréés par ce peuple de rêveurs. Les Juifs ont toujours eu un gouvernement mais ils n'ont toujours fait que le subir* (page 134). *De ce fait, les Juifs n'ont pu maintenir leur État parmi les États de l'Antiquité et ont dû fatalement devenir le ferment révolutionnaire de l'univers* (page 143). *Ce qu'il y a encore de Juif dans le bolchevisme, c'est la renonciation aux récompenses de l'au-delà, dans l'autre monde, et la recherche du bonheur sur terre. Cette idée qui marque le triomphe des valeurs juives sur les valeurs mystico-chrétiennes est aujourd'hui commune à tous les peuples.* » (page 155).

« JEWISH CHRONICLE »

Le journal juif de Londres publia, dans son édition du 6 janvier 1933 : « *Plus d'un tiers de tous les Juifs de Russie sont devenus des officiers soviétiques.* »

MANIFESTE DE RABBINS

Manifeste du 25 février 1930, signé par les rabbins Menahem Gluskin de Minsk, Osée L. Zimbalist, Herz Mazel, Gabriel Gabrielow, Oscher Kerstein et Mendel Jarcho, et publié par le Juif communiste Michael Sheimann dans « *Krestobyl Pokhod Protiv* » USSR, Moscou, 1930, pages 103 et 104 :

« *Il ne nous est pas possible de séparer notre destin de celui du peuple Juif à l'égard duquel le gouvernement de l'URSS peut être proclamé le seul qui combat ouvertement toutes les manifestations d'antisémitisme. Du point de vue mondial c'est un fait de la plus grande importance que le chef du parti communiste et chef de l'État soviétique, Lénine, a émis un décret dans lequel les antijuifs sont déclarés les ennemis du peuple. Et alors que sous la domination britannique, des conflits sanguinaires sont encore possibles, et qu'en Roumanie et bien d'autres pays, des pogromes et autres manifestations antijuives se produisent encore, en URSS tous les moyens de propagande sont mobilisés contre l'antisémitisme et l'appareil de la loi est même mis en action.*[22] *Sous le régime soviétique nous n'avons jamais été soumis à aucune persécution à cause de nos convictions religieuses.* » [23]

LOUIS FISHER, JUIF

Ce correspondant en Russie du journal « *Nation* », a écrit dans le « *New York Jewish Tribune* » du 18 janvier 1924 ce qui suit : « *Si l'on juge les Bolcheviks en considération de ce que les Juifs ont gagné par eux dans le domaine de l'instruction le verdict est certainement en leur faveur. Des enfants Juifs, par dizaine de milliers, suivent des écoles publiques officielles où le yiddish est la langue de l'enseignement. Le gouvernement a établi des séminaires juifs pédagogiques spéciaux où les maîtres sont dressés à donner l'instruction dans les écoles juives en yiddish. Il y a même dans les universités des sections où le yiddish est la langue de l'enseignement. Avant la révolution sous le tsar, la proportion des étudiants juifs était limitée à 4% de l'effectif. À présent il n'y plus aucune limite. Dans certaines universités, 50% des étudiants sont Juifs. À Minsk, (Russie Blanche) le pourcentage est encore plus élevé.* »

« THE MACCABEAN »

---

[22] C'est désormais le cas en France avec la loi Stalino-Orwellienne, dite « *Fabius-Gayssot* ».
[23] Il est à noter qu'il n'en est pas de même pour les autres religions : à l'époque où ce texte a été écrit, 42.800 hauts dignitaires, prêtres et ministres des confessions chrétiennes avaient souffert le martyre et la mort…

Extrait d'un article du Juif Haas publié par ce journal : « *La révolution russe est une révolution juive parce qu'elle marque une étape dans l'histoire juive. C'est aussi une révolution juive parce que les Juifs étaient les plus actifs révolutionnaires de l'empire russe.* »

« JEWISH WORLD »

Article paru le 8 août 1922 : « *Les affaires reprennent en Russie et sous le nouveau régime les Juifs deviennent promptement les capitaines d'industrie. Il y a maintenant 100.000 Juifs à Moscou et les enseignes de boucheries Kasher se voient dans de nombreuses rues. Cependant l'antisémitisme progresse dans la ville parallèlement à l'accroissement de la population juive.* »

« CANADIAN JEWISH CHRONICLE »

Edition du 10 août 1923, cité par le « *Jewish Correspondance Bureau* » : « *Le nombre des bandits juifs à Moscou s'accroît de façon alarmante. Il ne passe guère de jour où des attaques sur la voie publique, des cambriolages avec violence ne soient le fait de bandes dont les membres sont majoritairement Juifs. Ils sont les maîtres de la pègre y compris la Mafia et pour mieux impliquer les Italiens, ils changent leurs noms juifs pour des noms italiens.* »

MAURICE MURREY, JUIF

Ce Juif de France a écrit dans son livre « *L'Esprit juif* » les propos suivants : « *Par le sang et par la tradition Karl Marx appartient corps et âme au Judaïsme. Karl Marx et Rothschild* représentent les deux extrêmes, mais comme on le dit souvent, « les extrêmes se touchent ».

Marx et Rothschild personnifient tous deux l'idéal juif élevé à sa plus haute puissance. Plus les masses s'éloignent du Christianisme, plus elles deviennent juives et cela visiblement. L'idéalisme régénérateur juif prépare peut être pour le XXème siècle une révolution désastreuse. Chaque manifestation intense de l'idéalisme proprement juif en Europe a coïncidé avec des soulèvements, des meurtres et des rébellions. »

« NOVY MAR »

Cet organe de presse bolchévique publia le 16 mars 1922 un appel aux travailleurs juifs et citoyens juifs du monde entier, dans lequel on lisait : « *Notre gouvernement des Soviets a dépensé des milliards pour secourir les Juifs qui avaient souffert des pogroms. Mais aujourd'hui notre république est sans ressources. Vous devez opérer une pression sur vos gouvernements pour qu'ils réparent à leurs frais les districts juifs dévastés et pour qu'ils dédommagent les Juifs qui ont souffert en Russie. Toutes les organisations juives du monde sont invitées à soumettre cette requête à la conférence de Gênes par l'organe de la délégation des Soviets. Il est de votre devoir sacré de peser sur vos gouvernements, qu'ils soient ou non représentés à Gênes, pour les obliger à soutenir les demandes des Juifs de Russie. Vous devez insister pour que les délégués de vos pays respectifs à Gênes appuient les demandes que les Juifs feront présenter par leurs représentants, les délégués des Soviets.* »

J. OLGIN, JUIF

Ce dirigeant communiste, dans son journal « *Morning Freiheit* » de New York a publié les lignes suivantes : « *Tout Juif doit soutenir le Front Populaire parce que c'est le rempart de défense des droits du peuple juif.* »

BERNARD LAZARE, JUIF

Dans son livre « *L'antisémitisme et ses causes* » publié à Paris en 1894, l'historien juif nous dit ceci : « *Au milieu de toutes les nations d'Europe, les Juifs existent comme une communauté confessionnelle ayant sa nationalité, ayant conservé un type particulier, des aptitudes spéciales et un esprit propre.* » (page 297)

« *Le Juif est un type confessionnel tel qu'il est, c'est la loi et le Talmud qui l'ont fait plus fort que le sang et les variations climatériques, ils ont développé en lui des caractères que l'imitation et l'hérédité ont perpétués.* » (page 283)[24]

« *Nulle religion autant que la religion juive ne fut aussi pétrisseuse d'âmes et d'esprit.* » (page 283)

[La religion juive est] « plus ancienne, plus immuable, plus étroite, et plus strictement respectée que n'importe quelle autre. » (page 281)

---

[24] Nous savons que tout cela est faux, en tout cas d'une action négligeable, surtout que la majorité des Juifs de la bourgeoisie ignorent leur religion complètement comme tout Juif qui a vécu dans la haute bourgeoisie occidentale le sait. Le particularisme juif vient exclusivement de la circoncision au 8ème jour. Il est évident que « *l'ambiance sociologique juive* » le renforce, mais n'est pas du tout déterminant. (voir *Dossiers secrets du XXIème siècle*).

« *Animé de ce vieux matérialisme hébraïque qui rêva perpétuellement d'un paradis réalisé sur la terre et repoussa toujours la lointaine et problématique espérance d'un Éden après la mort.* » (page 346)

« *La philosophie du Juif fut simple. N'ayant qu'un nombre restreint d'années à lui dévolues, il voulut en jouir et ce ne furent point des plaisirs moraux qu'il demanda, mais des plaisirs matériels propres à embellir, à rendre douce son existence. Comme le paradis n'existait pas, il ne pouvait attendre de Dieu, en retour de sa fidélité, de sa piété, que des faveurs tangibles, non des promesses vagues bonnes pour des chercheurs d'au-delà, mais des réalisations formelles, se résolvant en un accroissement du bien-être. N'ayant aucun espoir de compensation future, le Juif ne pouvait se résigner au malheur de la vie ; ce n'est que fort tard qu'il put se consoler de ses maux en songeant aux béatitudes célestes. Aux fléaux qui l'atteignaient il ne répondait ni par la fatalisme musulman, ni par la résignation chrétienne mais par la révolte.* » (page 307)

» *Donc la conception que les Juifs se firent de la vie et de la mort fournit le premier élément à leur esprit révolutionnaire. Partant de cette idée que le bien c'est à dire le juste devait se réaliser non pas outre-tombe puisqu'outre-tombe il y a le sommeil jusqu'à la résurrection des corps, mais pendant la vie ils cherchèrent la justice et ne la trouvant jamais, perpétuellement insatiables, ils s'agitèrent pour l'obtenir.* » (page 314)

« *Sans la loi, sans Israël pour la pratiquer, le monde ne serait pas. Dieu le ferait entrer dans le néant et le monde ne connaîtra le bonheur que lorsqu'il sera soumis à l'empire universel de cette loi, c'est-à-dire à l'empire des Juifs.* » (page 8)

« Le bonheur se réalisera par la liberté, l'égalité et la justice. Cependant si parmi les nations celle d'Israël fut la première qui pensa à ces idées, d'autres peuples à divers moments de l'Histoire, les soutinrent et ne furent pas pour cela des peuples de révoltés comme le peuple juif. Pourquoi ? Parce que si ces peuples furent convaincus de l'excellence de la justice, de l'égalité et de la liberté, ils n'en tinrent pas leur réalisation totale comme possible au moins dans ce monde, et par conséquent ne travaillèrent pas uniquement à leur avènement. Au contraire les Juifs crurent non seulement que la justice, la liberté, l'égalité pouvaient être les souveraines du monde, mais ils se crurent spécialement missionnés pour travailler à ce régime. Tous les désirs, toutes les espérances que ces trois idées faisaient naître finirent par se cristalliser autour d'une idée centrale : celle des temps messianiques, de la venue du Messie qui devait être envoyé par Yahvé pour asseoir sa puissance terrestre souveraine. » (page 322)

« Tel qu'il était avec ses dispositions, avec ses tendances, il était inévitable que le Juif jouât un rôle dans les révolutions : il l'a joué. » (page 329)

« Les Juifs furent toujours des mécontents. Je ne veux pas prétendre par là qu'ils furent simplement des frondeurs ou des opposants systématiques à tout gouvernement, mais l'état des choses ne les satisfaisaient pas. Ils étaient perpétuellement inquiets dans l'attente d'un mieux qu'ils ne trouvaient jamais réalisé. » (page 305)

« Les causes qui firent naître cette agitation qui l'entretinrent et la perpétuèrent dans l'âme de quelques Juifs modernes, ne sont pas des causes extérieures telle que la tyrannie effective d'un prince, d'un peuple, ou d'un code farouche. Ce sont des causes

internes c'est à dire qui tiennent à l'essence même de l'esprit hébraïque. A l'idée que les Juifs se faisaient de Dieu, à leur conception de la vie et de la mort, il faut demander les raisons des sentiments de révolte dont ils furent animés. » [25]

« *Pendant la seconde période révolutionnaire, celle qui part de 1830, ils montrèrent plus d'ardeur encore que pendant la première, car dans la plupart des États de l'Europe, ils ne jouissaient pas de la plénitude de leurs droits. Ceux-là même d'entre eux qui n'étaient pas révolutionnaires par raisonnement et tempérament, le furent par intérêt et en travaillant pour le triomphe du libéralisme, ils travaillèrent pour eux. Il est hors de doute que par leur or, leur énergie et leur talent ils soutinrent et secondèrent la révolution européenne. Pendant ces années, leurs banquiers, leurs industriels, leurs prêtres, leurs écrivains, leurs tribuns, mus par des idées bien différentes d'ailleurs, concoururent au même but.* » (page 341)

« *On les trouve mêlés au mouvement de la jeune Allemagne ; ils furent en nombre dans les sociétés secrètes, qui formèrent l'armée combattante révolutionnaire dans les loges maçonniques, dans les groupes de la Charbonnerie, dans la Haute-Vente romaine,*

---

[25] Bernard Lazare a très bien compris que cette mentalité de révolte vient d'une cause interne : il s'agit de leur nature hormonale. L'insuffisance interstitielle quand elle est totale mène à la démence. Il y a donc manque de contrôle, manque de raison, lequel est aggravé par un potentiel thyroïdien très supérieur à celui des Goyim.
Or la thyroïde est la glande de l'intelligence, de la sensibilité mais aussi le l'orgueil et de la tentation.
Cette configuration hormonale à laquelle s'ajoute une possibilité hypophysaire décuplée également (spéculations analytiques, finance, science, idéologies) constitue le déterminisme de la nature des Juifs et leur spéculationisme Les Juifs ne sont pas maitre de leur nature spéculativo-parasitaire comme de leur nature subversive : tout cela vient exclusivement de la circoncision au 8ème jour.

partout en France, en Allemagne, en Suisse, en Autriche et en Italie. »

« *D'un côté, ils ont été parmi les fondateurs du capitalisme industriel et financier et ils collaborent activement à cette centralisation extrême des capitaux qui facilitera sans doute leur socialisation.* »

« *De l'autre, ils sont parmi les plus ardents adversaires du capital. Au Juif draineur d'or, produit de l'exil, du talmudisme, des législations et des persécutions[26] s'oppose le Juif révolutionnaire fils de la tradition biblique et prophétique, cette tradition qui anima les anabaptistes libertaires allemands du XVIème siècle et les Puritains de Cromwell.* » (page 393)

« *A Rothschild correspondent Marx et Lassalle. Au combat pour l'argent le combat contre l'argent et le cosmopolitisme de l'agioteur devient l'internationalisme prolétarien et révolutionnaire.* » (page 343)

« *Les Juifs émancipés pénétrèrent dans les nations comme des étrangers. Ils entrèrent dans les sociétés modernes non comme des hôtes, mais comme des conquérants. Ils étaient semblables à un troupeau parqué. Soudain, les barrières tombèrent et ils se ruèrent dans le champ ouvert. Or ils n'étaient pas des guerriers : ils firent la seule conquête pour laquelle ils étaient armés : la conquête économique qu'ils préparaient depuis de longues années.* » (page 223)

---

[26] Le Juif draineur d'or est un produit de la circoncision au 8ème jour, comme le juif révolutionnaire dont il est immédiatement question.

« *La Révolution française fut avant tout une révolution économique. Si l'on peut la considérer comme le terme d'une lutte de classe, on doit aussi voir en elle l'aboutissement d'une lutte entre deux formes de capital ; le capital immobilier et le capital mobilier, le capital foncier et le capital industriel et agioteur. Avec la suprématie de la noblesse disparut la suprématie du capital foncier, alors que la suprématie de la bourgeoisie amena la suprématie du capital industriel et agioteur. L'émancipation des Juifs est liée à l'histoire de la prépondérance de ce capital industriel.* ». (page 224)

ANGELO RAPPOPORT, JUIF

A la page 25 de son livre « *Pioneers of the Russian Revolution* », paru en 1918 : « *Il n'y avait pas une seule organisation politique de ce vaste pays russe qui ne fût pas influencée par les Juifs ou dirigée par eux. Le parti social-démocratique, le parti socialiste-révolutionnaire, le parti socialiste polonais, comptaient tous des Juifs parmi leurs chefs. Plehve avait peut-être raison quand il disait que la lutte pour l'émancipation politique en Russie et la question juive étaient pratiquement identiques. Le Bund, ou l'Union générale des travailleurs juifs, fut fondée en 1897. C'est une association politique, économique du prolétariat juif, d'abord opposé à toute distinction nationaliste, puis graduellement imprégnée de sentiments nationalistes juifs.* »

À la page 288 : « *Plus que les Polonais, les Lettons, les Finlandais ou même que n'importe quel groupe ethnique du vaste empire des Romanof, les Juifs ont été les partisans de la Révolution de 1917.* »

Alfred Nossig, juif

Pour l'auteur de « *Integrales Judentum* » publié à Berlin en 1922 : « *Le mouvement socialiste moderne est pour sa plus grande partie, une œuvre des Juifs. Ce furent des Juifs qui y imprimèrent la marque de leur cerveau. Ce furent également des Juifs qui eurent une part prépondérante dans la direction des premières républiques socialistes.*

Cependant la plupart des chefs socialistes juifs, étaient éloignés du Judaïsme. Malgré cela le rôle qu'ils jouèrent ne dépendit pas seulement d'eux seuls. En eux opérait de façon inconsciente le vieux principe eugénique du Mosaïsme, le sang du vieux peuple apostolique vivait dans leur cerveau et dans leur tempérament social. Le socialisme mondial actuel qui forme le premier stade de l'accomplissement du Mosaïsme, le début de la réalisation du monde futur annoncé par nos prophètes.

Ce n'est que lorsqu'il y aura une ligue des Nations, ce n'est que lorsque ses armées alliées seront employées de façon efficace à la protection de tous les faibles que nous pourrons espérer que les Juifs seront à même de développer sans entraves en Palestine, leur État national et ce ne sera qu'une ligue des Nations pénétrée de l'esprit socialiste qui nous rendra possible la jouissance de nos nécessités internationales aussi bien que nationales.

C'est pourquoi tous les groupes Juifs quels qu'ils soient, Sionistes ou adeptes de la dispersion, ont un intérêt vital à la victoire du socialisme. Ils doivent l'exiger non seulement à cause de son identité avec le Mosaïsme, mais aussi par principe tactique. »

LE COMMUNISME SOUTENU ET FINANCÉ PAR LA HAUTE BANQUE JUIVE

Personne ne met plus en doute cette réalité, mais il est intéressant de compulser quelques documents à ce sujet. Ce sont les gros banquiers juifs de New York qui ont financé le Bolchevisme en Russie. Les Services Secrets des États-Unis ont communiqué le document qui suit à toutes les ambassades des pays alliés. Ce document prodigieux fut reproduit en 1929 dans de nombreux journaux patriotiques de différents pays. Il fut aussi reproduit dans un journal catholique « *Le corps mystique du Christ dans les Temps modernes* » avec l'imprimatur d'un évêque, par le R. P Denis Fahey, professeur de théologie au Black Rocks College du Dublin en Irlande.

VOICI CE TEXTE ET LES ANALYSES DU R.P. FAHEY.

Le principal document qui traite de la façon dont a été financée la révolution russe, est celui qui fut publié par le service secret américain et transmis par le haut-commissaire français à son gouvernement. Il fut publié par la « *Documentation catholique* » de Paris, le 6 mars 1920, précédé des remarques suivantes : « Nous garantissons l'authenticité de ce document. En ce qui concerne l'exactitude des renseignements qu'il contient, le Service Secret américain en prend la responsabilité. Ce document fut publié en 1920 dans un supplément du journal « *La Vieille France* » de Paris, qui ajoutait : « Tous les gouvernements de l'Entente eurent connaissance de ce mémorandum, rédigé d'après les informations du Service Secret américain et envoyé au Haut-Commissaire français et à ses collègues ».

On trouve aussi ce mémoire dans le livre de Monseigneur Jouin « *Le péril judéo-maçonnique* », partie III, pages 249-351, avec la remarque additionnelle que les Juifs ont fait obstacle à sa publication, de sorte que la majorité du public ignora son existence. Quoique l'origine juive de Kerensky qui provoqua la première révolution russe de 1917 ait été mise en doute, il semble certain qu'il était le fils du Juif Aaron Kerbis et de la juive Adler.[27] Le document est divisé en huit sections. Les sections I à IV et les sections VI à VIII sont reproduites dans ce qui suit.

RAPPORT DES SERVICES SECRETS AMÉRICAINS

Section I : *En février 1916, il fut d'abord découvert qu'une révolution était fomentée en Russie. On découvrit que les personnes ci-après nommées, ainsi que les banques mentionnées étaient engagées dans ce travail de destruction. Jacob Schiff, Juif, Guggenheim, Juif, Max Breitung, Juif, Kuhn, Loeb & C° banque juive dont les directeurs étaient : Jacob Schiff, Felix Warburg, Otto Kahn, Mortimer Schiff, S.H Hanauer, tous Juifs.*

Il ne fait aucun doute que la révolution russe qui éclata un an après que l'information ci-dessus ait été divulguée fut fomentée et déclarée par des influences spécifiquement juives. De fait en

---

[27] Ce détail n'a vraiment aucune importance puisque tout le monde sait que la révolution bolchévique était globalement juive : idéologues, financiers, politiciens, administrateurs, bourreaux carcéraux et concentrationnaires. Nous en parlerons.

avril 1917, *Jacob Schiff fit une déclaration publique affirmant que c'était lui avec son aide financière qui avait mené à la réussite la révolution russe.*

Section II : *Au printemps* 1917, *Jacob Schiff commença à fournir des fonds à Trotsky (Juif) pour amener la révolution sociale en Russie. Le « New Cork Daily forward » qui est un organe judéo-bolchévique fit une souscription dans le même but. Par Stockholm, le Juif Max Warburg fournissait de même des fonds à Trotsky & Cie°. Ils reçurent aussi des fonds du syndicat Westphalien Rhénan qui est une importante entreprise bancaire juive. De même, un autre Juif, Olaf Aschberg de la banque Nya de Stockholm, et de Givotovsky, un Juif dont la fille est mariée à Trotsky.*

Section III : *En octobre* 1917 *la révolution éclata en Russie. Grâce à cette révolution les organisations soviétiques prirent la direction du peuple russe. Parmi les Soviets, les individus suivants, tous Juifs, se rendirent célèbres :*

Lénine (*Oulianov*)	Garine (*Garfeld*)	Trotsky (*Bronstein*)
Zinovieff (*Apfelbaum*)	Kameneff (*Rosenfeld*)	Dan (*Gourevitch*)
Ganetzki (*Furstenberg*)	Parus (*Helphand*)	Uritsky (*Pademilsky*)
Larine (*Lurge*)	Bohrine (*Nathanson*)	Martinoff (*Zibar*)
Bogdanoff (*Zilberstein*)	Suchanoff (*Gimel*)	Kamnleff (*Goldmann*)
Sagersky (*Krochmann*)	Riazanoff (*Goldenbach*)	Solutzeff (*Belichmann*)
Pianitsky (*Ziwin*)	Axelrod (*Orthodox*)	Glasunoff (*Schultze*)
Zuriesain (*Weinstein*)	Lapinsky (*Lowensohn*)	

Il faut ajouter à cela que la mère de Lénine étant Juive, la tradition juive le considère comme juif à part entière. Lénine étudia avec des étudiants juifs en Suisse. Victor Marsden, correspondant anglais en Russie, déclara que Lénine était un

Juif Kalmouk marié à une Juive (Kroupskaya) dont les enfants parlaient le yiddish. Hervert Fitch, un détective de Scotland Yard, qui avait épié Lénine, comme garçon de table, déclara que celui-ci était typiquement Juif.

Section IV : *En même temps le Juif Paul Warburg, qui avait été un des créateurs la Federal Reserve Board, se fit remarquer par ses apports actifs à certains bolcheviks notoires aux États-Unis. Ces circonstances et une information menée à son sujet, l'empêchèrent d'être élu directeur à la Federal Reserve.*

Section VI : *D'un autre côté, Judas Magnès, qui reçoit des subsides de Jacob Schiff, est en rapport étroit avec l'organisation sioniste mondiale Poale-Sion dont il est de fait le directeur. Le but final de cette organisation est d'établir la suprématie internationale du Mouvement Travailliste Juif. Judas Magnès était alors rabbin à New York. Il fut ensuite envoyé à Jérusalem pour y diriger l'Université juive. Le Poale-Sion, organisation marxiste militante, possède à Montréal une filiale active et puissante.*

Section VII : *La révolution sociale avait à peine éclaté en Allemagne, que la juive Rosa Luxembourg en prit automatiquement la direction politique. Un des principaux chefs du mouvement bolchévique international était le Juif Haase. À cette époque la révolution sociale en Allemagne se développa de façon parallèle à la révolution sociale en Russie.*

Section VIII : *Si nous tenons compte du fait que la banque juive Kuhn, Loeb et Cie, est en rapport avec le syndicat Westphalien-Rhénan, banque juive allemande, et avec Lazare Frères, banque juive à Paris, ainsi qu'avec la maison juive Gunsbourg de Petrograd, Tokyo et Paris, si en plus nous* *remarquons que toutes les maisons juives ci-dessus mentionnées, sont en correspondance étroite avec la maison juive Speyer et Cie de Londres, New York et Francfort-sur-le Main, de même qu'avec la Nya Banken, établissement judéo-bolchévique de Stockholm, il devient manifeste que le mouvement bolchévique est l'expression d'un mouvement général juif et que de grosses banques juives sont intéressées à l'organisation de ce mouvement.*

Ainsi fut établie par les Services de renseignements américains la connivence entre les multimillionnaires capitalistes juifs et les révolutionnaires bolchéviques juifs.

CAPITALISTES JUIFS

Quelques remarques supplémentaires quant aux personnages cités plus haut, semblent intéressantes. D'après « *l'Écho de Paris* » du 28 avril 1920, Max Warburg était le Directeur Général de la Banque Max Warburg & Cie de Hamburg. Il était également le principal actionnaire de la Hamburg-America Line et de la Deutscher-Lloyd. Ses deux frères, Paul et Félix, dont l'un fut marié à la belle-sœur et l'autre à la fille de Jacob Schiff, né à Francfort, étaient avec Schiff à la tête de la Banque Kuhn, Loeb & Cie. Dans la « *German-Bolshevik Conspiracy* » page 27, publié par le Committee of Public Information, Washington D.C. en octobre 1918, nous apprenons que Max Warburg avançait de l'argent aux Bolchéviques.

Voici un message qui apparaît comme révélateur : « *Stockholm, 21 septembre 1917. Mr Raphael Scholak, Haparand* » : « *Cher camarade, en conformité avec un télégramme du Westphalian-Rhineland Syndicate, la Banque*

Max Warburg & Cie nous informe qu'un crédit a été ouvert à l'entreprise du camarade Trotsky. Signé : Furstenberg. »

D'après une information de source française, Jakob Schiff aurait versé pour la révolution russe de 1917 la somme de $12.000.000. Si maintenant nous lisons le livre de Nesta Webster, « *The Surrender of an Empire* » (La reddition d'un empire), pages 74, 79, nous trouvons des renseignements supplémentaires sur la montée du Bolchevisme.

LA RÉVOLUTION RUSSE EST UN PLACEMENT JUIF

Il semble que le nom véritable de la personne mentionnée à la Section III sous le nom de Parvus, soit Israël Lazarévitch Hellphand, un Juif de la province de Minsk, en Russie-Blanche. Vers la fin du siècle dernier il prit part à un travail révolutionnaire à Odessa. En 1886, il s'en alla à l'étranger et en fin de compte, après plusieurs pérégrinations, arriva à Copenhague où il amassa une grande fortune comme agent en chef de la distribution du charbon allemand au Danemark, travaillant par l'entremise du parti socialiste danois. Le Docteur Ziv dans sa « *Vie de Trotsky* » relate que lorsqu'il était en Amérique en 1916, il demanda à Trotsky : « comment va Parvus ? ». Trotsky lui répondit : « *il est en train de compléter son douzième million* ». C'est ce Juif multimillionnaire qui après Karl Marx, fut le plus grand inspirateur de Lénine. Ce fut par l'intervention de Parvus que Lénine fut envoyé en Russie. La Russie bolchévique n'est pas le triomphe des travailleurs, mais ne semble être qu'un gigantesque placement de capitalistes juifs pour leurs propres fins.

LE SYMBOLISME DU DRAPEAU ROUGE

Le drapeau rouge a toujours été un symbole de danger. À l'arrière d'un train, sur le bord d'un précipice, sur une route défoncée, aux abords d'une carrière ou d'une mine, partout où il y a danger de mort ou de ruine, le drapeau rouge est déployé pour prévenir. Aujourd'hui, ce drapeau, si parfaitement symbolique pourtant, est déployé et imposé aux foules ignorantes par ceux qui rêvent de s'emparer du monde pour le mener aux massacres planétaires et au néant.

Il est donc l'emblème de la ruine, des émeutes, des perturbations, du chaos, des déchirements sociaux et de la misère humaine : deux cents millions de cadavres du Communisme international suivent ce drapeau. Il est en fait l'étendard de la finance juive international et il fut tout d'abord déployé par Rothschild. Il fut déployé par Karl Marx comme étendard de la politique judéo-prolétarienne mondiale.

Le premier des Rothschild se nommait Amschel Mayer. Il demeurait à Francfort-sur-le Main en Allemagne, où il avait une boutique de collectionneur et changeur de pièces de monnaie. Lorsqu'il voulait indiquer qu'il y avait une vente spéciale dans sa boutique, il arborait à la devanture un drapeau rouge. Les gens qui y allaient disaient : « Je m'en vais au drapeau rouge ». Un jour qu'un passant avait tourné ce drapeau en dérision, le Juif Amschel Mayer aurait répondu : « *Ce drapeau dominera un jour le monde* ».

L'initiateur de la grande finance internationale changea bientôt son nom en celui de Rothschild, qui signifie

« *drapeau rouge* » (ou « *bannière rouge* »). Une fois qu'ils eurent le contrôle du monde par le haut, par la finance, les Juifs décidèrent d'obtenir aussi le contrôle par le bas, par le prolétariat. Ils lancèrent Karl Marx avec sa bible socialiste et communiste et financèrent les grands mouvements internationaux qui en sortirent. Ainsi le drapeau rouge de la Haute finance devint aussi celui du prolétariat international. Que la conquête des peuples s'opère par la finance juive ou par les Internationales sous contrôle juif, c'est toujours les Juifs qui gagnent et c'est toujours le drapeau rouge de la domination juive qui se substitue aux drapeaux des Nations.

Et des légions de Goyim, que les Juifs considèrent comme « *une vile semence de bétail* » (Zohar), suivent avec extase ce drapeau rouge de leur dégradation et de leur esclavage, comme des moutons qui suivent bêtement leurs bouchers. Des leaders sont dressés pour les faire avancer vers ce qu'ils croient être leur « liberté », c'est-à-dire l'antithèse radicale et absolue de la vraie liberté.

Le drapeau rouge des Rothschild est l'étendard du Veau d'Or, des destructeurs de pays, des massacreurs d'Espagne, de Russie, de Hongrie, le drapeau des Trotsky, des Bela Kuhn, des Litvinoff, des Kaganovitch (qui dirigea les bourreaux carcéraux et concentrationnaires Juifs en URSS : Frenkel, Yagoda, Firine, Apetter, Rappaport, Jejoff, Abramovici et une cinquantaine d'autres bourreaux Juifs).

LES JUIFS ET LE LIBÉRALISME

« The sentinel »

Dans ce journal juif du 9 juin 1936, le rabbin Louis I. Newmann écrit ceci : « *Les Juifs doivent toujours se trouver du côté du libéralisme maintenant et toujours. Même si le libéralisme subit des revers temporaires. Le Judaïsme n'a rien de commun avec la réaction (Nationalisme) mais tout dans sa tradition est libéral.* »

UN INTÉRESSANT DOCUMENT BRITANNIQUE CONCERNANT LES JUIFS

En avril 1919 à Londres, fut imprimé par ordre de Sa Majesté, un Livre blanc, intitulé « *Russia N°1* » publié en 1919, « *A Collection of Reports on Bolshevism in Russia* ». (Ensemble de rapports sur le Bolchevisme en Russie). Ce document officiel fut soumis à la Chambre des Communes. Ce document, à la page 6, contenait un rapport de Son Excellence M. Oudendyk, ministre des Pays Bas à Pétrograde, qui agissait en même temps à titre officiel comme protecteur des sujets et intérêts britanniques, à la place de représentant anglais, le capitaine Cromie, assassiné par les Bolchéviques.

Extrait de ce rapport officiel, daté du 6 septembre 1918, et reçu par Balfour le 18 septembre 1918 :

« *A Moscou j'ai eu des entrevues répétées avec Chichérine et Karachan. Tout le gouvernement soviétique est tombé au niveau d'une organisation criminelle. Les Bolchéviques se sont lancés dans une véritable folie criminelle. Le danger est maintenant si grand que je crois de mon devoir d'attirer l'attention du gouvernement britannique et de tous les autres gouvernements sur le fait que la civilisation mondiale dans sa totalité est grandement menacée si le Bolchevisme russe n'est pas immédiatement éradiqué. Je considère que la suppression immédiate du Bolchevisme est le plus grand problème qui se pose maintenant au monde, sans en excepter la guerre qui fait rage actuellement. À moins que le Bolchevisme ne soit étouffé dans l'œuf sans tarder, il se répandra sous une forme ou une autre en Europe et dans le monde entier car il est organisé et bâti par des Juifs sans nationalité dont le seul but est de détruire pour leur fin particulière l'ordre existant des choses. La seule façon d'écarter ce danger serait une action collective de toutes les puissances.* »

CONSTATATIONS INCONTOURNABLES

➢ Le général communiste chinois Chen se nommait Cohen.

➢ L'organisateur du communisme en Chine se nommait Crusenberg, alias Borodine.

➢ Le chef des marxistes en Italie était le Juif Claudio Trèves.

➢ En Russie, Lénine, Trotsky, Kerensky, Zinoviev, Radomilisky, Konstantinovitch, Abramovici, Rosenblum, Litvinov, Lindé, Ravitch et des milliers d'autres dirigeants soviétiques étaient Juifs.

➢ En Hongrie, le mouvement révolutionnaire de 1919 était dirigé par les Juifs Bela Kuhn, Kunsi, Agoston, Peter Grunbaum, Weinstein, etc.

➢ En Bavière, la révolution de 1918 avait des Juifs pour chefs : Kurt Eisner, Loewenberg, Rosenfeld, Koenigberg, Birbaum, Kaiser, Hoch.

➢ À Berlin, en 1918, ce furent les Juifs Lundsberg, Riesenfeld, Lewisohn, Moses, Rosa Luxembourg, Cohen, Reuss, Hodenberg.

➢ A Munich, en avril 1919 les meneurs étaient Lévine, Levien, Axelrod.

➢ A Hamburg, en 1923, le juif Sobelsohn (Karl Radek).

➢ Au Brésil, en 1936 une insurrection marxiste éclata. Les meneurs étaient les Juifs Rosenberg, Gardelsran, Gutnik, Képlanski, Goldberg, Sternberg, Jacob Gria, Weiss, Friedmann.

➢ En Espagne, en 1936, on voit réapparaître les Bela Kuhn, Neumann, Ginsburg, Julius Deutch, la Juive Nelken, Rosenberg, ambassadeur d'URSS, le Juif Del Vayo, délégué de la SDN.

➢ Toute une foule de Juifs d'Espagne présidaient aux massacres et aux atrocités.

Exactement comme en Russie... Le fait est que toutes ces révolutions communistes, déclenchées en faveur du prolétariat, se traduisent dans les faits par des massacres de paysans et d'ouvriers sacrifiés à la cause juive.

UN GRAND BANQUIER JUIF FAIT DE SENSATIONNELS AVEUX

À la fin de 1936, le comte de Saint-Aulaire, ambassadeur de France, publiait un livre « *Genève contre la Paix* » (Edition Plon). Il y rapportait les déclarations faites devant lui par un grand banquier juif de New York dans un café de Budapest, capitale de la Hongrie, que le Juif Bela Kuhn venait d'ensanglanter par une affreuse révolution communiste. La banque dont il est question ici est la Banque Kuhn, Loeb & Cie de New York, dont les directeurs étaient Jacob H. Shiff, Otto H. Kahn, les frères Paul et Félix Warburg.

Voilà ce qu'on peut lire page 85 et suivantes dans ce livre :

« *Cette situation explique comment les alliés masqués de Bela Kuhn étaient demeurés à Budapest après sa déroute et comment on pouvait les rencontrer à la table des missions interalliées dont certains d'ailleurs étaient membres, ce qui leur était très commode pour l'accomplissement de leur autre mission. Ils sablaient aussi joyeusement le Tokay chez les Alliés que chez Bela Kuhn et quand ils avaient bu plus que de petits enfants ne buvaient de lait, leurs langues se déliaient. Nombre de révolutionnaires Juifs expulsés de Hongrie y étaient revenus après l'armistice, sous l'uniforme américain, et ce sont leurs rapports à Wilson qui inspiraient la politique du Conseil Suprême en Europe centrale.*

J'ai retenu les propos d'un de ces augures dont je fus le voisin de table à un de ces dîners internationaux qui sont la meilleure école et le plus dangereux écueil de la diplomatie. Il était devenu un des directeurs d'une grande banque de New York, une de celles qui finançaient la révolution bolchévique. Mais ce n'était pas un de ces banquiers scellés au sol comme un coffre-fort, selon de mot de Louis Philippe sur Casimir Perrier. Il avait du « plafond » dans sa spécialité et le crevait volontiers pour atteindre des régions supérieures.

En bon Oriental, il s'exprimait par images auxquelles, en cérébral, il donnait des prolongements intellectuels. Un convive lui ayant demandé « comment la Haute Finance pouvait protéger le bolchevisme, ennemi de la propriété immobilière, condition de l'industrie bancaire, comme de la richesse immobilière qui lui est non moins nécessaire », notre homme préposé au ravitaillement des sans-pain, vida un grand verre de Tokay, prit un temps, en tirant une bouffée de son énorme cigare à cinq francs-or, et dit : *« Ceux qui s'étonnent de notre alliance avec les Soviets oublient que le peuple d'Israël est le plus nationaliste de tous les peuples, car il est le plus ancien, le plus uni, le plus exclusif. Ils oublient que son nationalisme est le plus héroïque car il a résisté aux plus terribles persécutions.*

Ils oublient aussi que c'est le nationalisme le plus dur, le plus immatériel, puisqu'il a subsisté à travers les siècles en dépit de tous les obstacles sans le support d'un territoire. Il est œcuménique et spirituel comme la papauté. Mais il est tourné vers l'avenir au lieu de l'être vers le passé et son royaume est ici-bas. C'est pourquoi il est le sel de la terre ce qui ne l'empêche pas d'être, comme on le dit sur le boulevard, le plus dessalé des nationalismes, c'est à dire, le plus décanté, le plus dépouillé... »

Quelques convives ayant accueilli ces derniers mots par un sourire mal réprimé, ce Sage de Sion y répondit par cette glose : « Quand je dis le plus dépouillé, j'entends que notre nationalisme est le plus buvable de tous, celui qui a le plus de bouteille, celui que les autres peuples absorbent le plus facilement avec délices et sans mal aux cheveux. Pour en venir au sel, connaissez-vous le précepte des saleurs de morue ? Je l'ai appris sur le banc de Terre Neuve. Le voici : Trop de sel brûle la chair, pas assez la corrompt. De même pour l'esprit et pour les peuples. Nous appliquons ce précepte sagement, ainsi qu'il convient, le sel étant l'emblème de la sagesse.

Nous le mêlons discrètement au pain des hommes : nous ne l'administrons à doses corrosives que dans des cas exceptionnels quand il s'agit de brûler les débris d'un impur passé, comme par exemple dans la Russie des tsars. Cela vous explique déjà un peu pourquoi le bolchevisme nous agrée : c'est un admirable saloir pour brûler non pour conserver. Mais en dehors et au-dessus de ce cas particulier, nous communions avec le marxisme intégral dans l'Internationale, notre religion, parce qu'il est l'arme de notre nationalisme, arme tour à tour défensive et offensive, le bouclier et le glaive.

Le marxisme, direz-vous, est aux antipodes du capitalisme qui nous est également sacré. C'est précisément parce qu'ils sont aux antipodes l'un de l'autre qu'ils nous livrent les deux pôles de la planète et nous permettent d'en être l'axe. Ces deux contraires trouvant comme le bolchevisme et nous, leur identité dans l'Internationale. De plus ces deux contraires qui sont aux antipodes de la société comme de la doctrine, se rejoignent dans l'identité de la même fin : la rénovation du monde par en haut, c'est à dire par le contrôle de la richesse et par en bas, c'est à dire par la révolution.

Pendant des siècles, Israël a été séparé de la chrétienté, refoulé dans le ghetto afin de montrer aux fidèles ce qu'on appelait les témoins de l'ancienne foi, dans un abaissement qui, disait-on, était l'expiation du déicide. C'est ce qui nous a sauvés et, par nous, sauvera l'humanité. Nous avons ainsi conservé notre génie et notre mission divine. C'est nous aujourd'hui les vrais fidèles. Notre mission consiste à promulguer la loi nouvelle et à créer un Dieu, c'est à dire épurer la notion de Dieu et à la réaliser quand les temps seront révolus. Nous l'épurons en l'identifiant à la notion d'Israël devenu son propre Messie, ce qui en facilitera l'avènement par notre triomphe définitif. C'est notre Nouveau Testament.

Nous y réconcilions les rois et les prophètes, comme David le prophète-roi ou le roi-prophète, les réunissant en sa personne. Nous sommes rois pour que les prophéties s'accomplissent et nous sommes prophètes pour ne pas cesser d'être rois ».

Là-dessus, ce roi-prophète but un autre verre de Tokay.

Un sceptique lui fit cette objection : « Ce Messie dont vous êtes les prophètes et les apôtres, ne risquez-vous pas d'en être aussi les martyrs ? Car enfin, si dépouillé que soit votre nationalisme, il dépouille parfois les autres peuples. Si vous méprisez la richesse vous ne la dédaignez pas, ne serait-ce que comme moyen non de jouissance, mais de puissance. Comment le triomphe de la révolution universelle, destructrice et négatrice du capitalisme, peut-il préparer le triomphe d'Israël arche sainte de ce même capitalisme ? »

« Je n'ignore pas que Jéroboam a fondé à Dan et à Béthel, le culte du Veau d'Or. Je n'ignore pas non plus que la révolution est, dans les Temps modernes, la grande prêtresse de ce culte, la plus diligente pourvoyeuse de ses tabernacles. Si le Veau d'Or est toujours debout, son piédestal le plus confortable est le tombeau des Empires, et cela pour deux raisons : d'abord la révolution n'est jamais qu'un déplacement de privilèges, partant de richesses. Or ce qui nourrit notre Veau d'Or, ce n'est pas la création de richesses, ni même leur exploitation, c'est surtout leur mobilisation, âme de la spéculation. Plus elle change de main et plus il en reste dans les nôtres. Nous sommes des courriers qui touchons des commissions sur tous les échanges, ou si vous préférez, des péagers qui contrôlons les carrefours du globe et

percevons une taxe sur tous les déplacements de la richesse anonyme et vagabonde, que ces déplacements soient des transferts d'un pays à l'autre, ou des oscillations entre les cours. A la calme et monotone chanson de la prospérité nous préférons les voix passionnées et alternées de la hausse et de la baisse. Pour les éveiller, rien ne vaut la révolution si ce n'est la guerre, qui est une forme de révolution. En second lieu la révolution affaiblit les peuples, les met en état de moindre résistance contre les entreprises étrangères. La santé de notre Veau d'Or exige la maladie des Nations, celles qui sont capables de se développer par elles-mêmes. Nous sommes au contraire, solidaires des grands États modernes comme la France, les États-Unis, l'Angleterre, l'Italie, représentés à cette table, qui nous ont accordé une généreuse hospitalité et avec qui nous collaborons pour le progrès de la civilisation.[28]

Mais prenez par exemple la Turquie d'avant-guerre, « l'homme malade » comme l'appelaient les diplomates. Cet homme malade était un élément de notre santé car il nous prodiguait des concessions de toutes natures, banques, mines, ports, chemins de fer, etc.

Toute sa vie économique nous était confiée : nous l'avons si bien soigné qu'il en est mort, du moins en Europe. En nous plaçant du point de vue terre à terre de l'accumulation des richesses en vue de l'accomplissement de notre mission, nous avons besoin d'un autre homme malade. C'eût été déjà une raison suffisante en dehors de considérations plus élevées, pour inoculer le

---

[28] Cette magnifique collaboration n'a pas empêché que Rothschild, Freud, Marx, Einstein, Picasso et consorts ont réduit l'Occident chrétien à la plus extrême dégénérescence et aux super-crimes de lèse-humanité : chômage, drogue, pornographie, suicide des Jeunes, chimification alimentaires et thérapeutique, effondrement écologique, disparition des espèces, Sida, Hiroshima, Tchernobyl, etc.

bolchevisme à l'ancienne Russie. Elle est maintenant l'homme malade d'après-guerre, beaucoup plus nourrissant que l'Empire Ottoman et qui se défend encore moins. La voici à point pour un autre festin. Ce sera bientôt un cadavre, nous n'aurons que la peine de le dépecer ».

À l'autre bout de la table, un coreligionnaire, enfant terrible de la synagogue, guettait le moment de placer son mot : « On nous prend pour des rapaces, nous sommes plutôt des charognards ».

Oui, si vous y tenez, répliqua le confesseur de la loi nouvelle. Mais ajoutez que nous le sommes pour le bien de l'humanité, pour sa santé morale, comme dans les pays où la voirie est rudimentaire, d'autres oiseaux le sont pour la salubrité publique. Ajoutez aussi que notre dynamisme essentiel utilise les forces de destruction et de création mais utilise les premières pour alimenter les secondes. Qu'étaient des pays comme l'ancienne Turquie, l'ancienne Russie, et même à une moindre échelle l'ancienne Hongrie avec son régime féodal et ses latifundia ? Ils étaient des membres paralysés qui gênaient tous les mouvements du monde ; ils étaient des embolies de l'Europe qui pouvait en mourir, des caillots de sang oblitérant des vaisseaux vitaux. En les dissolvant nous les restituons au courant circulaire du corps tout entier. Si au cours de l'opération giclent quelques gouttes de sang liquéfié, pourquoi nous en émouvoir ? C'est le prix infime d'un immense bienfait. Quelqu'un a dit que « nous sommes révolutionnaires parce que nous sommes conservateurs de nous-mêmes. »

Dans l'aménagement du monde nouveau, nous prouvons notre organisation pour la révolution et pour la conservation par cette destruction, le bolchevisme, et par cette construction de la Société des Nations, qui est aussi notre œuvre, l'un étant l'accélérateur, l'autre le frein de la mécanique dont nous sommes le moteur et la direction. Le but ? Il est marqué par notre mission. Israël est une nation synthétique et homogène. Elle est formée d'éléments épars dans toutes les parties du monde mais fondus à la flamme de notre foi en nous-mêmes. Nous sommes une SDN qui résume toutes les autres. C'est ce qui nous qualifie pour les réunir autour de nous. On nous accuse d'en être les dissolvants. Nous ne le sommes que sur les points réfractaires à cette synthèse dont la nôtre est l'exemple et le moyen. Nous ne dissocions la surface que pour réveiller dans les profondeurs les affinités qui s'ignorent. Nous ne sommes le plus grand commun diviseur des peuples que pour en devenir le plus grand commun fédérateur. Israël est le microcosme et le germe de la Cité future ».

CE TEXTE MÉRITE UNE PROFONDE MÉDITATION. IL EST SIMPLEMENT AHURISSANT.

Dr. Oscar Lévy, Juif :

« *Nous, les Juifs, avons conduit les Goyim dans un nouvel enfer.* »

En 1920, l'écrivain anglais Pitt-Rivers du Worcester College, Oxford, publia un opuscule dont le titre était : « *Signification mondiale de la Révolution Russe* ». L'éditeur était Basil Blackwell à Oxford. Le Dr Oscar Lévy, très considéré dans les milieux littéraires, écrivit une préface à cet ouvrage.

Je n'ai jamais rencontré une incroyable et parfaite confession écrite par un Juif. Aucun Goy, pas même un Céline, ne serait capable d'atteindre un tel niveau de lucidité. Ceci pour dire que tout est Juif, même la forme la plus parfaite et achevée de l'antisémitisme (antijuivisme, devrait-on dire).

Seule la grande Simone Weil fit dans son livre « *La pesanteur et la Grâce* » au chapitre « Israël » une remarquable critique d'une hauteur métaphysique inégalable. Aucun goy n'est parvenu à un tel niveau en matière d'antijuivisme...

En voici l'essentiel :

« *Le bolchevisme est une religion et une foi. Comment ces croyants demi-convertis pouvaient-ils rêver de vaincre les « vrais » et les « fidèles » de leur propre foi, ces saints croisés qui s'étaient ralliés autour du drapeau rouge du prophète Karl Marx et qui avaient combattus sous la guidée audacieuse de ces officiers expérimentés des dernières révolutions : les Juifs ?...*

Il n'y a pas en ce monde de race plus énigmatique, plus fatale et par conséquent plus intéressante que celle des Juifs. Tout écrivain qui, comme vous, est oppressé par l'aspect du présent et embarrassé par son angoisse devant l'avenir, doit chercher à élucider la question juive et sa portée sur notre époque.[29]

Car la question juive et son influence sur le monde ancien et moderne plonge à la racine même de toute chose et doit être discutée par tout penseur honnête, si grandes soient les difficultés

---

[29] Une telle chose est impossible en l'an 2000 : Des lois racistes juives interdisent tout commentaire, toute vérité qui leur est défavorable. Nous sommes en coma dépassé.

qu'elle comporte, si complexe soit le sujet, aussi bien que les individus de cette race.[30]

Vous révélez, et avec une grande ferveur, les rapports qui existent entre le collectivisme de la finance internationale immensément riche-la démocratie des valeurs d'argent, comme vous l'appelez et le collectivisme international de Karl Marx et de Trotsky. Et tous ces maux et ces misères économiques aussi bien que politiques vous en remontez la trace à une seule source une seule « fons et origo malorum » : **Les Juifs.**

Eh bien ! D'autres Juifs pourraient vous outrager et vous crucifier pour cette énergique expression de votre opinion. Pour ma part je m'abstiendrai de grossir le chœur de la condamnation qu'ils vous infligeraient.

Je dois tout d'abord dire ceci : il ne s'est guère passé un événement dans l'Europe moderne sans qu'on puisse en remonter la trace jusqu'aux Juifs. Toutes les idées et tous les mouvements des temps modernes ont jailli d'une source juive et ceci pour la simple raison que l'idée sémitique a finalement conquis et entièrement asservi notre univers. Il ne fait aucun doute que, dans tout ce qu'ils font, les Juifs renchérissent en mieux ou en pire sur les Goyim et il ne fait aucun doute que leur influence aujourd'hui justifie une très soigneuse enquête et il n'est pas possible d'envisager cette influence sans sérieuses alarmes. Nous les Juifs, nous nous sommes trompés, mon Ami, nous nous sommes très gravement trompés. Il n'y a plus, aujourd'hui, que

---

[30] Rappelons une fois encore ce nouvel enseignement inconnu : il n'y a pas de races, mais seulement des ethnies qui sont le résultat de l'adaptation hormonale à un environnement fixe. Le problème juif vient exclusivement de la circoncision au 8ème jour, seul dénominateur commun qui rende compte d'un particularisme constant dans le temps et l'espace.

fausseté et folie. Une folie qui produira une misère encore plus grande et une anarchie encore plus profonde.

Je vous le confesse ouvertement et sincèrement, avec le chagrin dont seul un ancien psalmiste pourrait mesurer la profondeur et la douleur en notre époque incendiée. Nous avons posé en sauveurs du monde, nous qui nous étions même vantés de vous avoir donné « le Sauveur », nous ne sommes plus aujourd'hui que les séducteurs du monde, ses destructeurs, ses incendiaires, ses exécuteurs. Nous avions promis de vous mener vers un paradis nouveau, et en fin de compte nous ne vous avons conduits que vers un enfer nouveau. Il n'y a pas eu de progrès, du moins moral et c'est seulement notre moralité qui a empêché tout progrès réel et, ce qui est pis, qui obstrue la voie de toute reconstruction future et naturelle dans notre monde ruiné. Je regarde ce monde et je frémis à la vue de son horreur, j'en frémis d'autant plus que je connais les auteurs spirituels de toute cette horreur.

Mais ces auteurs eux-mêmes, inconscients en ceci comme dans tout ce qu'ils font, ne savent encore rien de cette étonnante révélation. Pendant que l'Europe est en flammes, pendant que ses victimes gémissent, pendant que ses chiens hurlent à la conflagration, pendant que ses fumées descendent en nappes plus épaisses et plus sombres sur notre continent, les Juifs, ou au moins certains d'entre eux, et non des moins dignes, essaient de s'échapper de l'édifice en flammes, désireux de passer d'Europe en Asie, de la sinistre scène de notre désastre, vers le coin ensoleillé de la Palestine. Leurs yeux sont fermés aux misères, leurs oreilles sont sourdes aux plaintes, leur cœur est endurci à l'anarchie de l'Europe. Ils ne ressentent plus que leurs propres chagrins, ils ne pensent plus qu'à leur propre sort, ils ne soupirent plus que sous leur propre fardeau. »[31]

VOICI UN DOCUMENT ATROCE :

Alors que les Juifs fomentent les guerres mondiales, cet article donne la nausée « *The Sentinel* », hebdomadaire juif de Chicago, a publié le 24 septembre 1936 le compte rendu de la Conférence centrale des rabbins américains. Ils ont pris la décision de demander au gouvernement des États-Unis de libérer de leurs obligations militaires les Juifs, qui, par objection de conscience, sont opposés à la guerre.

Il est donc bon pour eux de déclencher les guerres, mais de les faire faire par les Goyim.

Ainsi toute l'élite goy sera décimée, comme ce fut exactement le cas en 1914-18.

LA GRANDE PROPRIÉTÉ ANÉANTIT LA PETITE

Dans la « *Nouvelle Revue Internationale* » de janvier 1897, le grand Juif Théodore Herzl nous dit : « *La question agraire n'est qu'une question de machines. L'Amérique doit vaincre l'Europe de même que la grande propriété anéantit la petite. Le paysan est un type appelé à disparaître.* »

---

[31] Le sommet écœurant de cette psychologie est l'ineptie arithmético-technique de l'Holocauste, qui sert de levier à une extorsion de fonds internationale, alors que nous savons que le cyclon B est tout à fait impropre au gazage de 1000 ou 2000 personnes à la fois ; et que le nombre de six millions (un pays comme la Suisse !) est contredit par l'American Jewish Year Book, qui fixe à 3.300.000 le nombre de Juifs présents en Europe occupée en 1941. (Beaucoup partirent après cette date !)

LES VRAIS GÉNOCIDES DE L'HISTOIRE

Les Juifs ne parlent jamais des cruels massacres de l'Histoire. Il est inouï que l'on parle sans cesse des « *Six millions* » (vrais ou faux) et jamais des 80 millions de Goyim exterminés en URSS par un régime quintessentiellement Juif. (200 millions de victimes des régimes communistes dans le monde).

Dans l'Antiquité, sous Assuérus, 70.000 Goyim furent exterminés à l'instigation des Juifs. Ils célèbrent ce haut fait par la fête du Purim. La veille de la sortie d'Égypte, tous les premiers nés des familles égyptiennes furent massacrés. A la naissance du Christ, les Juifs massacrèrent les Saints-Innocents dans toute la Palestine dans l'espoir de tuer l'enfant-Dieu. Ils arrachent à Ponce Pilate la condamnation du Christ. Ils lapident saint Etienne et font massacrer les apôtres. Néron avait comme premier conseiller le Juif Attilius et pour favorite la Juive Poppée : ils l'incitèrent à massacrer des centaines de milliers de Chrétiens. Le livre Juif « *Sepher Juchasin* » (Amsterdam 1919), rapporte qu'au temps du pape Clément 1er (89-97), les Juifs mirent à mort à Rome et dans ses environs *« une foule de Chrétiens innombrables comme les sables de la mer »*.

Dion Cassius, le grand historien de l'Antiquité, dans son « *Histoire romaine* » (traduction Anthoine de Bandole, 1660), écrit : « *durant ce temps, les Juifs qui habitaient le long de Cyrène, ayant pour capitaine un certain Andréas, tuèrent tous les Grecs et les Romains, mangèrent leur chair et leurs entrailles, se baignèrent dans leur sang et se vêtirent de leur peau.*

Ils en firent mourir, certains fort cruellement en les sciant depuis le sommet de la tête tout à travers le milieu du corps. Ils les jetèrent aux bêtes et contraignirent les autres à combattre l'un contre l'autre. Ils en firent mourir 220 000. Ils exercèrent une semblable cruauté en Égypte et dans l'île de Chypre ayant pour chef et conducteur de leurs cruautés un certain Artémion. En l'île de Chypre, ils massacrèrent 240 000 personnes à cause de quoi, il n'est plus permis à un Juif d'y descendre ».

Edward Gibbon, dans sa célèbre étude historique « *Histoire du déclin et de la chute de l'Empire romain* » (1776) confirme : « *Dans Cyrène, ils massacrèrent 220 000 Grecs. Ils massacrèrent 240 000 personnes à l'île de Chypre et en Égypte une vaste multitude. La plupart de ces malheureuses victimes furent sciées en deux conformément à l'idée que David l'avait autorisé par sa conduite* ».

Le livre Juif « *Sepher Hodoroth* » nous apprend que Rabbenu Jehouda avait la faveur de l'empereur Antonin le Pieux. Il lui désigna la malice des Nazaréens (chrétiens) comme cause d'une maladie pestilentielle et obtint l'exécution de tous les Nazaréens qui se trouvaient à Rome en l'an 3915 (155 ap. J.-C.). Le même livre nous apprend que ce fut par l'influence des Juifs que Marc Aurèle fit massacrer tous les Nazaréens qu'il put en l'an 177. Parmi eux, Saint Pothin et quarante-sept de ses fidèles, dont sainte Blandine et les chrétiens Macturus et Sanctus. Il nous enseigne aussi comment les Juifs purent s'en donner à cœur joie sous le monstre Caracalla, « *la bête féroce d'Ansonie* ». Le livre nous dit qu'en 3974 (214 ap. J.-C.), les Juifs tuèrent 200 000 Chrétiens à Rome et tous les Chrétiens de Chypre.

Le « *Sepher Juchasin* », livre Juif, nous dit aussi (page 108) que, « *sur le désir des Juifs, Dioclétien tua un grand nombre de Chrétiens parmi lesquels les papes Caïus et Marcellinus de même que le frère de Caïus et sa sœur Rosa.* »

Mahomet fut empoisonné par une Juive.

Des Juifs assassinèrent le tsar Nicolas II et toute sa famille. Alexandre de Yougoslavie et Louis Barthou furent assassinés par le Juif Peter Kalmen, Huey Long par le Juif Weiss, l'archiduc François-Joseph par le Juif Princip, l'archiduc Rodolphe de Habsourg par une Juive. Il y eut de nombreux assassinats judéo-maçonniques : celui du tsar Alexandre II, du roi de Suède Gustave III, Louis XVI et sa famille, Pellegrino Rossi, ministre de Pie IX, Garcia Moreno, président de l'Équateur, le roi Carlos du Portugal, le président Paul Doumer, le marquis de Morès, le conseiller Prince, le président Felix Faure, le président Abraham Lincoln, le premier ministre Stolypine, le comte Tisza…

Nous avons mentionné les massacres, en trois mois, de 30 000 chrétiens par les Juifs Bela Kuhn et Szamuely en 1918.

Mais les plus grands massacres politiques de l'Histoire du Monde eurent lieu en Russie bolchévique : sous le joug des Juifs parmi lesquels nous citerons Trostky, Sverdloff, Zinovieff, Kameneff, Litvinov, Yagoda, Joffe, Kaganovitch (beau-frère de Staline), Karakhan, Levine, Rappaport, Parvus-Halphand, Radek-Sobelsohn, Garine, etc.

Furent assassinés, souvent dans des conditions atroces : un million neuf cent mille évêques, prêtres, princes, nobles, officiers d'armée et de police, bourgeois, instituteurs, ingénieurs, ouvriers et paysans martyrisés en 18 mois. Trente millions morts de faim et d'épidémies dues aux famines artificielles depuis 1917. (Source : Croix-Rouge Internationale, Dr Fritjof Nansen).

Sous les Juifs Kurt Eisner et les frères Lévine, les otages de Munich en Bavière furent massacrés.

En Espagne, pendant la guerre civile, eut lieu un immense massacre judéo-communiste : 400 000 chrétiens massacrés à l'arrière des lignes de feu, exclusivement pour leur foi religieuse et nationale par les Juifs Zamorra, Azana, Rosenberg.

En Chine, immense massacre judéo-communiste qui coûta la vie à quinze millions de Chinois en quinze ans dans les provinces sous contrôle communiste.

Ce n'est là qu'un aperçu de ces horreurs. Tout cela est loin d'être exhaustif.[32] La vie des saints, l'histoire de l'Antiquité et du Moyen Age et des Temps modernes en sont remplis. Les Juifs, quand ils furent châtiés, ne subirent pas le dixième des maux qu'ils avaient infligés aux peuples qui les avaient accueillis.

Dans l'Histoire objective du monde, les Juifs apparaissent comme un peuple de persécuteurs féroces et non comme une

---

[32] Je possède une grande documentation des victimes de cette guerre juive de 39-45, et après la guerre en Europe, sans parler des nègres de l'esclavage capturés en Afrique et morts par millions, dans un trafic organisé exclusivement par les Juifs (Voir aussi le Pr Shahak à ce sujet).

minorité persécutée, bien que leurs exactions dans les pays d'accueil ont systématiquement provoqué pogromes et expulsions, ceci dans tous les pays où ils ont vécu et à toutes les époques, sans exception. Les Juifs essayent de nous persuader du contraire, mais les faits sont là, et bien souvent confirmés par la tradition et les livres juifs eux-mêmes.

INTÉRESSANT DOCUMENT SUR LA CONVERSION DU GRAND RABBIN NÉOFIT

Ce grand rabbin se convertit au christianisme et devint moine. Il publia en 1803, en langue moldave, « *Le sang chrétien dans les rites israélites de la Synagogue moderne* ». Le livre fut traduit en grec en 1833. Voilà ce que l'on y lit page 33 :

« *Ce terrible secret n'est pas connu de tous les Juifs mais seulement des Chakam* (docteurs en Israël) *et des rabbins qui portent le titre de* « conservateurs du mystère du sang ».

Ceux-ci le communiquent verbalement aux pères de famille et ceux-ci à leur tour confient le secret à celui de leurs fils qui leur semble le plus digne de confiance, tout en y ajoutant des menaces épouvantables contre celui qui trahirait le secret ».

Le rabbin converti relate ensuite :

« *Lorsque j'eus treize ans, mon père me prit à part dans une pièce obscure et après m'avoir représenté la haine contre les chrétiens comme une chose agréable à Jéhovah, il me dit que notre Dieu nous avait ordonné de répandre le sang chrétien et de le réserver pour un usage rituel. Mon fils, dit-il en m'embrassant, maintenant que tu es en possession de ce secret, tu es devenu mon plus intime confident, vraiment un autre moi-même ! Puis il plaça une couronne sur ma tête et me donna des explications concernant le mystère du sang jadis révélé aux Hébreux par Jéhovah. Dorénavant je serai le dépositaire du plus important secret de la religion israélite. Des imprécations et des menaces terribles furent proférées contre moi si jamais je révélais ce secret à ma mère, mes frères, mes sœurs, ou ma future épouse. Je ne devrai le révéler qu'à celui de mes fils qui serait le plus apte à le conserver. Ainsi le secret passerait de père en fils à travers les générations jusqu'aux siècles à venir ».*

Deux citations intéressantes de Zinovieff, juif

La première fut publiée dans « *La Gazette* », journal bolchévique, et la seconde dans « *La Commune du Nord* » de Pétrograd du 18 septembre 1918 : « *Nous rendrons nos cœurs cruels, durs, impitoyables, afin que la clémence n'y pénètre pas et qu'ils ne frémissent pas devant un océan de sang ennemi. Nous lâcherons les écluses de cette marée sanglante. Sans pitié, sans merci, nous tuerons nos ennemis par milliers. Nous les noierons dans leur propre sang. Nous l'emporterons de la population russe : 90 millions sont sous la puissance des Soviets ; le reste, nous l'exterminerons.* »

Remarque : Le « *Livre noir du communisme* » évalue à 80 millions le nombre de victimes du communisme russe.

L'or juif, maître du monde

Les Juifs contrôlent tous les médias : Éditions, presse, radio, télévision... Ils sont donc des instruments de propagandes pseudo-démocratiques, car c'est le seul régime qui assure leur hégémonie, qu'aucun régime traditionnel ne leur accorderait.

Ils contrôlent donc les masses et les politiciens qui en font partie (aucune élite véritable n'accepterait le diktat du bulletin de vote ou de participer à des concours aussi stupides que l'agrégation ou l'ENA). Ils contrôlent entièrement le cinéma : propagande, violence, sexe, dénaturation de toutes les valeurs fondamentales qui sont l'essence de l'Homme.

Ils contrôlent la mode : les homosexuels y sont incités à pervertir tout sens esthétique, même à ce niveau élémentaire qu'est l'habillement. Les jeunes aujourd'hui sont des vachers blue-jeaneux, patateux et bariolés. Les femmes s'hommassisent vestimentairement et psychologiquement.

Les Juifs contrôlent l'or et sa manipulation qui fixent le cours et la valeur des monnaies nationales. Citons : Rothschild, Bleichroeder, Kuhn, Loeb & Cie, Japhet, Seligmann, Lazard et consorts. Au cours de ce siècle, les Sasoon contrôlaient l'opium dans le monde entier. Aujourd'hui la Haute finance juive gère la drogue.

> ➢ Alfred Mond (*Lord Melchett*) contrôle le nickel.
> ➢ Louis-Louis Dreyfus contrôle le blé.

Les Juifs contrôlent les trois internationales prolétariennes fondées par eux. Les Juifs contrôlent les sociétés secrètes : Franc-maçonnerie, Bilderberger, CFR, Trilatérale, dans lesquelles sont asservis tous les politiciens, qui en sont le plus souvent membres. Les Juifs contrôlent l'ONU comme ils contrôlaient la SDN. (voir document en fin de livre). Les Juifs exercent une formidable influence, directe ou indirecte, sur les gouvernements des nations occidentales. (directe : Angleterre : Hore-Belisha, Sassoon, etc. France : Léon Blum, Jean Zay, Georges Mandel-Rothschild, Pierre Mendès-France, Michel Debré, Laurent Fabius, etc.)

➢ États-Unis : Morgenthau, Perkins, Baruch, colonel House, etc. En 1999, dix des conseillers du président des États-Unis sont Juifs.
➢ Belgique : Vandervelde, Hymans, etc.
➢ Russie : Kaganovitch et pratiquement tous ceux qui ont fait et administré la révolution avec ses goulags et ses exécutions.

Quant à l'influence indirecte, elle est idéologique et financière.

La « *Jewish Encyclopedia* », rédigée par un comité de Juifs, nous donne des précisions flagrantes sur la vie économique de ce siècle et leur puissance. Dès le début de l'ère industrielle, les emprunts nationaux et les emprunts des grandes entreprises, les chemins de fer par exemple, furent financés par les Juifs. Depuis le début du XIXème siècle, ils ont la prépondérance dans le domaine de la finance internationale.

Nous apprenons là aussi que les Stern et les Goldsmid ont financé presque exclusivement le Portugal. Le baron Hirsh a financé les chemins de fer de Turquie. Les Rothschild ceux de France. Strousberg, ceux de Roumanie. Poliakov, Speyer

& Cie ceux de Russie. Kuhn Loeb & Cie, sans oublier une partie importante ru réseau ferroviaire américain.

Peut-être la plus grande entreprise contemporaine financée par les Juifs, nous dit l'Encyclopédia, fut la grande digue du Nil, financée par Sir Ernest Cassel.

Dès 1902, de l'aveu des Juifs, leur tribu contrôlait la prépondérance du marché international dans les pays importants. « *L'activité des Juifs sur le marché international est directement lié à leur travail comme courtiers en valeurs étrangères, au mouvement mondial des métaux précieux qui sont en majeure partie entre leurs mains* ».

Toujours dans l'Encyclopédia : Les Rothschild contrôlent le mercure, Barnato Frères et Werner, Bett & Cie contrôlent le diamant. (Postérieurement à cette période, nous savons que Oppenheimer contrôlait le diamant en Afrique du Sud).

Lewisohn et Guggenheim contrôlent le cuivre et dans une mesure importante le marché de l'argent. On peut ajouter que les intérêts Graustein et Dreyfus contrôlent le marché de la pâte de bois et du papier.

Voici comment on peut mesurer puissance d'un seul financier juif toujours tiré de l'Encyclopédie juive : il s'agit de l'exemple de Jacob-H. Schiff qui finança Lénine et Trotsky en 1917. Sous la direction de Schiff, sa firme opéra la reconstruction financière de l'Union Pacific Railroad vers 1897. En 1901, il engagea une bataille contre la Compagnie du Grand-Nord pour la possession de la Northern Pacific Railway. Ceci provoqua une panique à la Bourse (9 mai 1901) dans laquelle la firme Loeb, Kuhn & Cie tint le marché à sa merci. La modération et la sagesse de Schiff en cette circonstance empêchèrent un désastre et firent que sa firme eut la plus grande influence dans le monde financier des chemins de fer. Elle contrôlait plus de 22 000 miles de chemins de fer et $ 1.321.000.000 de stocks pour le matériel ferroviaire. Il a financé de grandes émissions de l'Union Pacific du Pennsylvania Railroad, du Baltimore & Ohio, du Norfolk & Western, du Western Union Telegraph et plusieurs autres. Il a financé et partiellement souscrit les trois grands emprunts de guerre du Japon en 1904 et 1905.

Tout le capital des banques du Canada réunies, représentant les économies de millions de Canadiens, n'arrivait pas à la moitié de la fortune de cette banque Juive, qui représentait la fortune de cinq personnes.

Si les agitateurs Juifs exigent la destruction des banques nationales dépositaires des économies des Canadiens, ils ne parlent jamais de détruire ces monstrueuses banques internationales qui financèrent les révolutions et le communisme.

L'Encyclopédie juive nous apprend aussi que la maison Sasoon, les Rothschild de l'Orient, possède le monopole du marché de l'opium dans le monde, contrôle en Asie de vastes monopoles de textiles, filatures, teintureries, soie, coton, etc. sans compter de puissantes organisations de banques, assurances, courtages, commerce, etc. Les succursales sont à Calcutta, Shanghai, Canton, Hong-Kong, Yokohama, Nagasaki, Bagdad, etc.

La famille juive Pereire, de France, toujours d'après l'Encyclopédie juive, est ramifiée en Espagne et à de puissants intérêts dans de nombreux pays. Voici quelques entreprises qu'elle a fondées ou dont elle a le monopole ou dont elle détient des participations : Crédit Foncier de France, Société Générale du Crédit Mobilier, Chemin de Fer du Midi, Chemin de Fer du Nord de l'Espagne, Gaz de Paris, Omnibus de Paris, Compagnie Générale Transatlantique, Éclairage de Paris, Assurances Union et Assurances Phénix d'Espagne, Chantiers navals de Saint-Nazaire, Crédit Mobilier d'Espagne, Banque de Tunis, Banque Transatlantique, Chemin de fer Paris-Argenteuil-Auteuil, Cie des Quais de Marseille, Gaz de Madrid, Banque Ottomane Impériale, des compagnies ferroviaires en Suisse, Russie, Autriche, Portugal, etc.

La famille Bischoffsheim de Paris et Bruxelles possède : la Société Générale, la Banque des Pays Bas, le Crédit foncier colonial, la Société du Prince Impérial, la Banque Franco-Égyptienne, l'Union du Crédit (Bruxelles), le Comptoir des prêts sur marchandises (Anvers), l'Union du Crédit (Liège), la Banque Nationale, etc.

La famille Strauss de New York contrôle plusieurs banques et institutions financières, les magasins R.H. Macy, la poterie, la verroterie. (Source : Encyclopédie Juive). Seligman Brothers de New York, agent financier du Secrétariat d'État de la marine de guerre des États-Unis depuis 1876, ont été intéressés à tous les emprunts d'État américains. Ils dirigèrent le syndicat qui distribua les bons du canal de Panama en Amérique.

En 1879, les Rothschild et Jesse Seligman absorbèrent à eux seuls l'emprunt de $ 150.000.000 du gouvernement américain. Ils ont géré dans une large mesure les finances de la guerre civile américaine, entre le Nord et le Sud. En 1877, le Juge Hilton refusa de recevoir Seligman et sa famille pour raison raciale, dans son hôtel Grand Union de Saratoga. On estime que cet incident causa la ruine du magasin A.T. Stewart, alors géré par Hilton, et qui par la suite devint la propriété de John Wanamaker de Philadelphie. (Source : Encyclopédie juive)

Il en est ainsi pour tous les pays, qu'il s'agisse des Rothschild, fabuleusement riches, capables de détruire n'importe quel gouvernement anglais qui oserait les défier, ou qu'il s'agisse de richissimes banquiers internationaux tels que :

Camondo	Fould	Montagu	Stern
Bleichroede	Warschauer	Mendelssohn	Gunzbourg
Japhet	Lazard	etc.	

Auprès d'eux, les Ford, les Mellon, les Carnégie, sont des nains financiers. La presse juive ne nous parle que des financiers chrétiens, mais occulte avec le plus grand soin les noms et la puissance inouïe de ces maîtres-chanteurs internationaux. Leur puissance est hors de proportion avec la population juive et avec la production juive.

La culbute de quelques petits Juifs, dans la catastrophe financière française de Panama, entre autres escroqueries fameuses, met en évidence la taille des plus grands requins :

- ➢ Les frères Insull (55 millions)
- ➢ Staviski (450 millions)
- ➢ Lévy (120 millions)

Les Juifs sont donc les maîtres incontestés de la Haute finance mondiale.[33] Cela leur permet d'affirmer leur contrôle sur les prix des denrées, les organismes internationaux de toutes sortes, la propagande mondiale et les gouvernements. Il est immoral qu'une seule « race »[34] détienne ainsi tant de puissance sur toutes les ethnies de la terre. Les temps sont révolus. De deux choses l'une : ou bien cette pieuvre colossale sera anéantie ou l'humanité disparaîtra avec la pieuvre. Elle se nourrit de tous les peuples au travail. Les contrôles locaux de la Juiverie (alcool, fourrures, viande, abattoirs, meubles, confection, restauration, or, nickel, papier, etc.) ne représentent qu'une infime partie de sa puissance. La plus grande puissance est celle que la masse ne voit pas, mais dont la triste efficacité éclate chaque jour sous nos yeux, comme les deux guerres mondiales dont la responsabilité leur incombe entièrement. (Traité de Versailles, négocié par les frères Warburg qui ont financé simultanément les belligérants et la révolution bolchévique, déclaration de guerre à Hitler en 1933 par la Juiverie américaine.)

LE TSAR DANS LE CHÂTEAU DES ROTHSCHILD

Le « *Canadian Jewish Chronicle* » du 7 septembre 1935 rapporte : « *La résidence palatiale des Rothschild fut toujours dans un état de splendeur salomonnienne telle qu'aucun calife n'aurait pu le soutenir sans réduire son royaume à la pauvreté.*

---

[33] Je projette pour l'an 1999 un livre sur le financier Juif Soros : « *Un exemple des effets de la circoncision au 8ème jour : le financier juif Soros* ».
[34] Faute d'un autre mot. Le mot « secte » conviendrait mieux. Nous savons en effet que les Juifs ne sont ni une race, ni une ethnie et que leur particularisme (financier ici) vient exclusivement de la circoncision au 8ème jour.

De fait, au moins la moitié des trésors de la terre sont préservés dans les voûtes des Rothschild. Rothschild exerce sa puissance sur des agences inaccessibles à d'autres mortels. Les rois le craignent et la forteresse de Sébastopol ne serait jamais tombée s'il avait pris fait et cause en faveur de la Russie. Cet homme contrôle la destinée des Nations : C'est le Seigneur d'Israël. »

« TAG »

Le journal juif de New York du 9 avril 1936 déclare : « *Les Juifs d'Amérique, à cause de leur nombre, de leurs intérêts et de leur habileté, constituent une grande force politique. Elle leur appartient de droit. Ils vont s'en servir comme ils l'entendront. Que ferez-vous à ce sujet ?* »

« LES JUIFS DOIVENT VIVRE »

Dans son livre « *Les Juifs doivent vivre* », le Juif Samuel Roth n'hésite pas à taxer les Juifs de « Race de vautours » qui persécute toutes les autres nations. Le cas de Samuel Roth est tout à fait édifiant. En 1934, ce Juif de New York, auteur et libraire, a fait éditer un livre de 320 pages, illustré par John Conrad, à la Golden Hind Press. Il avait déjà publié deux livres pour défendre les Juifs contre les antisémites : « *Europe* » (Liveright, 1919) et « *Now and for Ever* » (Macbride, 1925). À force d'étudier les raisons pour lesquelles les Juifs avaient toujours et partout été impopulaires, après les avoir examinés et avoir subi leurs coups, Roth changea d'opinion à 180° et donna entièrement raison aux antisémites. Dès que son livre eut paru, les Juifs l'attaquèrent férocement et tentèrent de le faire passer pour fou. Ils n'y réussirent pas. Voici des extraits importants de son livre :

« Disraeli a lancé le mot que les Peuples ont les Juifs qu'ils méritent. On peut dire aussi que les Juifs ont les ennemis qu'ils méritent.

L'histoire des Juifs a été tragique, tragique pour les Juifs eux-mêmes mais elle ne l'a pas été moins pour les peuples qui en ont souffert.

Notre vice principal aujourd'hui comme dans le passé est le parasitisme.

Nous sommes un peuple de vautours vivant du travail et de la bonne nature du reste du monde. Mais malgré nos défauts nous n'aurions pas fait tant de mal au monde sans le génie du mal qui anime nos chefs. Notre parasitisme pourrait avoir une bonne utilité, considéré comme celui de certains germes parasites essentiels au flot régulier du sang dans les artères. La honte d'Israël ne provient pas de ce que nous sommes des banquiers et les habilleurs du monde, mais de l'hypocrisie et de la cruauté formidables qui nous sont imposées par nos chefs et par nous au reste du monde.

La première de toutes les lois juives et que les Juifs doivent vivre. Il est indifférent de savoir comment, dans quels buts, par quels moyens. Ils doivent vivre et quand ils ne peuvent conquérir par la force des armées, ils retournent à leurs anciennes méthodes de conquête par la tricherie, le mensonge et la séduction (Pimping).[35]

Il faut donc réaffirmer que l'antisémitisme est simplement un instinct élémentaire de l'humanité. Il s'agit d'un instinct important par lequel une race cherche à se défendre contre la destruction totale.[36] *L'antisémitisme n'est pas, comme les Juifs voudraient nous le faire croire, un préjugé agissant.*

C'est purement et simplement l'instinct de conservation que tout homme apporte avec lui-même en naissant, comme l'instinct qui fait cligner des paupières si quelque chose nous arrive dans l'œil.

L'antisémitisme est un instinct aussi automatique, aussi sûr. De temps immémoriaux les Juifs ont été admis librement et gentiment, presque avec plaisir, par les nations où ils ont voulu se faire admettre. Jamais les Juifs n'ont eu à faire une pétition pour rentrer dans un pays la première fois. Il suffit d'étudier l'histoire de la pénétration juive en Europe et en Amérique pour en être parfaitement convaincu. Partout, ils ont été bien accueillis, on les a aidés à s'établir, et à se mêler aux affaires de la communauté. Mais bientôt des activités du pays se ferment à eux du fait de leurs pratiques injustes. Puis, ils se font ignominieusement expulser du pays. Il n'y a aucune exception dans toute l'Histoire. Il n'existe pas un seul cas où les Juifs n'ont pas mérité pleinement les fruits amers de la furie de leurs persécuteurs. Nous venons dans les nations en prétendant vouloir échapper aux persécutions, nous les plus mortels persécuteurs qui figurent dans les annales du mal.

---

[35] Ce mot est très sévère car en anglais « *a pimp* » est un maquereau.
[36] C'est exactement le cas de l'humanité entière en l'an 2000 où nous sommes quasiment.

Le Judaïsme est comme une maladie vénérienne morale. Les résultats pour les peuples qui s'en laissent infecter sont invariablement traîtres et malsains. Si l'on en doute, il suffit de jeter un coup d'œil sur n'importe quel peuple européen aux mains des Juifs. Si vous voulez vous convaincre davantage, jetez un coup d'œil sur ce qui se passe actuellement en Amérique.

À Ustcha, en Pologne autrichienne où je suis né, le Juif Reb Sholom envoyait sa femme tous les dimanches et le jour de Noël à l'église avec la clef de celle-ci et si l'intérêt n'était pas payé, elle refusait d'ouvrir la porte de fer aux fidèles. Dès ma tendre enfance, j'ai appris que la seule raison du Juif dans les affaires était de tirer un maximum du Goy. Quand les Goyim avaient été plumés, alors les affaires étaient bonnes. Plus le mal commis contre un Goy dans une transaction était grand, plus le plaisir paraissait profond au Juif que j'écoutais. Le mépris du Juif pour les Goyim était partie intégrante de la psychologie juive.

Dans l'esprit des Juifs, il n'était pas question de leur supériorité sur les Goyim. L'affaire était simple : ils étaient des Juifs et les Goyim n'étaient que des Goyim. Leur supériorité tient à la possession légale des choses, c'est là qu'elle se trouvait. Ce qui appartenait aux Goyim n'était que possession passagère, que les stupides lois des Goyim tentaient de rendre permanentes. Depuis le début des temps, Dieu n'a-t-il pas voulu que toutes les bonnes choses de la terre appartiennent aux Juifs ? C'est le devoir du Juif de se le rappeler en tout temps, et particulièrement dans ses transactions avec les Goyim.

Les Juifs ne convertissent pas les autres à leur religion parce qu'ils sont particulièrement convaincus qu'ils hériteront toutes les richesses de la terre et ils veulent le moins possible d'héritiers pour partager ces richesses.[37] *Nous méprisons le Goy et haïssons sa religion.*

Le Goy, d'après les histoires fredonnées aux oreilles des enfants Juifs, adore bêtement une laide créature appelée Yoisel (Jésus), et affublés d'une dizaines d'autres noms trop hideux pour être répétés. Ce Yoisel avait été un être humain et un Juif. Mais un jour, il devint fou et, dans sa pitoyable démence, annonça qu'il était le Messie lui-même (le reste qu'on peut lire dans le « Sepher Toldoth, Jeshou » ou « Vie de Jésus par les Juifs » est trop blasphématoire pour être reproduit). Cette extraordinaire caricature du fondateur de la religion chrétienne fut pour moi une des plus incroyables aventures de ma vie.

Puisque tous les biens que le Juif voit ont été créés pour enrichir Israël, il doit se trouver à sa disposition un bon moyen de les arracher au Goy grossier qui les détient. Le Juif ne peut vaincre ce sentiment malhonnête. Il s'agit d'un véritable instinct. C'est ainsi que fut élevé le jeune Isaac, et ce qu'un petit Juif a appris, il ne l'oublie jamais. Pour savoir comment est élevé un enfant Juif, il faut vivre dans une maison juive.

Ce qui est fondamental dans la mentalité juive est ceci : la préservation de la culture et religion chez les Juifs est avant tout un paravent. Ce que le Juif désire et espère à travers l'éducation juive est de cultiver chez son enfant la conscience vive qu'il est un Juif et qu'en tant que tel, il doit perpétuer la guerre ancienne

---

[37] Notons que tous les Juifs, qu'ils suivent ou non leur religion, appliquent toujours ces commandements religieux : pratique de la circoncision au 8ème jour, et prendre au Goy un maximum d'intérêt en pratiquant l'usure (ce qui est interdit entre Juifs). De plus remarquons que leur religion n'a pas bougé d'un iota et qu'elle est par définition intégriste. Tandis que la religion catholique est devenue grotesque par son involution moderniste qui l'a pratiquement noyée dans le marxisme.

contre les Goyim sans jamais s'assimiler. Le Juif doit toujours se souvenir qu'il est un juif et rien d'autre et que sa seule allégeance, il la doit au peuple juif. Il peut être un bon Américain s'il est « payant » de l'être. Il peut même poser au bon Chinois. Par contre, aucune obligation contractée avec un Goy ne peut être considérée comme valide si elle va à l'encontre des intérêts de son identité fondamentale. Le jeune Juif apprend d'abord qu'il est un Juif. Ensuite il apprend que le fait d'être Juif le rend différent de tous les peuples de la terre. On imprime fortement au jeune Juif le sentiment qu'il doit être un professionnel.[38]

Être obligé de travailler, de faire un labeur manuel pour gagner sa vie, serait le pire état dans lequel il puisse tomber. Il s'agirait d'une situation honteuse et humiliante. Le dédain du Juif pour le travail manuel est une seconde nature, un sentiment inné. Le Juif ne considère par la profession libérale comme les autres peuples. Il n'y a pas de déférence traditionnelle pour la profession. Il la considère (Droit, Médecine) comme le gangster considère un nouveau racket : quel montant il pourra en retirer en échange d'un moindre travail, ce qui ne l'empêche pas, de par ses qualités analytiques et mnémoniques, d'être fort compétent. Que deviennent les jeunes Juifs qui ne peuvent atteindre aux professions libérales ? S'ils n'ont pas les moyens de s'acheter un kiosque à journaux, ou assez d'astuce pour le commerce ?

---

[38] On ne peut pas dire que cette formation soit tellement appliquée au XXème siècle. La circoncision au 8ème jour suffit à produire un Soros encore inconnu dans les années 90 et qui à l'aube de l'an 2000 investit et déséquilibre les économies nationales jusqu'en Birmanie et planifie auprès de gouvernements aidé par les Rothschild et les Murdoch, la vente libre de la drogue dans tous les pays.

Ils deviennent alors de petits voleurs, bandits, briseurs de grèves, joueurs de dés, colporteurs et contrebandiers de narcotiques, agents de la traite des Blanches, ravisseurs, et « racketeers » de toutes les communautés paisibles d'Amérique.

Les autres races ont aussi leurs malandrins, mais ils le deviennent par la dure nécessité de la vie : le Juif y voit une carrière. Rien de ce que Juif fait n'est essentiel au bien-être de l'Amérique.[39] *Bien au contraire, on peut dire que tout ce qu'il fait est contraire aux meilleurs intérêts de la nation. Il ne contribue pas même en main d'œuvre au bien-être général, si ce n'est de celle qu'il attire dans ses « sweatshops » et dans les traquenards qu'il tend lui-même... En littérature, il ne contribue que par l'obscénité, le journalisme qui fouille dans les affaires intimes, voire le chantage. Cela est bien dans la tradition nationale. Nous sommes encore une nation de paresseux affairés. En affaires, le Juif n'a qu'un code, celui de savoir créer quelque chose de rien, s'enrichir par le marchandage de choses qu'il n'a pas faites.*

L'Amérique est remplie de commerces portant des noms chrétiens, mais qui sont en réalités possédés et exploités par les Juifs. Mieux que quiconque, le Juif sait comment déposséder les pauvres et les classes moyennes.[40] *Nous voyons donc le Juif en*

---

[39] Nous verrons dans la seconde partie que des Goyim comme Benjamin Franklin en était parfaitement conscients : « Si vous donnez la citoyenneté aux Juifs, vos enfants vous maudiront ».

[40] Dans ce monde Juif, les classes moyennes ont pratiquement disparu par l'action spéculative juive et le fait que les politiciens de tous les partis étant achetés, n'ont rien fait pour l'empêcher, au contraire. Les traités du type Maastricht, Amsterdam ou Nice, vont finir d'asservir la totalité mondiale des Goyim aux Juifs. Ceci dans l'inconscience totale de Goyim radicalement zombifiés par les Juifs, leur laïcisme, leur chimification, leur marxisme, leur freudisme, leur pornographie et le laxisme érigé en système.

tant qu'homme d'affaires, promoteur, prêteur, vendeur par excellence, l'auteur et le principal instigateur d'un système de crédit par lequel une usure d'étendue nationale se lève comme un monstre à millions de mains sur des millions de gorges pour étrangler l'honneur et la liberté de mouvement d'un peuple laborieux.

Quand le talentueux poète juif Henri Heine a dit « le Judaïsme n'est pas une religion mais un malheur », il ne pensait peut-être qu'à son malheur personnel, mais il faut aujourd'hui calculer le malheur pour le monde entier.

Aucune religion au monde n'offre un spectacle aussi contradictoire, aussi malicieux et aussi déraisonnable que la récitation de la prière du Kol Nidré dans les synagogues, le soir de la fête du Yom Kippour. Quelle que soit l'affaire qu'il ait entreprise avec son voisin, matérielle ou morale, le Juif fait comprendre à Dieu à l'avance que ce sera à une condition explicite : l'exécution doit en être favorable à Dieu, sans quoi le Juif la considérera comme nulle, de nul effet, entièrement inutile, comme si elle n'avait été jamais mentionnée, comme si rien à son sujet n'avait été négocié. L'argument spécieux que cette prière est exclusivement de nature religieuse est de toute évidence malhonnête.

Si l'auteur avait voulu comprendre seulement les obligations envers Dieu, il n'aurait pas écrit

« Les obligations et engagements de tous noms ». *Il n'y a pas plus de sens et de sincérité dans les autres explications. Par la récitation du Kol Nidré, le Juif nie la responsabilité du crime avant même de le commettre. Peut-on douter de la terrible et malfaisante influence que cela peut exercer sur son caractère de citoyen et d'être humain ?*

Nous vivons dans une civilisation radicalement enjuivée. Le sceau de l'esprit et du tempérament juifs ont profondément imprégné nos institutions. Si jamais les Juifs sont expulsés d'Amérique,[41] ce serait à cause des pratiques méchantes des médecins et avocats Juifs.

Le Juif est un nomade qui a un faible pour l'immobilier. J'entends l'immobilier indépendamment de la terre comme sol à cultiver et à faire fructifier. Le Juif ne connaît qu'un usage de la possession de la terre, ou de toute autre chose : la spéculation. Les peuples civilisés attachent une sorte de sentiment sacré à la possession du sol, une « sainteté » que le Juif violera chaque fois qu'il le pourra. Herzl [le fondateur du sionisme] fut certainement le premier Juif honnête depuis 2000 ans. Un Juif sans démangeaison pour l'argent ou l'immobilier.

La présence des Juifs dans le théâtre (et désormais le cinéma où ils possèdent tout) est un empêchement à son développement spirituel. L'histoire du théâtre et des arts prouve qu'ils n'ont pu fleurir que lorsque les Juifs ne s'en mêlaient pas. À partir du moment où le Juif est entré au théâtre, une sorte d'impotence est tombée sur la scène. En Amérique, le Juif règne sur le théâtre. Pour lui, le théâtre ne signifie que deux choses : un moyen facile de faire de l'argent et un marché de jolies femmes. La maison de passe reçoit ses recrues de l'imprésario et, dans 19 cas sur 20, ce

---

[41] Il n'y a guère de chance pour qu'ils le soient, car financiers, avocats, médecins ont investi tous les pouvoirs.
L'auteur de ces lignes était optimistes il y a quelques décennies. Aujourd'hui, les lois racistes appelées antiracistes interdisent qu'on prononce même le mot « Juif » (Loi Fabius-Gayssot)

dernier est un Juif. L'excédent de ces charmantes créatures est expédié avec notre surplus de coton, de patates et de cuivre, au Japon, en Chine, à Panama, en Amérique du Sud et dans tous les ports des régions obscures du Pacifique. Le cinéma en mains juives est devenu un spectacle vulgaire et obscène. (L'industrie cinématographique répand massivement en cette fin du XXème siècle la violence et la pornographie, et agit comme agent de décomposition de toutes les valeurs humaines fondamentales).

Le Juif est physiquement malpropre et il salit tout endroit qu'il habite,[42] même temporairement. Je dis ceci sans méchanceté, car c'est une constatation de ma propre vie parmi mes congénères. Dans la lutte pour la civilisation, il y a toujours lutte entre le monde et Judas : le monde fait des efforts pour s'élever, mais Judas le tire par en bas. »

UN GOUFFRE INFRANCHISSABLE

Dans un livre « *Vous les Goyim* » publié en 1924, Maurice Samuels, Juif et chef sioniste écrit :

« *entre Goyim et Juifs il y a un infranchissable abîme. Votre vie est une chose, la nôtre en est une autre. Cette première différence est radicalement inconciliable : il y a un gouffre qui sépare. Partout où se trouve le Juif, il constitue un problème. Il est une source de malheur pour lui-même et pour ceux qui l'entourent.*

Partout, les Juifs sont, au suprême degré, des étrangers. Ils sont indiscutablement un esprit étranger dans vos académies. Ils

---

[42] Il est remarquable que sans salles de bains (les Juifs riches en ont parfois cinq ou dix dans leur maison) le Juif n'est pas propre. Cela se constate facilement.

n'acceptent pas vos règles du bien et du mal parce qu'ils ne les comprennent pas. Pour le mode de vie juif, les Goyim sont sans morale. Les deux conceptions de la vie sont essentiellement étrangères l'une à l'autre : elles sont ennemies. Notre Juivisme n'est pas un crédo, c'est une totalité. Un Juif est juif en toutes choses. Nous ne pouvons concevoir une dualité, religion et vie, le sacré et le profane. Je pourrais dire : « Nous et Dieu avons grandi ensemble. Dans le cœur de tout Juif pieux Dieu est un Juif. Seuls les Juifs peuvent comprendre ainsi l'universalité de Dieu. À ma connaissance, je ne connais aucun pays ayant une Histoire et qui n'ait pas été antisémite à une époque ou à une autre.

Vous pourriez dire : « existons côte à côte et tolérons-nous mutuellement ». Mais les deux groupes ne sont pas seulement différents, ils sont opposés par une mortelle inimitié. Dans votre monde un homme doit être loyal à son pays, à sa province, à sa ville. Pour le Juif, la loyauté est une chose incompréhensible.

Nous les Juifs, n'attachons guère d'importance à l'au-delà. Nous remercions Dieu de nous avoir faits différents de vous. L'instinct du Juif est de se méfier du Goy. L'instinct du Goy est de se méfier du Juif. Placés côte-à-côte avec nous, vous êtes des fanfarons, des lâches, des foules vulgaires. Nous ne sommes pas parmi vous de par notre volonté mais à cause de votre action. Nous sommes des intrus parmi vous parce que nous sommes ce que nous sommes et nous avons plus de raisons de vous haïr que vous n'avez de raisons de nous haïr. Juifs libéraux, Juifs radicaux, Juifs modernistes, Juifs agnostiques, deviennent l'élément dominant de la Juiverie. Nous avons produit un nombre incalculable de révolutionnaires, porte-bannière des armées mondiales de la « Libération ».

La répudiation de la religion juive ne change en rien un juif. Nous les Juifs, les destructeurs, resterons toujours les destructeurs. Rien de ce que vous ferez ne satisfera nos besoins, nos demandes. Nous détruirons toujours parce que nous voulons un monde à nous seuls. »

LES JUIFS FORMENT LE PLUS RACISTE DE TOUS LES PEUPLES

Le fait qu'ils ont persisté pendant quatre-vingts générations à maintenir leur identité raciale et spirituelle atteste une discipline constante d'une rigueur et d'une force étonnante.

LA SOCIÉTÉ DES NATIONS, ORGANISATION JUIVE

Le gouvernement canadien a engagé le Canada dans la course aux armements en disant que le pays y était obligé parce qu'il a souscrit à l'idée de « *Sécurité collective* » en faisant partie de la Société des Nations. « *Sécurité collective* » signifie « *guerre collective* » lorsque la SDN jugera que ses intérêts l'exigent. Le monde est passé à la lisière de cette guerre collective au moment de l'affaire Italo-Ethiopienne. Si la guerre n'a pas eu lieu, c'est parce que les Britanniques n'étaient pas encore assez armés, comme l'ont dit des hommes d'État à cette époque.

Qu'est-ce donc que la SDN ? Quelle est son origine ? Quels sont ses intérêts ? Laissons les Juifs le dire eux-mêmes.

DR KLEE, JUIF

Cet avocat Juif de New York s'est exprimé sur ce sujet parlant en public le 19 janvier 1936 :

« *La SDN ne fut en aucun cas l'œuvre du Président Wilson. C'est une création essentiellement juive et dont les Juifs peuvent être fiers L'idée en remonte aux Sages d'Israël. C'est un pur produit de la culture juive.* » (voir dans les pages précédentes, ce que dit un banquier Juif de New York sur le rôle de la SDN).

JESSE E. SAMPTER, JUIF

Ce Juif dans «*Guide to Zionism* » y déclare : « *La SDN est un vieil idéal juif.* »

MAX NORDAU, JUIF

Ce dirigeant sioniste, cité par le Juif Litman Rosenthal dans son livre « *Quand les prophètes parlent* » (When prophets speak), s'exprime ainsi au sujet de la SDN : « *Bientôt peut-être une sorte de Congrès mondial devra être convoqué.* » Ces paroles furent prononcées en 1903. A la même époque Nordau disait : « *Laissez-moi vous faire gravir les échelons qui montent plus haut, toujours plus haut : Herzl, le Congrès sioniste, l'offre anglaise de l'Ouganda, la future guerre mondiale, la Conférence de la paix où, avec l'aide de l'Angleterre, sera créée une Palestine libre et juive.* »

NAHUM SOKOLOV, JUIF

Ce dirigeant sioniste a déclaré à Carlsbad, le 22 août 1922 : « *La SDN est une idée juive et Jérusalem deviendra un jour la capitale de la paix mondiale. Ce que nous Juifs avons accompli après un combat de 25 ans, nous le devons au génie de notre chef immortel, Théodor Herzl.* »

LUCIEN WOLF, JUIF

Dans son rapport à l'American Jewish Congress sur ses travaux comme plénipotentiaire Juif à la Conférence de la Paix : « *Si la SDN sombrait, tout l'édifice si laborieusement échafaudé par les délégations juives d'Angleterre et d'Amérique en 1919 s'écroulerait.* »

LENNHORR, JUIF

Dans le « *Wiener Freimaurer Zeitung* » No 6, 1927, ce Juif déclare : « *On a raison de rapprocher la franc-maçonnerie (instrument Juif), de la SDN, La SDN est née des idées maçonniques.* »

« JUDISCHE RUNDSCHAU »

Ce journal juif, dans son No 83 paru en 1921, déclare : « *Le siège exact de la SDN n'est ni Genève ni La Haye. Ascher Ginsberg a rêvé d'un temple sur le Mont de Sion où les représentants de toutes les nations iront visiter un temple à la paix ; la paix éternelle ne sera un fait réel que lorsque tous les peuples de la terre seront allés à ce temple.* »

SIR MAX WAECHTER, JUIF

S'exprimant devant le London Institute en 1909 : « *Tous les États devront se réunir et dresser la Constitution d'une fédération des pays d'Europe sur la base d'un seul tarif, d'une seule monnaie, d'une seule langue, d'une seule frontière.* »

Remarque de l'auteur à ce propos : En 1999 nous y sommes déjà avec la ruine de l'Europe, un chômage monstrueux. Pour «*une seule langue*», ils auront du mal. Ce qui caractérise l'idéal juif, c'est qu'il est biscornu ou complètement dément : tout ce qui se fait actuellement en Europe converge vers la ruine et le néant. Une Europe certes, mais pas une Europe juive de la banque et des technocrates manipulés par une finance qui ne rendra aucun compte à personne et ne laissera plus aucune initiative nationale. Une Europe des Nations conservant toutes ses caractéristiques nationales et non un peuple de vachers en blue-jeans, masse informe de la Haute finance.

LÉNINE, JUIF

Il écrivait en 1915 dans le « *Social-démocrate* » No 40, journal juif russe : « *Les États-Unis du monde et non seulement de l'Europe, seront réalisés par le Communisme qui amènera la disparition de tous les États même de ceux qui sont purement démocratiques.* »

EMIL LUDWIG, JUIF

Dans son ouvrage « *Génie et Caractère* », l'écrivain juif déclare : « *Quand les États-Unis d'Europe seront une réalité,*

Woodrow Wilson en sera nommé le fondateur par le peuple (parce qu'il a suscité la SDN). »[43]

AU GRAND CONVENT MAÇONNIQUE INTERNATIONAL

A l'occasion de cette réunion qui s'est tenue les 28, 29, et 30 juin 1917, avant même que l'on pensât officiellement à la SDN, les Juifs et Maçons proposaient ceci : « Il convient de construire la cité heureuse de demain. C'est à cette œuvre vraiment maçonnique que nous avons été conviés. Que constatons-nous ? Cette guerre s'est transformée en une formidable querelles des démocraties organisée contre les puissances militaires et despotiques.

Dans cette tempête le pouvoir séculaire des tsars de la Grande Russie a déjà sombré. D'autres gouvernements seront emportés à leur tour, par le souffle de la liberté. Il est donc indispensable de créer une autorité supra-nationale. La Franc Maçonnerie, ouvrière de la paix, se propose d'étudier ce nouvel organisme : la Société des Nations. »

AU CONVENT DU GRAND ORIENT

Selon le compte rendu officiel publié en 1932, page 3 : « *N'est-ce pas au sein des Loges que jaillit l'étincelle qui provoqua l'éclosion de la SDN, du Bureau International du Travail et de tous les organismes internationaux qui constituent*

---

[43] Il est intéressant de noter que ce Juif raffiné n'a pas survécu au monde que ses congénères lui préparait, et qu'il s'en est exprimé en se suicidant.

l'ébauche laborieuse mais féconde des États-Unis d'Europe et peut-être du monde ? » [44]

AU CONGRÈS DE L'AMERICAN JEWISH COMMITTEE

Selon le *Jewish Communal Register* de 1918 (Source : *Jewish Guardian* du 6 février 1920), lors du congrès de 1909, l'American Jewish Committee s'est opposé avec succès au projet de loi qui demandait que les questions du recensement s'informent de la race des habitants des États-Unis.

LA CONFÉRENCE DE LA PAIX

Cette conférence où s'élabora le *Traité de Versailles* (1919) fut un triomphe pour les droits des Juifs grâce à l'influente la délégation anglo-juive. Le *Traité de Berlin* (1818) fut acclamé pendant plus de quarante ans comme la Charte d'émancipation des Juifs en Europe Orientale, mais sa grandeur est rejetée dans l'ombre maintenant par l'œuvre splendide de la récente Conférence de la Paix en faveurs des minorités juives dans les États de la nouvelle Europe. La solennelle réunion des Nations à Paris offrait une occasion en or pour résoudre la vieille question juive de l'Est. La communauté juive a promptement mesuré la grandeur de la chance qui s'offrait à elle et l'a aussitôt saisie des deux mains. Quand on sait que ces mains étaient celles de Monsieur Lucien Wolf, qui a passé une année presque entière à tirer efficacement les ficelles à Paris, l'on comprendra que les

---

[44] Voyez en 1999 vers quelle misère mondiale, quel effondrement moral et biologique, comme écologique ces beaux projets ont abouti ! Mais on continue : la folie juive est suicidaire.

travaux de la délégation anglo-juive à la Conférence de la Paix ont été couronnés par un complet et éclatant succès.

LA FRANC-MAÇONNERIE, INSTRUMENT JUIF

Si l'on refuse l'accès à un Juif n'importe où, alors se déclenchent les hurlements contre l'antisémitisme. Par contre au nom de l'antiracisme, le B'nai B'rith, loge maçonnique, n'est ouverte qu'exclusivement aux Juifs. C'est la loge maçonnique qui contient le plus d'adhérents. (5 à 600.000 en 1999).

Les Juifs présentent la maçonnerie comme une institution de bienfaisance apolitique. Cette déclaration lénifiante est d'autant plus absurde que de nombreux juifs importants n'ont pas caché qu'il s'agissait d'une organisation qu'ils manipulaient dans des buts qu'ils ne cachaient pas non plus. Quant à leur action, n'importe qui peut voir qu'elle est politique et la démonstration la plus simple et la plus spectaculaire a été la déclaration publique de la maçonnerie qui exige que tous les partis refusent la moindre alliance avec le Front National, alors que ce parti est le seul qui présente un programme contre la décomposition générale et pour la restauration des valeurs élémentaires.

Si la Juiverie contrôle toutes les monnaies nationales en contrôlant l'or, si elle contrôle le prix des matières premières et des denrées alimentaires par ses grands organes de commerce international, si elle contrôle l'opinion mondiale par l'édition, la presse et le cinéma, si elle contrôle le prolétariat par les internationales socialistes, elle contrôle aussi la foule des politiciens et hommes d'affaires de tous les pays par la Maçonnerie. Elle contrôle l'alimentation industrielle qui dégénère l'organisme, par la chimification massive des produits. Les Papes ont toujours nommé la Franc-Maçonnerie « *La synagogue de Satan* ». Ce n'est pas par hasard que le mot « synagogue » est ainsi utilisé. La Franc-Maçonnerie a comme finalité fondamentale la déchristianisation et la judaïsation.

Elle impose l'école laïque, c'est-à-dire en réalité athée,[45] partout où ses membres prennent le pouvoir. Elle prêche à ses fidèles le culte du « Grand Architecte de l'Univers », divinité impersonnelle façonnée par les rabbins et ignore le Dieu chrétien de la Sainte Trinité. Le but avoué de la Franc-Maçonnerie est « **la reconstruction du Temple de Salomon** » c'est-à-dire du temple mondial judaïque sur les ruines de toutes les autres religions. La Franc-Maçonnerie a aidé les Juifs à prendre la Palestine aux Arabes. Elle force le gouvernement anglais à employer la force des armes pour y assurer la puissance juive ; Elle a entrepris de forcer l'Angleterre à en faire un dominion autonome pour les Juifs. Elle aidera bientôt à y faire reconstruire le Temple de Salomon sur les débris du Nouveau Testament, si elle le peut. Elle y est pratiquement parvenue en 1999.

---

[45] Il est absolument évident que si un enfant, sous prétexte de liberté religieuse ne reçoit aucune formation morale et religieuse (il n'y a pas de morale sans religion) on en fera automatiquement un voyou, un drogué, un chômeur, un décervelé, un client de musique disco, etc. Il suffit d'ouvrir les yeux ¼ de seconde pour le constater. Regardez à la sortie des écoles ces troupeaux de vachers en blue-jeans qui écoutent des musiques pathogènes, sont sans idéal et finissent dans la drogue et le suicide. Quant aux analphabètes et illettrés, ils progressent en nombre chaque année comme le chômage qui est un corollaire du socialisme sous toutes ses formes.

BENJAMIN DISRAELI, JUIF

Dans son roman « *La vie de sir George Bentinck* », Benjamin Disraeli, le faiseur d'empire, qui fut Premier ministre de la reine Victoria (elle lui devait son titre d'impératrice des Indes), nous le confirme : « *A la tête de toutes ces sociétés secrètes qui forment des gouvernements provisoires se trouvent des Juifs.* »

« LA VÉRITÉ ISRAÉLITE »

Ce journal juif a publié en 1861 un point de vue intéressant sur la Franc-Maçonnerie, (Tome V, page 74) : « *L'esprit de la Franc-Maçonnerie, c'est l'esprit du Judaïsme dans ses croyances les plus fondamentales. Ce sont ses idées, c'est son langage, c'est presque son organisation. L'espérance qui éclaire et fortifie la Franc-Maçonnerie est celle qui éclaire et fortifie Israël. Son couronnement sera cette merveilleuse maison de prière de tous les peuples, dont Jérusalem sera le centre et le symbole triomphant.* »

BERNARD SHILLMANN, JUIF

Dans « *Hébraic influences on masonic symbols* » (Influences hébraïques sur les symboles maçonniques), publié en 1929, et cité par « *The Masonic News* » de Londres, Bernard Shillmann tient les propos suivants : « *Quoique je n'aie aucunement traité des influences hébraïques sur tout le symbolisme de la Franc Maçonnerie, j'espère avoir suffisamment prouvé que la Franc-Maçonnerie en tant que symbolisme, repose entièrement sur une formation qui est essentiellement juive.* »

BERNARD LAZARE, JUIF

Dans « *L'antisémitisme et ses causes* », page 340, il déclare : « *Les loges martinézistes* [Loges fondées par le Juif portugais Martinez de Pasqually] *furent mystiques, tandis que les autres ordres de la Franc-Maçonnerie étaient plutôt rationalistes, ce qui peut permettre de dire que les sociétés secrètes présentèrent les deux côtés de l'esprit juif : Le rationalisme pratique et le panthéisme. Ces tendances parvinrent au même résultat : l'affaiblissement du catholicisme.* »

LUDWIG BLAU, JUIF

Ce rabbin, docteur en philosophie, professeur au collège talmudique de Budapest (Hongrie), déclara : « *Le gnosticisme juif précéda le christianisme. C'est un fait digne d'être noté que les chefs des écoles gnostiques et les fondateurs de systèmes gnostiques* (dont est issue la Franc-Maçonnerie), *sont désignés comme Juifs par les Pères de l'Église.* »

ISAAC WISE, JUIF

Ce rabbin a déclaré, dans « *The Israelite of America* » du 3 août 1866 : « *La Franc-Maçonnerie est une institution juive dont l'histoire, les degrés, les charges, les mots d'ordre et les explications sont juifs du commencement à la fin.* »

BERNARD LAZARE, JUIF

« *Il est certain qu'il y eut des Juifs au berceau de la Franc-Maçonnerie. Certains rites prouvent qu'il s'agissait de Juifs cabalistes.* »

« THE JEWISH HISTORICAL SOCIETY »

D'après cette société d'histoire juive (Source : *Transactions* of Vol 2, page 156) : « *L'écusson de la Grande Loge d'Angleterre est entièrement composé de symboles juifs* ».

« THE FREE MASON GUIDE »

Dans cet ouvrage publié à New York en 1901, on apprend que : « *Les Francs-Maçons érigent un édifice dans lequel le Dieu d'Israël vivra pour toujours* ».

« ENCYCLOPEDIA OF FREEMASONRY »

Dans cet ouvrage publié à Philadelphie en 1908, on apprend que : « *Chaque loge est, et doit être un symbole du temple juif ; chaque maître dans son fauteuil, un représentant du roi juif ; chaque Franc-Maçon, un représentant du travailleur juif.* »

RUDOLPH KLEIN, JUIF

S'exprimant dans « *Latomia* », du 7 août 1928, une publication maçonnique, Rudolph Klein déclare : « *Notre rite est juif du commencement à la fin : le public devrait en conclure que nous avons des liens directs avec la juiverie.* »

REV. S. MAC GOWAN

Dans « *The Free-Mason* » de Londres, publié le 2 avril 1930, cet ecclésiastique déclare : « *La Franc-Maçonnerie est fondée sur l'ancienne loi d'Israël. Israël a donné naissance à la beauté morale qui forme la base de la Franc-Maçonnerie.* »

« LE SYMBOLISME »

Extrait de ce journal maçonnique, (Paris, juillet 1928) : « *La tâche la plus importante du Franc-Maçon est de glorifier la race juive. Vous pouvez compter sur la race juive pour dissoudre toutes les frontières.* »

« THE TEXT BOOK OF FREE-MASONRY »

Dans ce lexique publié à Londres, se trouve, page 7, la définition suivante : « *L'initié du rite du maître est appelé un humble représentant du roi Salomon.* »

« ALPINA »

L'indication suivante figure dans cette revue qui est l'organe officiel de la Franc-Maçonnerie suisse : « *Allez dans la Galerie des Glaces à Versailles, là vous pourrez lire l'immortelle déclaration des Droits de l'homme* (Traité de Versailles). *C'est notre œuvre : des symboles maçonniques décorent l'en-tête du document.* »

« LES CONSTITUTIONS D'ANDERSON »

Dans le texte fondateur de la Franc-Maçonnerie moderne « *That which was lost. A treatise of Free-Masonry and the*

English mystery » élaboré par James Anderson en 1723, on trouve, page 5, l'explication suivante : « *Il est facile maintenant mais aussi injuste de critiquer les fondateurs pour avoir introduit les traditions judaïques dans la Franc-Maçonnerie. Ils avaient fait un grand pas en supprimant le Nouveau Testament pour l'avantage de l'harmonie entre Chrétiens et Juifs.* »

SAMUEL UNTERMEYER, JUIF ET FRANC-MAÇON

Lors d'une une réunion rapportée par « *The Jewish Chronicle* » du 14 décembre 1934, Samuel Untermeyer fait approuver la résolution suivante : « *Le boycott de l'Allemagne par les Juifs devra être continué jusqu'à ce que le gouvernement allemand ait rendu aux Loges leur statut et leurs propriétés dont elles ont été dépouillées.* »

FINDEL, JUIF ET FRANC-MAÇON

Citation extraite du livre « *Die Juden als Freimaurer* » (Le Juif en tant que Franc-Maçon), écrit par le Juif et Franc-Maçon Findel : « *Il s'agit moins d'une lutte pour les intérêts de l'humanité que d'une lutte pour les intérêts et la domination du judaïsme. Et dans cette lutte, le judaïsme se révèle comme la puissance dominante à laquelle la Franc-Maçonnerie doit se soumettre. Il n'y a rien là qui doive nous étonner, car d'une manière cachée et soigneusement déguisée le Judaïsme est déjà en fait la puissance dominante dans maintes grandes loges d'Europe.*

En ce qui concerne l'Allemagne, il ne faut pas oublier que le Judaïsme est maître des marchés financiers et commerciaux, maître de la presse à la foi politique et maçonnique, et que des millions d'Allemands sont financièrement ses débiteurs. »

« THE JEWISH TRIBUNE »

Journal publié à New York. Extrait de l'édition du 28 octobre 1927, Vol. 97, N°18 : « *La Franc-Maçonnerie est basée sur le Judaïsme. Éliminez les enseignements juifs du rituel maçonnique et que reste-t-il ?* »

« L'ENCYCLOPÉDIE JUIVE »

Edition de 1903, Vol. 5, page 503 : « *Le langage technique, le symbolisme et les rites de la Franc Maçonnerie sont remplis d'idées et de termes juifs… Dans le rite écossais, les dates des documents officiels sont désignés suivant le calendrier et les mois de l'ère juive et on fait usage de l'ancien alphabet hébraïque. L'influence du Sanhédrin Juif est plus grande que jamais aujourd'hui dans la Franc-Maçonnerie.* » (Repris par O. B Good, M. A. « *The Hidden Hand of Judah* » (La main cachée de Juda), 1936.

« B'NAI B'RITH MAGAZINE »

Citant le rabbin et maçon Magnin, (Vol. 43, page 8) : « *Les B'nai B'rith ne sont qu'un pis-aller. Partout où la maçonnerie peut avouer sans danger qu'elle est juive dans sa nature comme dans ses desseins, les Loges ordinaires suffisent à la tâche.* »

Note : les B'nai B'rith, rappelons-le, sont des Loges interdites aux Goyim et où par conséquent seul les Juifs peuvent être admis. En 1874, Albert Pike (pour le rite écossais) signa une alliance avec Armand Lévy (pour les BB), et par ce traité secret, les BB s'engageaient dans une proportion de 10% de leur revenu à contribuer à la Franc-Maçonnerie universelle.

Pourquoi les Juifs ne peuvent-ils jamais être les nationaux d'aucun pays ?

Preuves illimitées qu'ils en donnent

Dr Chaïm Weizman, juif

Dans son pamphlet « *Great Britain, Palestine and Jews* », le grand dirigeant sioniste déclare : « *Nous sommes des Juifs et pas autre chose : une nation parmi les nations.* »

Ludwig Lewinsohn, juif

Dans son livre « *Israël* », paru en 1926, ce Juif déclare : « *Le Juif reste Juif. L'assimilation est impossible parce que le Juif ne peut pas changer son caractère national. Quoi qu'il fasse, il est Juif et reste Juif. La majorité a découvert ce fait comme elle devait le découvrir tôt ou tard. Juifs et non Juifs s'aperçoivent qu'il n'y a pas d'issue. Tous deux crurent en une issue : il n'y en a aucune, aucune.* »

« Israël Messenger »

À lire dans l'édition du 7 février 1930 de ce journal juif de Shanghaï : « *Le Judaïsme et le nationalisme juif marchent la main dans la main. Les Juifs ont toujours été une nation, même chassés et dispersés de leur patrie ancestrale. La race juive est une race pure.*[46]

La tradition juive est une tradition ininterrompue. Les Juifs se sont toujours considérés comme membres de la nationalité juive. C'est en cela que résident l'invincibilité et la solidarité du peuple Juif dans la Diaspora. »

JESSE E. SEMPTER, JUIF

« *Le Judaïsme, nom de la religion nationale des Juifs, est tiré de leur désignation nationale. Un Juif irréligieux demeure un Juif.* »

« JEWISH ENCYCLOPEDIA »

Le Docteur Cyrus Adler, Juif, dit que les Juifs, quelle que soit leur allégeance religieuse, font tous partie de la race juive.

« NEW YORK TRIBUNE »

Le Rabbin Wise y déclare en date du 2 mars 1920 : « *Quand le Juif prête allégeance à une autre foi, il ment.* »

---

[46] Rappelons une fois encore que cela est un mythe au sens le plus péjoratif du terme : le particularisme juif vient exclusivement de la circoncision au 8ème jour et de rien d'autre. D'ailleurs en dehors de leurs traits souvent caricaturaux et de leur esprit spéculatif et amoral, leur aspect somatique varie selon les nations où ils se trouvent depuis longtemps. Il n'y a donc aucune ethnie juive. Quant aux races, nous savons qu'elles n'existent pas. Les Grand'Races blanche, jaune, rouge et noire sont le résultat de l'adaptation hormonale à un environnement fixe. Il en sera de même pour les ethnies, entités dont ne peuvent se prévaloir les Juifs.

MAX NORDAU, JUIF

Dans son livre « *Le peuple Juif* », Max Nordau déclare : « *Les Juifs sont un peuple, un seul peuple. Herzl a compris la faillite de l'assimilation.* »

« JEWISH CHRONICLE »

Le rabbin M. Schindler y déclare, dans l'édition du 28 avril 1911 : « *Pendant cinquante ans, j'ai été résolument partisan de l'assimilation des Juifs, et j'y ai cru. Mais le creuset américain ne produira jamais la fusion d'un seul Juif.* »[47]

« ARCHIVES ISRAÉLITES »

Extrait de cette publication de Paris en date du 24 mars 1864 : « *...ce miracle unique dans la vie du monde d'un peuple tout entier dispersé depuis 1800 ans dans toutes les parties de l'univers, sans se confondre ni se mêler nullement avec les populations au milieu desquelles il vit...* »

LÉVY-BING, JUIF

« *Toute la religion juive est fondée sur l'idée nationale.* »

BERNARD LAZARE, JUIF

---

[47] Cela est certain s'ils ne suppriment pas radicalement la circoncision. Sinon, ils seront assimilés en une ou deux générations car la récupération du potentiel interstitiel qui leur manque est quasiment immédiat.
Par contre dans mille ans tous les Nègres seront Blancs. (aux USA).

S'exprimant devant L'Alliance des Israélites russes le 7 mars 1897 : « Quel est le lien qui nous unit, nous qui venons des contrées les plus diverses ? C'est notre qualité de Juif : Nous formons donc une nation. »

« PRO-ISRAËL »

Pour cette Association sioniste de Paris : « *Israël est une nationalité, comme la France. Le vrai Juif ne s'assimile pas.* »

MAX NORDAU, JUIF

« *Nous ne sommes ni Allemands, ni Anglais, ni Français. Nous sommes Juifs ! Votre mentalité de Chrétien n'est pas la nôtre* ».

NAHUM SOLOLOW, JUIF

Ce dirigeant sioniste a déclaré dans : « *Zionism in the Bible* », pages 7 et 8 : « *La pensée fondamentale de Moïse est l'avenir de la nation juive et la possession éternelle de la terre promise. Aucun sophisme ne peut supprimer ce fait... Il est étrange et tristement comique de voir des Juifs partisans du monothéisme se prétendre des Allemands, des Hongrois, etc. être de l'opinion de Moïse, si ce n'est un blasphème, c'est une moquerie. Peu importe que les Juifs se disent une religion ou une nation : la religion juive ne peut pas être séparée du nationalisme juif* ».

S. ROKHOMOVSKY, JUIF

Déclara dans « *Le Peuple Juif* » du 21 avril 1919 : « *Nous avons le droit d'être ce que nous sommes : Juifs. Aujourd'hui plus que jamais : Nous tenons à l'affirmer haut et clair. Nous sommes une nation.* »

« L'UNIVERS ISRAÉLITE »

Cette revue de Paris, dans son numéro du 15 mai 1918, citait les Bulletins du comité central de la Ligue des Droits de l'Homme et du Citoyen, comité des questions juives. Selon ce Comité : « *Le Judaïsme est un lien national et non religieux. Il se réclame donc du droit des peuples à disposer d'eux-mêmes.*[48] *Le sentiment national d'un Juif russe, ou d'un Juif roumain n'est ni russe, ni roumain, mais Juif.* »

« ARCHIVES ISRAÉLITES »

Cette revue de Paris publiait le texte suivant en 1864 : « *Israël est une nationalité. L'enfant issu de parents israélites est Juif. La naissance fait que tous les devoirs Juifs lui incombent. Ce n'est pas par la circoncision que nous recevons la qualité de Juif. Nous ne sommes pas Juifs parce que nous sommes circoncis, mais nous faisons circoncire nos enfants parce que nous sommes Juifs. Nous acquérons le caractère juif par notre naissance et nous ne pouvons perdre ce caractère ni nous en défaire. Le Juif qui renie la religion israélite même s'il se fait baptiser, ne cesse d'être Juif. Tous les devoirs juifs lui incombent.* »

---

[48] Remarquons en passant qu'aucune nation n'aura jamais le droit de disposer d'elle-même pour choisir le régime monarchique par exemple. Les Nations n'ont droit à disposer d'elles-mêmes que si elles sont incapables de s'assumer. Dans ce cas elles ont droit à leur « nationalisme ». Par contre les autres sont dictatorialement contraints à la démocratie, c'est à dire à la dictature juive.

« JEWISH CHRONICLE »

Numéro du 8 décembre 1911, page 38 : « *Le patriotisme juif n'est qu'un manteau dont il se couvre pour faire plaisir à l'Anglais. Les Juifs qui se targuent d'être à la fois des Anglais patriotes et de bons Juifs, sont tout simplement des mensonges vivants.* »

WODISLAWSKI, JUIF

Article publié dans « *Jewish World* » du 1er janvier 1909 : « *Enlevons le masque, jouons donc au lion de Judas pour changer. Arrachons notre faux patriotisme. Un Juif ne peut reconnaître qu'une seule patrie : la Palestine.* »

« SUNDAY CHRONICLE »

Ce journal de Manchester a publié le texte suivant le 26 septembre 1915, page 4 : « *Que nous soyons naturalisés ou non dans ce pays, nous ne sommes pas du tout des Britanniques. Nous sommes des nationaux, Juifs, par la race et par la foi, et non des Britanniques.* »

« JEWISH WORLD »

Extrait de son édition du 15 janvier 1919, page 6 : « *Le nationalisme Juif est une question juive qui doit être gouvernée par des principes juifs et ne doit pas être subordonnée aux convenances ou aux exigences d'aucun gouvernement, si important soit-il. En tant que peuple, les Juifs n'ont pas fait la guerre entre eux. Juifs anglais, contre Juifs allemands ou Juifs français contre Juifs autrichiens ; diviser la Juiverie en allégeances à des différences internationales nous semble être l'abandon de tout le principe du nationalisme Juif.* »

THÉODORE HERZL, JUIF

Le grand dirigeant sioniste déclare dans son livre « *L'État Juif* » : « *La Question juive n'est pas plus sociale que religieuse. C'est une question nationale qui ne peut être résolue qu'en en faisant une question de politique mondiale.* »

LÉON. LÉVY, JUIF

Le président des B'nai B'rith en 1900, dans son « *Mémorial* » édité par le B'nai B'rith, y tient les propos suivants : « *La Question juive ne pourra se résoudre par la tolérance. Il y a des gens bien-pensants qui se font gloire d'exhiber un esprit de tolérance à l'égard des Juifs. Il est certain que la race et la religion des Juifs sont tellement fondues qu'on ne sait où commence l'une et où finit l'autre.*

Il n'y a pas de pire erreur que de prétendre que le mot Juif a une signification religieuse et non d'une race. Il n'est pas vrai que les Juifs sont Juifs uniquement à cause de leur religion. Un esquimau ou un Indien d'Amérique pourraient adopter la religion juive : ils n'en deviendraient pas Juifs pour autant. La dispersion des Juifs n'a pas détruit en eux l'idée nationale de race. Qui peut dire que les Juifs ne forment plus une race ?[49]

Le sang est la base et le substratum de l'idée de race et aucun peuple sur la surface du globe ne peut prétendre à une plus grande pureté et unité de sang que les Juifs. La religion ne constitue pas la race. Un juif qui abjure sa religion demeure un Juif. Les Juifs ne sont pas assimilés : ils ont infusé leur sang dans les autres races, mais ils ont pris très peu de sang étranger dans leur propre race. »

« JEWISH WORLD »

Extrait de son édition du 22 septembre 1915 : « *Personne ne s'aviserait de prétendre que l'enfant d'un Japonais ou d'un Indien est un Anglais sous prétexte qu'il serait né en Angleterre et le même raisonnement s'applique aux Juifs.* »

« JEWISH WORLD »

Extrait de son édition du 14 décembre 1922 : « *Le Juif reste Juif même quand il change de religion. Un Chrétien qui adopterait la religion juive ne deviendrait pas pour cela un Juif. Parce que la qualité de Juif ne tient pas à la religion, mais à la race et qu'un Juif libre penseur ou athée, demeure aussi Juif que n'importe quel rabbin.* »

RABBIN MORRIS JOSEPH

---

[49] Ils n'ont jamais formé une race : comme nous ne cesserons de le répéter, ils doivent leur particularisme exclusivement à la circoncision au 8ème jour, 1er jour de la première puberté qui va durer 21 jours.

Extrait de son livre « *Israël en tant que Nation* » : « *Pour nier la nationalité juive il faudrait nier l'existence des Juifs.* »

Arthur D. Lawis, juif

Texte publié par la « *West London Zionist Association* » : « *Considérer les Juifs comme une secte religieuse semblable à celle des Catholiques ou des Protestants est une inexactitude. Si un Juif est baptisé, il n'y a guère de gens qui croiront qu'il n'est plus Juif. Son sang, son caractère, son tempérament, ses caractéristiques intellectuelles ne sont en rien modifiés.* »

Léon Simon, juif

« *L'idée que la Juiverie est une secte religieuse comparable aux Catholiques ou aux Protestants est une absurdité.* »

Moses Hess, juif

Extrait de son livre « *Rome et Jérusalem* » : « *La religion juive est par-dessus tout, le patriotisme juif. Chaque Juif qu'il le veuille ou non, est solidairement uni à la nation juive entière.* »

« Jewish Chronicle »

Extrait de son édition du 11 mai 1923 : « *Le premier et le plus impérieux devoir d'une nation comme d'un individu est le devoir de sa propre conservation. La nation juive doit avant tout veiller sur elle-même.* »

« Jewish Courrier »

Extrait de l'édition du 17 janvier 1924 : « *Les Juifs ont beau adopter la langue et les vêtements des pays où ils vivent, ils ne deviendront jamais partie intégrante de la population indigène.* »

G. B STERN, JUIF

Extrait de son livre « *Debatable Ground* » : « *Les Juifs sont une nation. S'il n'y avait qu'une différence théologique, aurait-elle causé des distinctions si marquées dans les traits et dans le tempérament ? D'aller à la synagogue au lieu d'aller à l'église, est-ce que cela change quelque chose à la courbe du nez ? Certes, nous sommes une nation, une nation dispersée, mais par la race, la nation la plus unie du monde.* »

S. GERALD SOMAN, JUIF

Discours d'un député, cité dans « *The World Jewry* », s'adressant aux dix-sept députés Juifs de la Chambre des Communes : « *Vous ne pouvez pas être des Juifs anglais. Nous appartenons à une race distincte. Notre mentalité est Juive et elle diffère absolument de celle des Anglais. Assez de subterfuge ! Affirmons ouvertement que nous sommes des Juifs internationaux.* »

Comme tout le monde le voit, sans même avoir besoin de toutes ces déclarations, les Juifs ne s'assimilent pas dans les pays qui les accueillent. Ils refusent de s'associer aux intérêts nationaux, au capital national, hormis pour exploiter en leur faveur. Ils ne connaissent vraiment que l'intérêt juif.

Leur religion est une affaire nationale et raciale. Ils ne peuvent être vraiment Français, Anglais, Canadiens, etc., ils restent toujours exclusivement et fanatiquement Juifs. Ils constituent un État dans l'État et ce qui est tragique est que leur État est international et tend à unifier par le bas toutes les nations soumises à leur hégémonie.

Pourquoi le Juif ne peut être un homme ordinaire ? Pourquoi ce particularisme si intensément particulier ?[50]

Les Chrétiens ont un code détaillé de pratiques religieuses, morales, le catéchisme. Les Juifs ont un code correspondant qui s'appelle le Talmud. Il est formé de plusieurs volumes séparés en deux grands parties : la Mishna, et la Gemara. L'un et l'autre ont été codifiés en un livre plus simple : le Schulchan Arouk, par le célèbre rabbin Josef Caro. Les encyclopédies, les journaux et les dirigeants Juifs affirment de façon catégorique que le Talmud a force de loi pour tous les Juif aujourd'hui ou demain comme hier.

Au début du siècle, l'abbé Auguste Rohling, docteur et savant hébraïsant, traduisit de nombreux passages du Talmud. Il avait offert dix mille francs à quiconque lui prouverait qu'un seul mot de sa traduction était inexact. La traduction avait été révisée par un autre savant docteur, l'abbé Lamarque. Elle fut reproduite dans de nombreux livres et journaux d'Europe et dans de nombreuses langues. Jamais personne ne contesta sa traduction. Voici donc

---

[50] Nous l'avons dit et redit : la cause et la circoncision au 8ème jour. Mais nous allons voir maintenant commment les effets de la circoncision sont renforcés par la psychologie. Ce renforcement, s'il n'est pas causal, n'est pas négligeable pour autant : nous allons le voir.

quelques passages de ce « catéchisme » reproduits dans un livre de l'abbé Charles, docteur en théologie, ancien professeur de philosophie, curé de Saint Augustin en France, dont le titre est « *Juste solution de la Question juive* ».

➢ La Bible, c'est de l'eau, mais la Mishna, c'est du vin et la Gémarra, du vin aromatique. (*Masech Sopharim*, 13 b)

➢ Celui qui méprise les paroles des rabbins est digne de mort.

➢ Il faut savoir que les paroles des rabbins sont plus suaves que celles des prophètes. (*Midras Misle*, fol 1)

➢ Les paroles des rabbins sont les paroles du Dieu vivant. (*Bochai ad Pent* fol 201, cab. 4)

➢ La crainte du rabbin est la crainte de Dieu. (*Yadchaz hileh, Talmud, Thora*, Perq. 5-1)

➢ Les rabbins ont la souveraineté sur Dieu. (Tr. 6 *Madkatan* 16)

➢ Tout ce que les rabbins disent sur la terre est une loi pour Dieu (Tr. *Rosh-Hasha*)

➢ Ceux qui étudient la loi des rabbins sont libres de tout dans le monde. (*Sahra* 1. 132 a)

➢ Celui qui étudie le Talmud ne tombera jamais dans le besoin, mais il y puisera l'art de tromper. (Tr. 19 *Sota* 216)

➢ Si le Juif passe des sentences et des doctrines du Talmud à la Bible, il n'aura plus de bonheur. (Tr. chag. Fol.10b)

➢ Si les Juifs suivent le Talmud, ils mangeront pendant que les Goys travailleront. Sinon ils travailleront eux-mêmes. (Tr. *Beras chor* 351-b)

➤ Celui qui lit la Bible sans la Mischna et sans la Gemara (*Talmud*), est semblable à quelqu'un qui n'a pas de Dieu. (*Sepher, Safare Zedeq*, Fol.9)

➤ Voilà ce qu'Israël pense de lui-même : Dieu d'abord pleure tous les jours la faute qu'il a commise en envoyant son peuple en exil. (Tr. *Berachot*, ol.3a.)

➤ Les âmes des Juifs sont des parties de Dieu, de la substance de Dieu, de même qu'un fils est de la substance de son père. (Tr. *Sela* 262a)

➤ Aussi une âme juive est-elle plus chère, plus agréable à Dieu que toutes les âmes des autres peuples de la terre. (*Sela I.C.* et *Sefa* Fol 4)

➤ Les âmes des autres peuples descendent du démon et ressemblent à celles des animaux. Le goy est une semence de bétail. (Traité *Jebammoth. Sefa* et *Sela id. Sepher Hannechamma.* Fol 221. Col. 4. *Jalqût.* Fol 154b)

➤ Tous les Goyim vont en enfer. (*T. Sepher Zerov Hamor.* Fol 27b et Bachai 34. *Masmia Jesua.* Fol 19.Col.4)

➤ Les Juifs auront l'empire temporel sur le monde entier. (*Perus Hea-misma. Ad Tr. Sab. Ic*)

➤ Tous les Chrétiens seront exterminés. (*Sepher Zerov Ha-Mor.* Fol. 125 b)

➤ Tous les trésors des peuples passeront entre les mains juives (*Sanhédrin*, Fol. 110 b)

➤ Car tous les peuples les serviront et tous les royaumes leur seront soumis. (*Sanhédrin*, Fol. 88b et *Kethuboth*, Fol. 111b)

➤ Dieu a mesuré la terre, il a livré les Goyim aux Juifs. (*Baba Quamma*, Fol. 37b.)

➤ Les Goyim ont été créés pour servir le Juif jour et nuit. Dieu les créa sous forme d'homme en l'honneur du Juif car il ne peut convenir à un prince (et tout compatriote de Juda le pendu est un prince) d'être servi par un animal sous forme de quadrupède. (*Sepher Nedrash Talpoth*, édition de Varsovie, 1875, page 225)

➢ Les biens des Goyim sont des choses sans maîtres : elles appartiennent au premier Juif qui passe. (*Pfefferkorn*, Dissert. Philos. Page 11)

➢ Un Goy qui vole à un Juif même moins qu'un liard, doit être mis à mort. (*Jebammoth*, Fol. 47b)

➢ Mais il est permis à un Juif de voler un Goy. (*Babattez*, Fol. 54b)

➢ Car la propriété d'un Goy équivaut à une chose abandonnée. Le vrai possesseur est le Juif qui la prend le premier. (*Baba Bathra*, Fol. 54b)

➢ Si un Juif a un procès contre un Goy (dit le *Talmud* au magistrat Juif), vous donnerez gain de cause à votre frère, et vous direz à l'étranger : « C'est ainsi que le veut notre loi ».

➢ Si la colonie juive a pu imposer quelques-unes de ces lois,[51] vous donnerez encore gain de cause à votre frère et vous direz à l'étranger : c'est ainsi que le veut notre loi. Mais si Israël n'est pas puissant dans le pays ou si le juge n'est pas Juif, il faudra tourmenter l'étranger par des intrigues jusqu'à ce que le Juif ait gagné sa cause. (*Tr. Baba Gamma*, Fol. 113a)

➢ Celui qui rend à un Goy l'objet qu'il a perdu ne trouvera pas grâce auprès de Dieu car il fortifie la puissance des Goyim. (*Sanhédrin*, Fol. 76b)

➢ Dieu a ordonné de pratiquer l'usure envers les Goyim, car nous devons lui faire tort même quand il nous

---

[51] En l'occurrence on pense au divorce, aux écoles sans religion (laïcisme), vol des biens des congrégations.
Mais le pire est le système du crédit mondial qui est l'usure généralisée cause de tous nos maux, de toutes nos pollutions physiques, morales, intellectuelles, écologiques…

est utile. Si un Goy a besoin d'argent, un Juif saura le tromper en maître. Il ajoutera l'intérêt usuraire jusqu'à ce que la somme soit si élevée que le Goy ne puisse plus la payer sans vendre ses biens ou que le Juif commence à faire un procès et obtienne des juges le droit de prendre possession des biens du Goy. (*Sepher, Mizv.* Fol. 73-4)[52]

➢ Il faut tuer le plus honnête parmi les Goys.[53]

➢ Celui qui fait couler le sang des Goyim offre un sacrifice à Dieu.

➢ (*Nidderas Bamidebar rabba*, p.21)

➢ Trois Juifs réunis suffisent pour délier leurs compatriotes de tout serment.

➢ (*Rosch-Haschana*)

➢ Le célèbre Juif Frank ditque dans la Kabbale, il est impossible d'expliquer les nombreux textes de la Mischna et du Talmud en général. Or la Kabbale enseigne ceci : Le Juif est donc Dieu vivant. Dieu incarné ; c'est l'homme céleste. Les autres hommes sont terrestres, de race inférieure. Ils n'existent que pour servir le Juif. Ce sont des petits d'animaux. (*Ad Pent*, Fol. 97-3)

LA PRIÈRE DU KOL NIDRE

---

[52] Cette usure généralisée s'appelle le crédit. Elle est la cause de tous nos maux. C'est parmi mille exemple la cause du fait qu'en 50 ans les paysans français qui constituaient 50% de la population sont aujourd'hui 5%.
Un pays riche est un pays agricole et non industriel. Un pays agricole nourrit sa population, un pays industriel la pollue. Le crédit est aussi la cause de la démographie galopante comme de toutes les pollutions.

[53] Il est à remarquer que les personnes qui ont des idées saines et traditionnelles sont désormais officiellement taxées de « salauds ».

Voici la formulation de cette prière très particulière, qui libère les Juifs de leurs obligations, citée dans l'*Encyclopédie juive*, Vol. 7, et dans les livres de prières en usage. Le texte suivant est récité trois fois par les Juifs le soir de la fête du grand pardon, le Yom Kippour.

« De tous les vœux, obligations, serments ou anathèmes, engagements de toutes sortes, que nous avons voués, jurés, assermentés ou auxquels nous nous sommes engagés, depuis ce jour de pardon jusqu'au même jour de l'an prochain, nous nous repentons à l'avance de tous d'entre eux. Ils seront considérés comme absous, pardonnés, sans force, nuls, et de nul effet. Ils ne nous lieront plus ni n'auront aucune force. Les vœux ne seront plus reconnus comme vœux, les obligations ne seront plus obligatoires, et les serments ne seront plus considérés comme des serments. »

Cette prière est justifiée par le fait qu'il s'agirait d'engagements pris envers Dieu. Mais alors pourquoi la prière n'est-elle pas amendée ? D'autre part si l'on peut se conduire ainsi envers Dieu, alors, que peut-on faire envers les Goyim, *« cette vile semence de bétail »* ?

CONSÉQUENCES DE CETTE PSYCHOPATHOLOGIE

Ce qui frappe dans tous les textes antérieurs à cette page, c'est leur caractère psychopathologique grave. Paranoïa, mégalomanie, égoïsme bestial et raciste. Si tout cela vient de la circoncision comme nous l'avons dit et comme cela est traité dans d'autres de mes livres, il est bien évident que cette mentalité pathologique agit également pour renforcer ce particularisme atroce. Les effets de la circoncision sont accentués par la psychopathie qu'elle confère : Immense cercle vicieux.

Voici quelques symptômes mis en évidence par les déclarations suivantes qui ne sont, hélas, pas exhaustives :

KLATSKIN, JUIF

Extrait du livre de ce chef sioniste, « *Der Jude* » (le Juif) publié en 1916 : « *Seul le code juif réglemente notre vie. Chaque fois que d'autres lois nous sont imposées, nous les considérons comme une dure oppression et nous les évitons. Nous formons en nous-mêmes une corporation juridique et économique fermée. Un mur épais construit par nous nous sépare des peuples parmi lesquels nous habitons, et derrière ce mur se trouve l'État Juif.* »

JACOB BRAFFMANN, JUIF

Cet ex-rabbin rappelle dans ses deux livres « *Les Fraternités juives* » (Vilna, 1868) et « *Livre du Kahal* » (Vilna, 1969) que les Juifs doivent obéir aux instructions du Kahal et du Beth-Din même si elles contraires aux lois du pays.

MARCUS ÉLI RAVAGE, JUIF

Extrait de « *The Century Magazine* » de janvier 1928 : « *Nous sommes des intrus, nous sommes des trouble-fêtes. Nous sommes des subversifs. Nous avons semé la discorde et la confusion dans votre vie personnelle autant que publique.* »

JAMES DARMESTETER, JUIF

Cet historien de l'Orient, auteur du livre « *Les Prophètes d'Israël* », paru en 1892, a écrit ceci : « *Le Juif est le docteur de l'incrédule, tous les révoltés de l'esprit viennent à lui dans l'ombre ou à ciel ouvert. Il est à l'œuvre dans l'immense atelier du blasphème du grand empereur Frédéric et des princes de Souabe et d'Aragon. C'est lui qui forge tout cet arsenal meurtrier de raisonnements et d'ironie qu'il léguera aux sceptiques de la Renaissance, aux Libertins du grand siècle, et le sarcasme de Voltaire n'est que le dernier écho d'un mot murmuré dix siècles auparavant dans l'ombre du ghetto et plus tôt encore, au temps de Celse et l'Origène, au berceau même de la religion du Christ.* »

KURT MUNZER, JUIF

Extrait de son livre, « *Les Voies de Sion* », paru en 1910 : « *Qu'on nous haïsse, qu'on nous chasse, que nos ennemis triomphent sur notre débilité corporelle. Il sera impossible de se débarrasser de nous. Nous avons corrodé le cœur des peuples, et nous avons infecté et déshonoré les races, brisé leur vigueur, putréfié tout, décomposé tout par notre civilisation moisie. Pas moyen d'extirper notre esprit.* »

OTTO WEININGER, JUIF

Extrait de son livre « *Sexe et caractère* » : « *Ce qui distingue le Juif dans la Révolution française, c'est qu'il est un élément de décomposition.* »[54]

BERNARD LAZARE, JUIF

Extrait de son livre « *L'antisémitisme et ses causes* » : « *Le Juif ne se contente pas de déchristianiser, il judaïse. Il détruit la foi catholique et protestante. Il provoque vers l'indifférence. Il impose son idée du monde de la morale et de la vie à ceux dont il ruine la foi. Il travaille à son œuvre séculaire : l'anéantissement de la religion du Christ.* »[55]

RENÉ GROOS, JUIF

Citation du « *Le Nouveau Mercure* », mai 1937 : « *Il y a, c'est un fait, une conspiration juive contre toutes les nations.* »

M. J OLGIN, JUIF

Extrait d'un article publié dans un journal juif de langue allemande de New York, « *Freiheit* », du 10. janvier 1937 : « *Conformément à la religion juive, le pape est un ennemi du peuple juif par le seul fait qu'il est le chef de l'Église catholique. La religion juive, rappelons-le, est opposée au Christianisme en général et à l'Église catholique en particulier.* »

---

[54] Otto Weininger, Docteur en philosophie, avait tellement honte d'être Juif, après avoir étudié la Question juive dans toute son ampleur, qu'il se suicida très jeune.

[55] A l'aube de l'an 2000, ils y ont réussi. Il faut voir la « repentance » de Monseigneur de Béranger, évêque communiste ! (cf. ma « *Repentance de la repentance* »)

MEDINA IVRIT, JUIVE

Extrait de « *L'État Juif* », Prague, N°33, 27 septembre 1935 :
« *Dans nos cœurs ne règnent qu'un sentiment : la vengeance. Nous commandons à nos cœurs de bannir tout autre émotion et de ne nous laisser diriger que par ce sentiment unique : Celui de la vengeance. Notre peuple à qui le monde doit les conceptions les plus hautes, n'a plus aujourd'hui qu'un seul désir : Ravager, détruire, boycotter.* »

KOPPEN, JUIF

Extrait de la revue marxiste Juive « *La Révolution surréaliste* », publiée le 15 décembre 1920 :

« (…) *chaque fois que dans la rue vous rencontrez un serviteur de la p…* (terme ignoble désignant la Sainte Vierge), *sur ce ton qui ne laisse aucun doute sur la qualité de votre dégoût. Mais insulter les prêtres n'a pas d'autre but, à part la satisfaction morale que cela procure sur le moment, que de vous entretenir dans cet état d'esprit qui vous permettra le jour où vous serez libre, d'abattre par jour, en vous jouant, deux ou trois tonnes de ces dangereux malfaiteurs.* »

BARUCH LÉVI, JUIF

Lettre à Karl Marx, reproduite dans « *La Revue de Paris* » du 1er juin 1928, page 574 :

» *Dans la nouvelle organisation de l'humanité, les enfants d'Israël se répandront sur toute la surface du globe et deviendront partout sans opposition l'élément dirigeant surtout s'ils réussissent à imposer aux masses ouvrières le ferme contrôle de quelques-uns d'entre eux. Les gouvernements des nations formant la république universelle passeront sans efforts aux mains des Juifs sous le couvert de la victoire du prolétariat. La propriété privée sera alors abolie par les gouvernants de race juive, qui contrôleront partout les fonds publics. Ainsi se réalisera la promesse du Talmud que, lorsque le temps du Messie arrivera, les Juifs possèderont les biens de tous les peuples de la Terre.* »

DOCTEUR EHRENPREIS, GRAND RABBIN

Commentaire du grand rabbin de Suède publié parle « *Judisk Tidskrift* », N°6, août-septembre 1929 : « *Théodor Herzl a prévu 20 ans à l'avance, avant que nous en ayons fait l'expérience, les révolutions amenées par la Grande guerre et il nous prépara pour ce qui allait arriver.* »

On peut remarquer que les Juifs sont en effet bien renseignés. Les prémonitoires « *Protocoles des Sages de Sion* », que certains disent être un faux et d'autres, écrit par la police du tsar, ou par Herzl, a en tout cas une réalité essentielle qui se moquent des détails d'auteurs : Il a annoncé 20 ans à l'avance les événements qui sont survenus et qui, depuis, se sont accentués par un océan d'horreurs qui dépasse de loin ce « faux » ou ce « vrai ».)

L'ÉCROULEMENT DE LA RUSSIE

« BRITISH ISRAEL TRUTH »

Commentaire écrit en 1906 par les Juifs Dinnis Hanau et Aldersmith (la date de ce document est affreusement remarquable). « *Le retour complet, définitif et triomphant des Juifs aura lieu après l'écroulement de la Russie. Nous pouvons attendre des changements considérables de la grande guerre qui arrive et qui est suspendue sur les nations d'Europe. Selon notre interprétation des prophéties, l'Empire turc sera démembré et une grande puissance comme l'Angleterre ne peut pas permettre qu'une autre puissance occupe la Palestine.* »

LA JUDÉOPATHIE TOTALITAIRE EST-ELLE TOLÉRABLE ?

Les Juifs nous avouent eux-mêmes ce que tout le monde sait, c'est-à-dire qu'ils contrôlent la finance mondiale, le grand commerce et la politique internationale, les grands instruments de propagande, les arts et lettres, et qu'ils veulent dominer tous les pays du monde. Ils contrôlent par le commerce et la confection, le marché du travail féminin.

Ce dernier détail est important en ce qui concerne le sang de la race que certains Juifs se sont vantés de contaminer.[56]

Comment les Juifs sont-ils mentalement qualifiés pour exercer une pareille hégémonie ?[57]

Voyons la réponse qu'ils nous donnent :

« JEWISH ENCYCLOPEDIA »

À la rubrique « *maladies nerveuses* », Volume 9, il est dit que les Juifs sont plus sujets aux maladies nerveuses que les autres races et peuples au milieu desquels ils vivent. Hystérie et neurasthénie sont les maladies les plus fréquentes.

Quelques médecins ayant soigné les Juifs, prétendent que la majorité d'entre eux présentent un syndrome de neurasthénie ou d'hystérie. Tobler affirme que toutes les Juives de Palestine sont hystériques.

Et Raymond dit qu'à Varsovie, en Pologne, l'hystérie se rencontre fréquemment tant chez les hommes que chez les femmes. La population de cette seule ville est la source

---

[56] Tout cela est fait. Les Goys sont pourris, les femmes sont désormais transformées en clones des humanoïdes enjuivés. Les enfants sans mère (divorcée ou travaillant hors du foyer) sont livrés à la délinquance, les musiques pathogènes, la drogue, le suicide et le chômage. Les Jeunes ne sont plus que des vachers blue-jeaneux, ahuris, sans idéal, résidus biotypologiques, amalgames physico-chimiques régis par la caisse des profits et pertes des pseudo démocraties juives totalitaires.

[57] La probité intellectuelle fait que je m'efface devant ce qui est dit ici, mais la cause nous la connaissons : la disparition des élites providentielles, des régimes traditionnels et l'énorme puissance spéculative juive due à la circoncision rituelle au 8ème jour, leur donne automatiquement tous les pouvoirs. Telle est la seule réalité.

inépuisable d'hystériques mâles pour toutes les cliniques d'Europe.

En ce qui concerne l'Autriche et l'Allemagne, la même condition de névrose chez les Juifs est dénoncée par Kraft Ebing, qui ditque les maladies nerveuses, et particulièrement la neurasthénie, affectent les Juifs avec une exceptionnelle sévérité.

Biswanger, Erb, Joly, Mmobius, Lowenfeld, Oppenheim, Ferré, Charcot, Bouveret et presque tous les autres spécialistes des maladies nerveuses disent la même chose dans leur études sur la neurasthénie et l'hystérie, et soulignent le fait que l'hystérie, si rare chez les mâles des autres races, est très fréquente chez les Juifs.

L'Encyclopédie juive ajoute que l'étude de la théologie talmudique à un âge précoce est pour quelque chose dans l'étiologie de cette pathologie.

BERNARD LAZARE, JUIF

Propos cité par Maingnial dans « *La Question Juive* », 1903 : « *À mesure que le monde se faisait plus doux pour eux, les Juif — du moins la masse — se retiraient en eux-mêmes, ils rétrécissaient leur prison, ils se liaient de liens plus étroits. Leur décrépitude était inouïe, leur affaissement intellectuel n'avait d'égal que leur abaissement moral.* »

DR HUGO GANZ, JUIF

Ce médecin juif de Roumanie écrit dans « *Reiseskizzen aus Roumanaeniens* », Berlin 1903, page 138 : « *C'est à l'étude trop exclusive de la théologie que ces malheureux doivent leurs poitrines étroites et leurs membres grêles et faibles. C'est la chasse aux sempiternelles affaires qui leur donne la ruse caractéristique et qui procure à l'antisémitisme sa raison d'être. Il est aussi possible qu'ils souffrent d'un « excès de tête »*.

Note de l'auteur : Il est évident que ce médecin ignorait les effets de la circoncision qui est seule responsable de ces déséquilibres hormonaux « cérébraux-somatiques ».

THÉODORE REINACH, JUIF

Auteur de l'article « Juif » de la *Grande Encyclopédie*, page 273, tome 21 : « *La longue spécialisation des Juifs dans le commerce de l'argent explique leur supériorité héréditaire dans cette branche et dans toutes les occupations qui s'y rattachent comme aussi la fréquence des défauts qu'elle engendre : âpreté, goût démesuré du lucre, finesse dégénérant en duplicité, penchant à croire que tout est à vendre et qu'il est légitime de tout acheter.*

La brusque émancipation intellectuelle et religieuse produisit d'autres effets de déséquilibre : en rompant les liens qui l'attachaient au Judaïsme traditionnel, le Juif ne trouve plus dans sa conscience vidée ni frein ni guide moral pour l'arrêter. Il s'abandonne comme un cheval échappé à toute l'effervescence de son imagination et de la logique, à tous les excès de la pensée et de l'action. La société berlinoise dès la fin du siècle dernier, a offert de remarquables exemples de ce radicalisme ou plutôt de ce nihilisme moral. »

Dr Rudolf Wasserman, juif

Extrait de son traité « *Étude sur la criminalité juive* » : « *Chez les Juifs, c'est l'intelligence, chez les Goyim, c'est la main, l'instrument du délit. Le Chrétien réalise le succès délictueux par une activité physique directe : rapines, vols, voies de fait sur des biens ou des personnes. Le Juif, lui, réalise son délit d'une façon indirecte en induisant psychiquement une autre personne, au moyen de la tromperie et de la ruse, à lui accorder un avantage illégal.* »

Cerfbeer de Medelsheim, juif

Extrait de son livre « *L'Église et la Synagogue* », paru en 1847, page 230 : « *Que les Israélites de France y prennent garde ; ils courent sans doute à une réaction désastreuse dont nous voudrions prévenir les effets par nos conseils et nos avertissements. Ils ne s'aperçoivent pas combien chez eux la morale est relâchée, abandonnée. Combien les idées sordides et la convoitise d'un lucre facile, les égarent en les éblouissant. Un simple rapprochement de calcul statistique fera comprendre facilement toutes la vérité et la portée de notre pensée.* »[58]

L'usure a procuré aux Juifs la moitié de l'Alsace

---

[58] C'est le travail que je tente de faire en leur hurlant de cesser la circoncision au 8ème jour qui rend compte de leur particularisme fondamentale au cours des siècles et dans tous les pays.

Dans son livre « *Les Juifs* » Paris, paru en 1857, page 39, cet auteur, nous dit : « *C'est la grande plaie de notre époque. L'usure se commet dans nos campagnes avec autant d'impudence que l'impunité. La petite propriété est dévorée par ce chancre qui ronge tout. Il faudrait un volume pour énumérer les moyens honteux et perfides employés par les Juifs pour attirer à eux toutes les parcelles de terrain qui excitent leur convoitise et nous ignorons s'il pourra se trouver dans l'esprit de nos lois modernes quelques dispositions assez fortes pour arrêter le progrès de ce mal, lorsqu'on sera obligé d'en référer à la législature. Ce ne sont plus les Juifs qui se couvrent du sac de douleurs, ce sont les paysans de nos campagnes qui portent le deuil des iniquités d'Israël.* »[59]

OSCAR FRANK, JUIF

Extrait de son livre « *Les Juifs* », Leipzig, 1905 page 84 : « *De tout temps l'usure juive a été stigmatisée par les poètes. Au XVIème siècle, l'usurier juif était un personnage bien connu. Dans les Jeux du Carnaval le Juif, usurier et escroc, était le rôle spécialement goûté du public. Dans ce cas, les écrivains n'avaient aucune difficulté pour lui prêter des traits pris sur le vif (page 98) : un homme qui, de façon générale, trompe le milieu chrétien dans lequel il se trouve et s'inspire du désir de s'enrichir. Pour cette raison presque partout, l'opinion prévaut que le Juif est l'exploiteur du peuple chrétien.* »

---

[59] Je ne compte pas le nombre de paysans qui dans ma seule et courte vie, ont été ruinés par le « Crédit Agricole » par exemple. La banque dans son ensemble est le bourreau des paysans, leur exterminateur. En 50 ans nous l'avons dit, ils sont passés de 50% de la population française à 5% !

GRAETZ, JUIF

Ainsi s'exprime le grand historien du peuple juif, cité par le philosémite Bonsirven, dans son livre : « *Sur les ruines du temple* » page 324 : « *Les défauts de la méthode de l'enseignement talmudique, la subtilité, la manière d'ergoter, la finasserie, pénétrèrent dans la vie pratique et dégénérèrent en duplicité, en esprit retors, en déloyauté. Il était difficile aux Juifs de se tromper entre eux parce qu'ils avaient reçu une éducation à peu près identique et par conséquent ils pouvaient se servir des mêmes armes. Mais ils usaient souvent de ruse et de moyens déloyaux envers les Goyim.* »

DR RUDOLF WASSERMAN, JUIF

Extrait de « *Zeitschrift für Sozialwissenschaft* », 12ème année, 1909, page 663 : « *Nous possédons un matériel copieux et chiffré qui montre que les Juifs tout particulièrement sont sujets aux maladies cérébrales* (statistiques), *et les spécialistes le reconnaissent unanimement (citations de cas). Chez le Juif, le système nerveux est le « locus minoris résistentiae »* (lieu de moindre résistance). »

DR M. J. GUTTMANN, JUIF

Extrait de « *Zeitschrift für Demographie* », 3ème année, H 4 — 6, page 112 : « *La démence précoce est un trouble mental qui, chez les Juifs, est d'une fréquence tout à fait extraordinaire.* »

KREPPEL, JUIF

Extrait de son livre « *Les Juifs et le Judaïsme d'aujourd'hui* », Edition Amalthéa, 1925, page 387 : « *En ce qui concerne la démence, on a établi que dans les asiles d'aliénés publics et privés, le pourcentage des Juifs excède de trois fois celui des Chrétiens.* »

Le développement pathologique de la personnalité juive, du fait de la circoncision rituelle, est absolument patent.

Nietzsche n'a-t-il pas dit : « *Ce sont les malades qui ont inventé la méchanceté* ».

La maladie spéculativo-parasitaire juive cessera immédiatement avec la suppression de la circoncision au 8ème jour.

LE DRAPEAU FRANÇAIS VU PAR LE JUIF JEAN ZAY

Jean Zay, membre de la Loge « *L'Indépendance* » d'Orléans, ministre dans le cabinet Sarrault et Léon Blum, signait l'article suivant dans un journal parisien le 6 mars 1924, dans lequel il oubliait, hélas, deux petits détails :[60]

Le drapeau

> Ils sont quinze cent mille qui sont morts pour cette saloperie-là. Quinze cents dans mon pays, quinze

---

[60] Les pleurs de Jean Zay auraient toute leur valeur, s'il mentionnait que cette guerre est d'origine juive, financée par des Juifs, comme la Révolution bolchévique, et s'il mentionnait les dizaines de millions de cadavres du communisme russe où il n'est plus guère question de drapeau.

millions dans tous les pays. Quinze cent mille hommes morts, Mon Dieu !

Quinze cent mille hommes morts dont chacun avait une mère, une maîtresse, des enfants, une maison, une vie, un espoir, un cœur.

Qu'est-ce que c'est que cette loque pour laquelle ils sont morts ?

Quinze cent mille morts, Mon Dieu, quinze cent mille morts pour cette saloperie, quinze cent mille éventrés, déchiquetés, anéantis dans le fumier d'un champ de bataille, quinze cent mille que nous n'entendrons plus jamais, que leurs amours ne reverront plus jamais.

Terrible morceau de drap, cloué à ta hampe, je te hais férocement.

Oui, je te hais dans l'âme, je te hais pour toute la misère que tu représentes, pour le sang frais, le sang humain, aux odeurs âpres qui gicla sous tes plis, je te hais au nom des squelettes.

Ils étaient quinze cent mille.

Je te hais pour tous ceux qui te saluent, je te hais à cause des peigne-cul des couillons et des putains qui traînent dans la boue leur chapeau devant ton ombre.

Je hais en toi toute la vieille oppression séculaire, le dieu bestial, le défi aux hommes que nous ne savons pas être.

Je hais tes sales couleurs, le rouge de leur sang,[61] le bleu que tu volas au ciel, le blanc livide de tes remords.

Laisse-moi, ignoble symbole, pleurer tout seul, pleurer à grands coups les quinze cent mille jeunes hommes qui sont morts, et n'oublie pas, malgré tes généraux, ton fer et tes victoires, que tu es pour moi de la race vile des torche-culs.

(Le torche-cul rouge du marxisme fera 200 millions de morts) A qui profita le Bolchevisme ?

La révolution bolchévique fut entièrement juive : idéologues (Marx, Lassalle), financiers (Warburg, Loeb etc.), politiciens (Lénine, Trotsky, Kerensky, etc.), bourreaux carcéraux et concentrationnaires, (Kaganovitch, Frenkel, Yagoda, etc.).

L'annuaire officiel de la juiverie (gouvernement d'Israël), publié aux États-Unis, donne avec orgueil la liste suivante des Juifs exerçant un pouvoir en Russie, en l'an 5678 de l'ère hébraïque :

---

[61] Le drapeau français est blanc avec une fleur de lys au centre. Ce rouge du drapeau, qui le couvrira entièrement à l'avènement bolchévique est juif. Comme la Révolution de 89, comme les origines financières de la Grande guerre (14-18).
Quand le drapeau était blanc, seuls les aristocrates se faisaient tuer dans des guerres plus justifiées que des guerres strictement économiques au profit de la Haute finance. Le malheur est que le peuple ne comprenant pas cela, pourra être sensible au pathos d'un tel texte qui le dirige vers le néant…

Aaronson, dirigeant à Witebsk ;
Apfelbaum, dit Zinovief, dirigeant à Pétrograd ;
Bernstam, magistrat à Pétrograd ;
Bloch, ministère de la Justice ;

Bothner, chef de la police de Moscou ;
Braunstein, dit Trotsky, dictateur à l'armée ;
Cohen, juge à Lodz ;

Dickstein, procureur à Pétrograd ;

Eiger, commissaire pour les Affaires Polonaises ;
Friedman, maire d'Odessa ;

Geilman, commissaire de la Banque ;
Greenherg, chef de la police de Moscou ;
Grodski, juge à Pétrograd ;

Gunzburg, commissaire du Ravitaillement ;
Gurevitch, adjoint au Commissariat de l'Intérieur ;
Halperin, secrétaire général du gouvernement ;
Hefez, adjoint au commissariat de la Justice ;
Hurgin, vice-commissaire pour les Affaires Juives ;

Alter, dirigeant à Kamenetz ;

Bekerman, magistrat à Radom ;
Bernstein, commissaire au Charbon ;
Boff, dit Kamgoff, dirigeant à Pétrograd ;
Bramson (Abrahamson), dirigeant à Pétrograd ;
Brodsky, juge à Pétrograd ;

Davidowitch, juge à Pétrograd ;
Dalbrowsky, commissaire à Pétrograd pour les Affaires Juives ;
Fisher, juge municipal à Pétrograd ;
Friedman, commissaire de la Justice à Pétrograd ;
Ginzburg, dirigeant à Kolomensky ;
Greenberg, curateur du district de Pétrograd ;
Grusenberg, enquêteur sur les affaires navales de l'ancien régime, commissaire de la marine nouvelle ;
Guitnik, commissaire du Commerce à Odessa ;
Gutterman, commissaire au Ravitaillement à Saratov ;
Halpern, adjoint au maire de Kolomensky ;
Hillsberg, juge à Lublin ;

Isaacson, commissaire à la Marine ;

Kachnin, commissaire du travail à Kherson ;
Kalmanovitch, procureur à Minsk ;
Kantorovitch, député à Pétrograd ;
Kerensky, député ;
Lichtenfeld, juge à Varsovie ;
Luria, commissaire à la banque ;
Mandzin, procureur ;

Minor, président du Conseil municipal de Moscou ;
Per, juge à Varsovie ;
Perlmutter, membre du Conseil d'État de Pologne ;
Podghayetz, maire de Moghilev ;
Rabinowitz, commissaire du Travail à Tavrida ;
Ratner, administrateur de la cité de Nachichevanskz ;
Rundstein, juge à la Cour de cassation ;

Sacks, commissaire-adjoint à l'Education ;
Schreider, maire de Pétrograd ;

Stechen, sénateur ;

Sterling, juge à Varsovie ;
Unsehlicht, commissaire à Pétrograd ;
Weinstein, administrateur de Minsk ;
Yonstein, maire d'Oriel ;

Kahan, juge à Pétrokov ;

Kaminetski, juge à Pétrograd ;

Kempner juge à Lodz ;

Lazarowitch maire d'Odessa ;
Lublinsky, juge à Petrograd ;
Maldelbert, maire de Zitomir ;

Meyerowitch, commissaire aux Armées ;
Nathanson, membre du Conseil d'État de Pologne ;
Prelman, juge à Saratov ;
Pfeffer, membre du Conseil d'État de Pologne ;
Poznarsky, juge à la Cour de cassation ;
Rafes, adjoint au commissaire des affaires locales en Ukraine ;
Rosenfeld, dit Kameneff, député ;
Phineas Rutenberg, commandant en second de la milice de Pétrograd ;
Schreiber, procureur à Irkoutsk ;

Silvergarb, commissaire des Affaires juives en Ukraine ;
Steinberg, commissaire à la Justice ;
Trachtenberg, juge à Petrograd;
Vinaver, député ;

Warshavsky, commissaire au commerce à Pétrograd ;
Wegmeister, membre du Conseil d'État de Pologne ;

Zitzerman, procureur à Irkoutsk.

SYMBOLISME DU POING FERMÉ ET DU BRAS LEVÉ, MAIN OUVERTE

Lorsque les Juifs célèbrent leur fête de la vengeance, le Purim, qui rappelle le massacre de 70 000 Goyim, ils font tous ensemble le salut du poing fermé, qui sera le salut bolchévique. Ce signe est religieux et raciste. Il est l'antithèse du signe de croix religieux et du salut d'amitié entre les races latine et saxonne. Le bras tendu et levé, main ouverte, signifie : « *Je viens en ami, franchement, ne cachant pas d'armes.* »

Aux Internationales socialo-communistes fondées par les Juifs, et dont ils espèrent, très logiquement hélas, du fait de l'insuffisance mentale du plus grand nombre des humains, l'hégémonie mondiale, ils ont imposé ce salut du poing fermé qui est une manifestation naturelle de leur mentalité psychopathique. C'est le salut de la vengeance, le salut ennemi de la civilisation, et de la race blanche qui en est à accepter un tel salut : Celui de la vengeance et de la domination juives.

Comme je me souviens dans mon enfance, comment ils se moquaient des « idiots de Goyim ».

Ils doivent bien rire de voir tant de Goyim déchristianisés servir leur cause et marcher vers leur propre suicide, le bras levé et le poing crispé...

DANGER !

Schlom Ash, nous informe que le moindre ébranlement du régime soviétique serait la mort des Juifs. Dans « *Jewish World* » du 19 juin 1922 de Londres, il nous dit : « *Non seulement dans les milieux révolutionnaires mais, même dans l'Armée rouge, l'antijudaïsme est si fort que seule la discipline de fer imposée par les Bolcheviks et la crainte de la peine capitale retiennent les soldats et les femmes de commencer partout des pogroms. En Russie, paysans, soldats, femmes, citadins, tout le monde hait les Juifs. Tous les Juifs en Russie sont unanimes à penser que la chute des Soviets et le passage du pouvoir en d'autres mains serait la plus grande calamité possible pour les Juifs. La flamme de l'antisémitisme brûle en Russie aujourd'hui plus fort que jamais.* »[62]

Neville Chamberlain révèle que les États-Unis et la Juiverie mondiale avaient contraint l'Angleterre à la guerre.

James Vincent Forrestal, banquier de Wall Street, ancien ambassadeur des États-Unis en Angleterre entre 1937 et 1940, sous-secrétaire au ministère de la Marine sous Roosevelt, puis ministre de la Défense sous Truman, se réfère dans l'extrait suivant à l'entretien qu'il a eu avec Joseph Kennedy (le père du futur président des États-Unis). Forrestal en savait trop et il sera « suicidé » après la guerre en tombant de la fenêtre de l'hôpital militaire où il était hospitalisé.

---

[62] En 1998 les choses n'ont pas changé, puisque en novembre, un général communiste vient de lancer publiquement un appel aux pogroms. La Douma a d'abord refusé de voter une loi s'opposant à de telles manifestations. (par la suite, cette loi fut votée.)
Rappelons que dans ce régime soviétique Juif, Staline avait planifié un pogrom national que sa mort empêcha. (Emission historique sur la chaîne V, 1998)

« Jouant au golf avec Joseph Kennedy, ambassadeur de Roosevelt en Grande-Bretagne pendant les années qui précédèrent la Seconde guerre mondiale, je le questionnais sur les conversations qu'il avaient eues avec Roosevelt et Neville Chamberlain depuis 1938. Il me dit que l'avis de Chamberlain était que l'Angleterre n'était pas prête à se battre, et qu'elle ne pouvait pas entrer en guerre avec Hitler. L'opinion de Kennedy était que Hitler aurait combattu la Russie sans entrer en conflit avec l'Angleterre si ce n'eût été que Bullit, ambassadeur américain en France, faisait pression sur Roosevelt afin que l'on affronte les Allemands sur la question polonaise.

Ni les Français, ni les Anglais n'auraient fait de la Pologne une cause de guerre sans les intrigues permanentes de Washington. Bullitt répétait à Roosevelt que les Allemands n'oseraient pas se battre. Kennedy disait qu'ils combattraient et s'empareraient de l'Europe.

Neville Chamberlain déclara que l'Amérique et la Juiverie mondiale avaient contraint l'Angleterre à entrer dans la guerre. »

Source : « *James Forrestal Diaries* », edited by Malter Millis, with the collaboration of U. S. Duffield, New York. The Viking Press, MCMLI, october 1951. Publié le même jour au Canada par la Mac Millan Cie of Canada Limited.

COMMUNISME ET JUIVERIE AU CANADA

Fred Rose, de son vrai nom Rosenberg, accusé d'espionnage en faveur des Soviétiques, fut condamné après la guerre à six ans de pénitencier. Libéré, il continua son œuvre en Tchécoslovaquie.

- Le chef communiste au Canada, en 1966, était le Juif W. Kashtan.
- Le chef communiste au Québec est le Juif Samuel Walsh.

UN INTÉRÊT VITAL

Alfred Nossig, Juif, dans son livre « *Integrales Judentum* » Berlin 1922, écrit : « *Le mouvement socialiste moderne est pour la plus grande partie, une œuvre des Juifs qui y imprimèrent la marque de leur cerveau. Ce furent également les Juifs qui eurent une part fondamentale dans la direction des premières républiques socialistes. Cependant, la plupart des chefs socialistes juifs étaient éloignés du Judaïsme.*

Malgré cela, le rôle qu'ils jouèrent ne dépendait pas seulement d'eux seuls. En eux opérait de façon inconsciente le vieux principe eugénique du Mosaïsme, le sang du vieux peuple apostolique vivait dans leur cerveau et dans leur tempérament social. Le socialisme actuel mondial forme le premier stade de l'accomplissement du Mosaïsme, le début de la réalisation du monde futur annoncé par nos prophètes.

Ce n'est que lorsqu'il y aura une Ligue des Nations, ce n'est que lorsque les armées alliées seront employées de façon efficace à la protection de tous les faibles que nous pourrons espérer que les Juifs seront à même de développer sans entraves, en Palestine, leur État national et, de même, ce ne sera qu'une Ligue des Nations pénétrée de l'esprit socialiste qui nous rendra possibles la jouissance de nos nécessités internationales aussi bien que nationales.

C'est pourquoi tous les groupes Juifs, qu'ils soient sionistes ou adeptes de la Diaspora, ont un intérêt vital à la victoire du socialisme. Ils doivent l'exiger non seulement à cause de son identité avec le Mosaïsme, mais aussi par principe tactique. »

KARL MARX, FONDATEUR DU COMMUNISME

Bernard Lazare, toujours dans son remarquable livre « *L'antisémitisme et ses causes* », nous parle de Marx : « *C'est un descendant d'une lignée de rabbins et de docteurs qui hérita de toute la force logique de ses ancêtres. Il fut un talmudiste lucide et clair, que n'embarrassèrent pas les minuties niaises de la pratique. Un talmudiste qui fit de la sociologie et qui appliqua ses qualités natives d'exégète à la critique de l'économie politique.*

Il fut animé de ce vieux matérialisme hébraïque qui rêva perpétuellement d'un paradis refusé sur la terre et repoussa toujours la lointaine et problématique espérance d'un Éden après la mort. Mais il ne fut pas seulement un logicien, il fut aussi un révolté, un agitateur, un âpre polémiste, et il prit son don du sarcasme et de l'invective là où Henri Heine l'avait pris : Aux sources juives. »

BOYCOTT SYSTÉMATIQUE DE TOUS LES OUVRAGES QUI NE SONT PAS EN FAVEUR DES JUIFS, DÉJÀ DEPUIS 1895

Saulus, Juif, dans le journal de Mayence « *Wucherpille* » de janvier 1895, inaugure une pratique qui dure aujourd'hui de façon totalitaire : l'impossibilité de dire quoi que ce soit concernant les Juifs et qui leur est défavorable sans être puni d'amendes et de prison (Loi Fabius-Gayssot : un Juif et un Communiste) : « *S'il apparaît un livre qui nous soit hostile, nous ne l'achetons pas et l'édition ne tardera pas à passer au pilon. Le publiciste n'est plus rien : nous n'avons qu'à organiser contre lui la conspiration du silence.* »

(Aujourd'hui, aucun publiciste ne pourrait publier un livre, même génial, défavorable au juif : la censure juive est radicale et absolue. Elle se déguise en antiracisme, alors qu'ils construisent partout la « libanisation » de tous les pays).

LE SORT DE LA RUSSIE S'EST JOUÉ EN 1913

À propos du procès concernant un meurtre rituel à Kiev, le journal juif « *Hammer* » publiait dans son numéro 274, en octobre 1913 les commentaires suivants : « *Le gouvernement russe a décidé d'engager à Kiev une bataille décisive contre le peuple juif. De l'issue de cette lutte titanesque dépend le sort, non pas du peuple Juif, car le peuple Juif est invincible, mais celui de l'État russe.* « *Être ou ne pas être* », *ainsi se pose la question pour la Russie. La victoire du gouvernement russe est le commencement de sa fin. Il n'y a pas d'échappatoire, mettez-vous bien cela dans la tête. Nous allons démontrer à Kiev, devant le monde entier, que les Juifs ne permettront pas qu'on en fasse un objet de raillerie. Si les Juifs jusqu'ici, pour des considérations tactiques, ont dissimulé le fait qu'ils conduisent la Révolution en Russie, maintenant, après l'attitude du gouvernement russe au procès de Kiev, notre tactique doit être abandonnée. Quel que soit le résultat de cette affaire, il n'y a plus de salut pour le gouvernement russe. Telle est la décision juive et elle s'accomplira.* »

(notez bien que le financement judéo-américain de la révolution bolchévique a commencé avant la fin du XIXème siècle)

À PROPOS DE LA BIBLE

À propos de ce livre saint plein de massacres, de crimes, de sang, de tromperies et de mensonges, le rabbin Léonard Lévy a fait un sermon, le 7 novembre 1909, qui ne manque pas d'intérêt : « *Autrefois, on croyait que chaque mot de la Bible était la vérité absolue. Il n'en est plus ainsi. Le travail des chercheurs a établi que la Bible est un produit de l'intelligence humaine, du commencement à la fin, contenant certaines erreurs, certaines vues inexactes, dues à la faillibilité de ses auteurs qui étaient des hommes. C'est un résultat des plus précieux.* »

À PROPOS DU JAPON

Dans son livre « Asiaten », le Juif autrichien Landberger écrit ceci : « *Nous tendons notre filet sur tout le Japon. Nous exerçons une influence décisive sur tous les instruments d'amour de ce pays. Tous joueront les airs que nous leur donnerons. Représentez-vous un pays comme un corps gigantesque. Celui qui règle les fonctions abdominales de ce corps le tient en son pouvoir. Voyez-vous enfin ce que je veux ? La lutte pour la domination universelle entre l'Amérique et le Japon doit être conduite de telle sorte que le Japon soit absorbé. L'Amérique ne truste pas seulement l'amour, elle prend le pays par son instinct le plus développé. Dans un pays où l'acte charnel est une fonction naturelle du corps, semblable à toutes les autres, on n'a qu'à s'y prendre adroitement pour provoquer l'impulsion nécessaire et la sexualité déchaînée s'exténueront dans une ivresse dont nous fixerons la durée. En renouvelant constamment les procédés d'excitation séductrice, on peut rendre cette ivresse permanente et faire de ce pays le pays le plus possédé.* »

Il est certain que voilà un exemple de la culture juive telle que je l'observe dans ma vie qui a couvert le XXème siècle. Pourtant il faut remarquer que lorsque cet auteur Juif, dit « *Nous, Américain* », il s'agit là d'une usurpation, car il y a en Amérique d'une part le peuple américain, et d'autre part le gouvernement juif. Ces idées-là sont juives et non américaines. De même la farce psychanalytique de Freud n'appartient qu'à la pathologie freudienne et pas à l'Autriche.[63]

Ce que l'esprit juif corrupteur menace de faire au Japon, pays encore relativement sain, il l'a fait dans les pays Occidentaux avec un immense succès chez tous ceux qui avaient perdu la foi. Nous avons vu dans les pages précédentes, comment « *les Juifs sont abasourdis de la stupidité des Goyim* ». Quand les Juifs avilissent et démoralisent un peuple par la traite des blanches, la pornographie, le cinéma, la mode subversive, le théâtre, l'art pourri, ils le font par calcul, exécutant un plan délibéré. Ils ne peuvent vaincre les peuples que si ceux-ci affaiblis, ont perdu toutes leurs valeurs. Comme disait Nietzsche : « *Les Juifs ne peuvent rien contre un peuple en bonne santé physique et morale* ».

---

[63] Voir *Freud a menti*, du Dr J. Gautier, qui a démythifié le Freudisme pour démystifier ceux qui prennent au sérieux une telle imposture (Editions de la Vie Claire).

CE QU'ILS ONT FAIT POUR L'HUMANITÉ

LATZIS, JUIF

Cet incitateur de la terreur rouge en Russie la fonde sur la haine de classe : « *Nous exterminerons non pas seulement les individus, mais la bourgeoisie en tant que classe. Il est inutile de nous enquérir de preuves quant aux actions criminelles des accusés. Leur sort est décidé par la classe à laquelle ils appartiennent et par l'éducation qu'ils ont reçue.* »

DR. FROMER, JUIF

Extrait de son livre « *Das Wesen des Judentum* », Berlin, 1905, page 35 : « *La situation anarchique démontre que la religion juive appliquée avec conséquence est essentiellement incompatible avec le maintien d'un État ordonné, qu'elle ne peut vivre une paix durable avec les représentants d'une autre conception de la vie. Et cette conclusion s'applique avec une force égale à la religion, restant sur la base strictement orthodoxe, et à la religion en tant qu'elle cherche à s'adapter aussi bien que possible à l'esprit de nos jours.* »

Même auteur : « *En lisant les accusations des rhéteurs contre lesquels se défend Josèphe, on s'étonne qu'une vie commune de trois siècles et la participation la plus intense à la civilisation des concitoyens en Égypte, n'ait pu établir une base permettant un compromis et une entente amicale, que dans leur manière de penser, d'être de sentir, les Juifs soient restés si entièrement étrangers et antipathiques à leurs concitoyens.* »[64]

Même auteur : « *Depuis ce temps [de la transmission des écrits d'Aristote] les Juifs n'ont rien fait pour l'humanité ni essayé de faire quoi que ce soit. Où est-ce bien le sens de la mission juive qui s'accomplit si les Juifs modernes ruinent chaque mouvement nouveau par le fait qu'ils y participent de leur verbe et de leur activité ?* »

QUELQUES PROPOS SIGNIFICATIFS DE JUIFS

« *A la Bourse, il y a un moment où, pour gagner, il faut savoir parler hébreux* » (Rothschild).

Question : Pourquoi étant si riche, travaillez-vous encore à le devenir davantage ? « *Oh ! vous ne connaissez pas la jouissance qu'il y a de sentir sous ses pieds un tas de Chrétiens* » (Saint-Victor, à la fin d'un dîner).

Le Juif Mires en 1860 : « *Si dans cinquante ans vous ne nous avez pas pendus, vous les Catholiques, il ne vous restera pas la corde pour vous pendre* »[65]

---

[64] En Égypte, on les appelait « *les Immondes* » et on les caricaturait par des têtes d'âne. Ils furent chassés, avec toutes leurs afffaires et celles volées aux Egyptiens. Moïse condamné pour meurtre et banni (il ne pouvait être exécuté ayant rang de prince) fut rappelé d'exil pour mener ce peuple ailleurs et débarrasser l'Égypte qui n'en pouvait plus de leur présence.

[65] Ceci est parfaitement énoncé mais tout à fait incomplet : en réalité le rejet des lois de la vie et de la nature par l'usure et le communisme, vont mener à des cancers multiformes (démographie galopante des ethnies de couleurs, extinction morale, esthétique, criminalité multiples, folie croissante en progression géomètrique,

« *Le Peuple Juif* », 20 Tamouz, 1936 : « *L'infiltration d'immigrants juifs, attirés par l'apparente sécurité, ainsi que le mouvement social ascendant des Juifs autochtones, agissent puissamment ensemble et poussent à un cataclysme.* »

Thédore Herzl dans « *L'État Juif* » : « *Plus l'antisémitisme se fait attendre, et plus furieusement il doit éclater.* » (C'est exactement ce que je clame à la communauté juive sourde depuis des années, avec l'impératif catégorique de la suppression de leur circoncision).

Les fantaisistes catholiques qui, depuis des décennies, traficotent le rite et la tradition jusqu'au dérisoire, devrait méditer cette phrase d'un rabbin : « *Si j'étais catholique je serais intégriste, car étant Juif, je suis à coup sûr intégriste* ». Il faut méditer aussi cette déclaration du Dr. Mayer Abner du B'nai B'rith, député de Bukovine à la chambre roumaine reproduite dans le « *Ostjüdische Zeitung* » (organe des Juifs de Bukovine) le 14 juillet 1929, (N°1235) : « *Pour tous les Juifs sans exception, la Thora, le Talmud et sa récapitulation systématique, le Schulchan Aruch, sont la source incontestable et reconnue de la vie religieuse juive. Il ne saurait y avoir en fait aucune différence dogmatique chez nous, Juifs. Notre force réside dans le maintien rigide de la tradition trois fois millénaire.* »

---

homosexualité et pédophilie, disparition des espèces et de l'eau, etc.). En réalité, sans une suppression immédiate et radicale de la circoncision au 8ème jour, les Juifs règneront sur l'empire des ruines, ou pire encore sur le néant, comme l'avait prévu Adolphe Hitler. Aujourd'hui, en l'an 2000, tout le monde peut le comprendre, car la domination juive n'a plus rien d'occulte.

Corruption fondamentale

Un nouveau programme social actif sur le plan mondial est aujourd'hui pratiquement réalisé. Il s'agit de celui élaboré par la « *Ligue Mondiale pour la Réforme sexuelle* », dont le président était le docteur juif Imianitoff de Belgique.

Voyons les dix points de ce programme qui, en l'an 2000 sont pratiquement normatifs :

➢ Égalité politique, économique et sexuelle des hommes et des femmes.
➢ Libération du mariage et particulièrement du divorce, des règles tyranniques de l'Église et de l'État. (Remarquons que de la loi Naquet sur le divorce à la pilule pathogène et à l'avortement libre de Simone Veil, tout est Juif).
➢ Contrôle de la conception de telle sorte que la procréation soit consentie délibérément et avec un sens exact des responsabilités.
➢ Amélioration de la race par l'application des méthodes de l'eugénisme et de la puériculture. (L'eugénisme est devenu criminel et oublié : la naissance de tarés est plus profitable à l'hégémonie juive).
➢ Protection des filles-mères et des enfants illégitimes.
➢ Conduite humaine et rationnelle envers les anormaux sexuels, comme par exemple les homosexuels, hommes et femmes, les fétichistes, les exhibitionnistes, etc.
➢ Prévention de la prostitution et des maladies vénériennes.

➢ Incorporation des troubles dus à la pulsion sexuelle dans la classe des phénomènes pathologiques et non plus envisagés comme crimes, vices, ou péchés.

➢ Seuls peuvent être considérés comme criminels des actes sexuels qui transgressent la liberté ou portent atteinte aux droits d'une autre personne. Les relations sexuelles entre adultes responsables consenties mutuellement doivent être respectées comme étant des actes privés et qui n'engagent que leurs personnes.

➢ Éducation sexuelle dans le sens de la plus grande liberté et dans le respect de soi-même et d'autrui.

Citation de Léon Blum, Juif, président du Conseil du gouvernement du Front populaire en 1936, dans son essai sur les mœurs intitulé « *Du mariage* » : « *Elles reviendront de chez leur amant avec autant de naturel qu'elles reviennent maintenant du cours ou de prendre le thé chez une amie.* » (…) « *La virginité rejetée gaiement et de bonne heure n'exercerait plus cette singulière contrainte faite de pudeur de dignité et d'une sorte d'effroi.* » (…) « *Je n'ai jamais discerné ce que l'inceste a de proprement repoussant, je note simplement qu'il est naturel et fréquent d'aimer d'amour son frère ou sa sœur.* »

Citation de la femme Kroupskaya, veuve de Lénine, dans le journal soviétique « *Outchi Gazetta* » du 10 octobre 1929 : « *Il est impérieusement nécessaire que l'État reprenne son travail antireligieux systématique parmi les enfants. Non seulement nous devons rendre nos garçons et nos filles non-religieux, mais activement et passionnément antireligieux. L'influence des parents religieux à la maison doit être vigoureusement combattue. Quoique la socialisation des femmes ne soit pas encore officiellement sanctionnée en Russie Soviétique, elle doit devenir une réalité et pénétrer la conscience des masses. Par conséquent, quiconque essaie de défendre une femme contre un assaut indécent manifeste une nature bourgeoise et se déclare en faveur de la propriété privée. S'opposer au viol, c'est s'opposer à la Révolution d'Octobre.* »

Note de l'auteur : Tout cela a un caractère tellement psychopathique que l'on a peine à croire à sa réalité.

Citation de Karl Marx dans « *Deutsch-Franzosiche Jahrbucher* » de 1844 : « *C'est en vain qu'on cherche dans le labyrinthe de l'âme juive une clef pour sa religion. Au contraire, on doit chercher le mystère de sa religion dans le mystère de sa nature. Quelle est la base du Judaïsme ? Une passion pratique et un lucre pour le profit. À quoi pouvons-nous réduire son culte religieux ? A l'extorsion. Qui est leur Dieu véritable : l'argent comptant.* »

Citation de Walter Ratheneau, Juif, dans son livre « *Der Kaiser* » (Paris, 1930) : « *En 100 ans, la Révolution française a fait le tour de la terre et s'est réalisée sans restriction ; Aucun État, aucune institution, aucune société, aucune dynastie, ne fut épargnée par elle. La formule oratoire de la Révolution russe, c'est l'Humanité. Son désir secret, la dictature provisoire du prolétariat et anarchisme idéalisé.*

Son plan pratique d'avenir, la suppression de la stratification européenne sous la forme politique de républiques socialisées. Dans un siècle le plan de l'Orient sera réalisé aussi complètement que l'est aujourd'hui celui de l'Occident. Après que pendant des siècles notre planète a bâti, rassemblé, conservé, préservé, accumulé des trésors matériels et intellectuels, pour servir à la jouissance de quelques-uns, voici venir le siècle des démolitions, de la destruction, de la dispersion, du retour à la barbarie. Des ruines derrière nous et des ruines devant nous. Nous sommes une race de transition ? Destinée au fumier indigne de la moisson, écrivais-je au début de la guerre. Pourtant, non seulement nous devons parcourir la route sur laquelle nous nous sommes engagés, mais nous voulons la parcourir. »

Un Juif, Paul Mayer, a écrit le « *Joyeux chant de route du Juif errant* ». On ne peut pas dire qu'il manque de sincérité :

N'ayant ni foyer ni patrie,
Je ne m'incruste nulle part.
Foin de la vaine nostalgie
Je n'ai que faire du cafard !
Mon âme à moi s'est endurcie.
De tous vos seuils, comme un voleur,
Chassez-moi — je sais qu'on m'envie
Et me recherche avec ardeur.
Je bois à vos sources de vie
Et je connais votre valeur.
Sous l'humble loque où dort mon âme,
Je cache l'or de l'univers.
La vierge que tu veux pour femme,
Avide, tourne un œil de flamme
Vers le fils maudit des déserts !
Fumant vos tabacs sans délices,
Vous remâchez vos lourds ennuis,
Mais je suis là, moi, roi des vices,
Et j'offre à vos bouches novices
Le fruit de péchés inédits.
Ainsi je joue avec le bal,
Ce jeu subtil, ce jeu fatal,

Qui vous amuse et vous attrape
Et dont le secret vous échappe,
Le jeu du sang oriental !

LE JEWISH CHRONICLE COMMENTE L'ŒUVRE D'UN THÉOLOGIEN IRLANDAIS

Le 23 octobre 1936, ce journal juif de Londres publiait l'article suivant : « *Le corps mystique du Christ dans les Temps Modernes* » sur l'œuvre du R. P. Denis Fahey, professeur de philosophie et d'histoire de l'Église à la Senior House of Studies de l'Université Blackrock de Dublin.

« Ce prêtre est l'auteur de plusieurs travaux théologiques et s'est sérieusement alarmé de l'expansion des tendances sécularistes du monde moderne. D'où la publication de son nouveau livre dont le but principal est de traiter au point de vue théologique et historique l'aspect de la révolte moderne contre le plan divin d'organisation de la société humaine.

Jusque là, fort bien. Mais, malheureusement, le Père Fahey est convaincu que tous les troubles du monde aujourd'hui sont dus à une alliance extraordinaire entre les révolutionnaires juifs et les financiers juifs pour le renversement de l'ordre existant des choses et l'établissement d'une domination mondiale juive sur ses ruines.[66]

A l'appui de cette thèse curieuse, le R. P Fahey apporte toute la kyrielle antisémite ordinaire. Il donne la preuve documentaire

---

[66] Nous savons maintenant que cela est d'ailleurs faux : La mère de Lénine était juive, Lénine était donc Juif selon la loi juive.

que la Révolution russe fut financée par Jacob Schiff au coût de 12 000 000 de dollars. Il réimprime une liste de noms notoires pour dire que sur 25 artisans du Bolchevisme, seul Lénine n'était pas Juif. »

LES JUDÉO-COMMUNISTES DU FRONT POPULAIRE ESPAGNOL ET 1837

Les Judéo-Communistes du Front Populaire espagnol ont baptisé du nom de Joseph Papineau le groupe des 400 volontaires canadiens qui se battent en Espagne pour étendre le règne de Staline, Litvinoff, Kaganovitch, Karakhan, Ioffe, Rosenberg, etc.

Les Juifs aiment beaucoup Papineau qui se sauva à l'étranger quand ses infortunés compagnons montèrent sur l'échafaud. Ils l'aimaient beaucoup parce que c'est Papineau qui, dans notre Histoire, a le plus vivement combattu pour l'émancipation des Juifs, c'est-à-dire pour qu'ils soient sur le même pied que les Canadiens authentiques en 1832.

La « *Jewish Encyclopedia* », au mot « David », nous apprend que c'était les deux fils du Juif David de la rue Notre-Dame qui commandaient la cavalerie contre nos héros de Saint-Eustache et Saint-Denis en 1837.

Un livre publié par les Juifs du Canada en 1926, « *Jews in Canada* », nous apprend que ce fut le Juif Benjamin Hart qui, après avoir fait espionner nos héros de 1837, signa les mandats d'arrêt contre ceux qui furent incarcérés.

Le même livre nous apprend qu'à cette époque, les Juifs et particulièrement la famille Franck, contrôlaient les postes de commerce entre Montréal et New York, par la voie du Richelieu. Plusieurs personnes croient que ce sont ces Juifs qui permirent à Papineau, en le conduisant de poste en poste, de fuir aux États-Unis sous le déguisement d'une femme, tandis que les petits et les sans-grade subissaient leur procès. Cela aurait été la récompense des Juifs envers Papineau pour leur émancipation de 1832.

Les Judéo-communistes aiment à parler aux Canadiens de la révolte de 1837, mais ils ne disent pas que les victimes de ce mouvement furent arrêtées à cause de la trahison d'un Juif, et que les Juifs de Montréal commandaient le feu contre nos patriotes. Le travail le plus malpropre de 1837 fut accompli par un Juif, Benjamin Hart. Sans doute parce qu'aucun Canadien blanc, anglais, français, écossais ou irlandais n'aurait voulu le faire dans cette cruelle circonstance.

TÉMOIGNAGES UNANIMES, AUSSI BIEN DES JUIFS QUE DES GOYIM

Tout ce qui a été avoué, admis dans ce livre par les Juifs l'a été depuis longtemps par des esprits supérieurs de la Chrétienté et d'ailleurs. La Chrétienté a-t-elle fait ce qu'il faut pour empêcher le triomphe de la judéopathie juive mondiale ? On peut en douter et la phrase de Julien l'Apostat prend toute sa valeur en l'an 2000 :

« Si le Christianisme triomphe, dans deux mille ans le monde entier sera dominé par les Juifs ».

Ceci était-il une prophétie ou la simple logique ? Quoiqu'il en soit, des saints, des conciles généraux et locaux de l'Église, des papes, des empereurs, des rois, des princes de tout pays, des hommes d'État célèbres, des réformateurs protestants comme Luther, des religieux musulmans, des évêques, des pasteurs de toutes les confessions religieuses, des écrivains de toutes les écoles, comme nous le verrons dans la deuxième partie de cet ouvrage, des historiens illustres, des savants, des diplomates, des dirigeants socialistes, libéraux et conservateurs, des statistiques et archives officielles de nombreux pays, TOUS ont dit la même chose quant à la perversité financière et idéologique juives ;

Mais comme tous ces penseurs ne font pas partie de la race élue, les Juifs les accusent de :

- Fanatisme,
- Persécutions,
- Obscurantisme,
- Étroitesse d'esprit,
- Intolérance,
- Haine,
- Jalousie

C'est pourquoi, dans cette première partie de ce livre, il était essentiel de faire parler des personnalités juives d'envergure :

- Karl Marx
- Benjamin Disraeli,
- Adolphe Crémieux,
- Bernard Lazare,
- Alfred Nossig,
- Max Nordau,

- Emil Ludwig,
- Otto Weininger,
- Kurt Munzer
- Léon Blum
- Oscar Lévy,
- Nahum Sokolov
- Walther Ratheneau,
- Theodor Herzl,
- et moi-même R. D. Polacco de Ménasce

Il est donc grotesque de parler d'antisémitisme si l'on veut dénoncer les grandes misères modernes, leurs révolutions, leurs guerres, leurs crimes, les crises de démoralisations, les conséquences polluantes et destructives de leur capitalisme, l'effondrement de tout par le Rothschildo-Marxisme.

Pour terminer cette première partie, voici une déclaration très explicite, très claire, du Juif Bernard Lazare dans son livre « *L'antisémitisme et ses causes* » déjà cité à plusieurs reprises :

« *Il m'a semblé qu'une opinion aussi universelle que l'antisémitisme, ayant fleuri dans tous les lieux et dans tous les temps, avant l'ère Chrétienne et après, à Alexandrie, à Rome, à Antioche, en Arabie et en Perse, dans l'Europe du Moyen Age et dans l'Europe moderne, en un mot dans toutes les parties du monde où il y a eu et où il y a des Juifs, il m'a semblé qu'une telle opinion ne pouvait pas être le résultat d'une fantaisie ou d'un caprice perpétuel et qu'il devait y avoir à son éclosion et à sa permanence des raisons profondes et sérieuses.*

Quelles vertus ou quels vices valurent aux Juifs cette universelle inimitié ? Pourquoi fut-il tour à tour et également maltraité et haï par les Alexandrins et par les Romains, par les Persans et par les Arabes, par les Turcs et par les Nations Chrétiennes ?

Parce que partout et jusqu'à nos jours, le juif fut un être associable. ».

En l'an 2000, les paramètres de l'antisémitisme n'ont jamais été aussi concentrés à aucun moment de l'Histoire ; L'hystérie juive, leurs lois, comme la loi Fabius-Gayssot, sont de véritables canons braqués sur eux-mêmes. L'interdiction, les condamnations imposées aux révisionnistes sont la plus énorme publicité faite gratuitement en leur faveur.

Les Juifs devraient eux-mêmes faire le point véritable sur l'Holocauste et redresser l'ineptie arithmético-technique de la version officielle. Et enfin, pour tout guérir: Supprimer radicalement cette circoncision rituelle, source d'une spéculation financière et révolutionnaire anarchique incontrôlable.

CONCLUSION TRAGIQUE

Il est certain que les faits sont là et que nous n'avons plus de questions à nous poser, mais un problème à résoudre : Celui de la « *Question Juive* ». La seule solution devant l'insuffisance mentale du plus grand nombre des humains, est la suppression radicale de la circoncision au 8ème jour.

La Libéralisme juif comme le Marxisme juif va détruire la planète comme Hitler l'avait prévu.

Nous assistons à une liquéfaction générale sous l'emprise juive assistée de tous les politiciens de tous les partis qui sont leurs séides stipendiés.

Deux guerres mondiales, des millions de morts, la finance régnante, le marxisme tentaculaire, les déchets atomiques non traitables et non neutralisables, la vaccination systématique qui détruit les systèmes immunitaires et dégénère la race avec l'aide de la chimification thérapeutique et alimentaire, les musiques horriblement pathogènes, (que couve un Juif dans des rassemblements de malheureux jeunes pour la musique « techno »), la drogue, la délinquance, l'homosexualité et la pédophilie galopante, le chômage des jeunes, l'avortement, les pilules pathogènes induisant chez les adolescentes, blocages ovariens, troubles de la croissance, frigidité, etc. et chez les adultes, déséquilibres hormonaux, cancers, obésités, maladies cardio-vasculaires, etc. disparitions des forêts, des espèces animales et végétales, enfants privés de tout repère spirituel et moral par manque d'éducation religieuse.

Nous sommes dans un gouffre sans fond, et pratiquement en coma dépassé…

Qu'ont affirmé les Juifs dans cette première partie du livre ?

Ils ont confirmé qu'ils veulent dominer le monde, ce qu'ils font désormais, qu'ils contrôlent la vie économique et financière du monde, qu'ils ont la puissance pour provoquer des crises et le chômage, afin de ruiner les individus et les États, préparer la Révolution, qu'ils sont des révolutionnaires-nés, et fournissent la direction et l'exécution de toutes les grandes révolutions , qu'ils sont créateurs, directeurs, propagateurs et financiers du marxisme (socialisme, communisme, bolchevisme), qu'ils veulent absolument faire disparaître les nationalités et les religions pour amener la République universelle, c'est-à-dire leur dictature mondiale absolue, par leur mainmise sur les médias, la presse, la télévision, la radio, l'édition, le cinéma, les agence de presse.

Ils travaillent à tuer le sentiment national, social, religieux afin de faire crouler une civilisation créée par des génies Blancs, qu'ils contrôlent les sociétés secrètes qui sont les véritables gouvernements lesquels font tourner à leur avantage tous les bouleversements politiques et sociaux, qu'ils ne sont jamais nationaux, mais restent des juifs inassimilables ne pouvant penser comme les citoyens des pays qui les accueillent, qu'ils sont à la racine de tous les troubles, perturbations, conflits, révoltes, du monde moderne et judaïsent les autres.

Qu'ils veulent pratiquement détruire tous les peuples en une bouillie infra-ethnique au profit de leurs intérêts, qu'ils corrompent, pourrissent, corrodent, avilissent, rabaissent peuples et nations. Ce sont eux-mêmes qui affirment cela : Aucune critique goy n'est aussi profonde et lucide que celles faites par les Juifs eux-mêmes.

Après avoir étudié encore les déclarations de quelques Juifs célèbres, notamment modernes, nous verrons les déclarations de Goyim célèbres.

R. Dommergue Polacco de Ménasce, auteur de ce livre : « *La Juiverie internationale financière et Marxiste est la lèpre de l'humanité. Fascinante folie d'Israël ! Il bouillonne depuis 5000 ans et aujourd'hui bat le record de toutes les chutes. Ou il sera banquier ou idéaliste contre le banquier : Rothschild contre Marx, Marx contre Rothschild, géniale dialectique des frères ennemis qui produit les mouvements de l'Histoire.*

Par l'argent maîtres des gouvernements, par la révolution maîtres des masses. J'avoue ma radicale stupéfaction devant la double et grandiose folie furieuse d'Israël qui mène l'homme, la planète et lui-même à l'anéantissement. La pseudo-droite politique préférera se suicider plutôt que de désobéir au père fouettard du B'nai B'rith, en rejoignant le Front National, ultime thérapie d'une France comateuse. Jamais les paramètres de l'antisémitisme n'ont été aussi concentrés qu'en cette fin du XXème siècle. Mais le zombifiage des Goyim et de leurs pseudo-élites de la politique et de la Justice, est le garant du « bigbrotherisme » Juif. »

L'analyse qui suit sur le national-socialisme, complète fort bien celle du début de ce livre par un autre Juif éminent, sur la question des Juifs en Allemagne et l'avènement de Hitler.

Finkielkraut sur FR3 nous a dit : « *Le Nazisme a péché par excès de bien* ». Phrase remarquable, bien qu'inexacte, car le Nazisme n'a fait que restaurer les valeurs orthodoxes traditionnelles élémentaires. « *Hitler est l'esprit le plus constructeur de son temps* » a déclaré le baron Pierre de Coubertin. Nous connaissons les propos de Neville Chamberlain sur la responsabilité des Juifs dans la déclaration de guerre de 1939, qu'il a répétés dans une lettre à sa sœur.

Abba Ahimeir, responsable du Bétar, a dit : « *Hitler a sauvé l'Allemagne, sans lui elle aurait péri en moins de quatre ans. Ce n'était ni Kerensky, ni Weimar qui pouvaient combattre le Bolchevisme, mais le Fascisme* ».

Lorsqu'en 1979 éclata l'affaire Faurisson, je me suis demandé pourquoi une mise au point quant au chiffre clamé de six millions de Juifs victimes supposées du Nazisme, suscitait un tel vacarme dans les « *marx-merdia* » et l'» *athée-lévy-sion* »... Cette simple réaction, unique dans l'Histoire quant au nombre de victimes de telle ou telle guerre, exsudait déjà l'imposture. Puis, la réflexion se déclencha : Six millions, dans sept camps en une année d'Holocauste 1943-44, durée officielle, (fours crématoires perfectionnés installés fin 43 !), un pays comme la Suisse ! Où aurait-on mis ces six millions dans sept camps de concentration, parmi lesquels Dachau, qui contint exceptionnellement 60.000 détenus. Dans sept camps, cela ferait donc un maximum de 420.000 détenus et le chiffre est même impossible ! Pas de traces d'acide cyanhydrique dans des cendres introuvables. Et l'American Jewish Year Book qui fixe à 3.300.000 le nombre de Juifs présents en Europe occupée en 1941 !

Ce chiffre est de plus inexact, puisque de nombreux Juifs sont partis, depuis cette date, en Israël, en Russie Soviétique, en Angleterre, aux États-Unis, comme tous les membres de la famille Polacco de Ménasce et de moi-même. Je suivis alors les procès Faurisson en France et Zündel au Canada. L'ineptie arithmético-technique fulgura alors à mon esprit. La plupart des villes allemandes de plus de 100.000 habitants furent détruites à 95% : Comment les détenus des camps auraient-ils pu être ravitaillés et ne pas devenir les squelettes que l'on voit dans « *Nuit et brouillard* », par exemple ? Au bord de l'an 2000, Faurisson estime à 150.000, toutes ethnies confondues, le nombre des victimes d'Auschwitz et J.-C. Pressac, exterminationiste, patronné par les Klarsfeld en est à 700.000 !

L'ineptie arithmético-technique se mit à hurler et hurle toujours. Pourquoi cette révision interdite ?? Gorbatchev ne fut-il pas le plus important révisionniste lorsqu'il mit en évidence le mensonge de Nuremberg attribuant aux Allemands l'assassinat de toute l'élite polonaise à Katyn, alors que ce crime inouï était soviétique... Pourquoi personne hormis Gorbatchev, n'aurait-il le droit de remettre en cause le jugement d'un tribunal de vainqueurs jugeant les vaincus et n'ayant de ce fait, pas la moindre crédibilité morale? Par contre il est certain que de nombreux congénères furent tués entre l'Allemagne et la Russie, et en particulier en Biélorussie. Mais il s'agit de tragiques faits de guerre. Les Juifs n'avaient-ils pas déclaré la guerre à Hitler en 1933 ? Le régime bolchévique n'était-il pas Juif dans sa quintessence ?

Les Juifs n'étaient-ils pas les soutiens inconditionnels des soldats et partisans soviétiques ?

Alors, si mes congénères ont menti à propos du pseudo-holocauste, pourquoi n'auraient-ils pas menti au sujet de Hitler et de tout ce qui le concerne ? Il fallait donc creuser le sujet, depuis sa participation à la guerre de 14-18 jusqu'à son suicide dans le bunker à la fin de la guerre de 1939-45.

Nous creusâmes : Chaque jour, on nous harcèle de la responsabilité de Hitler quant à la guerre et au prétendu « *Holocauste* ». Ma recherche alla de stupéfaction en ahurissement. Tout l'essentiel était faux. Même « *la situation des détenus n'était pas plus terrible loin de là, que celle des Goulags* » nous a révélé Bloch-Dassault lui-même. On trouva dans certains camps des salles de musique et des piscines (Inspections de la Croix Rouge) ! Les squelettes décharnés que l'on voit dans les films de propagande, sont ceux de détenus qui mouraient de faim du fait du ravitaillement rendu impossible par les bombardements alliés, qui rasèrent des villes entières avec femmes et enfants (parfois, comme à Dresde ou à Hambourg, 200.000 morts en un seul bombardement) alors que Hitler, bien avant la guerre, avait soumis aux nations un protocole d'accord pour qu'en cas de guerre les populations civiles soient épargnées. Accord refusé par l'Occident soumis à la finance (dénoncée par Karl Marx lui-même : « *supprimez le trafic, vous supprimez le Juif* » !!!) et au Marxisme juifs... On peut comprendre que Rudolf Hess ne fut jamais reçu en Angleterre, malgré son vol héroïque, et que « *ce criminel de paix* » comme l'appelle Alain Decaux, fut assassiné à 90 ans pour éviter d'exploser d'inconfortables vérités ! Pourquoi tout le monde ne s'informe-t-il pas comme moi ? Pourquoi ? Les Goyim seraient-ils si bêtes que la domination de, et le zombifiage par mes congénères (avec les Gayssot et Maastricht) leur soient inévitables ? L'abbé Pierre lui-même ne peut même pas défendre l'intégrité et la liberté d'expression constitutionnelle de son ami Garaudy !

Hitler, né en Autriche, qu'il considéra toujours comme partie de la nation germanique, était un jeune homme sensible avec une vocation et un talent de peintre. Son esprit était vaste, sa conscience aiguë, son amour pour la patrie, infini. Mobilisé pendant la guerre de 14-18, il fut un soldat courageux, aimé de ses camarades et, victime des gaz de combat, il devint provisoirement aveugle. Les années qui suivirent la guerre le voient misérable, matériellement et moralement, observateur implacable des malheurs de sa patrie et très au fait de l'étiologie des graves maladies qui la rongeaient. L'iniquité des Traités de Versailles et de Trianon (« *Traités de rapines* » comme disait Lloyd George, « *préparant une seconde guerre mondiale* »), négociés par les frères Warburg qui financèrent simultanément les Alliés, l'Allemagne et la Révolution Bolchévique (petit détail) le mettait à la torture. Il vécut l'horreur de la République de Weimar et ses six millions de chômeurs. Il était parfaitement conscient du rôle majeur et effrayant que jouaient mes congénères de la Haute finance et du marxisme. Le peuple mourrait de faim. Le blocus avait étranglé l'Allemagne. La classe moyenne ne possédait rien. 300.000 officiers étaient sans emploi. Des mercantis juifs ruinaient commerçants et ouvriers. En cette fin du XXème siècle où les Juifs réclament, cinquante ans après, des sommes considérables, des tableaux de maîtres et des collections d'objets d'art, on se pose la question : Qui étaient les spéculateurs et les usuriers de la République de Weimar ? Une bande de Juifs galiciens, Kutisker, Barmatt, Skalarek, s'étaient rués sur l'Allemagne agonisante. Expulsés, ils continuèrent en Hollande leurs pratiques, (que l'on retrouvera chez un Joanovici, collaborateur, puis bienfaiteur des réseaux de la Résistance). Un timbre-poste portait le chiffre de 12 milliards de Marks ! Pour Hitler cet écrasement de son pays était une insupportable douleur.

Il mit toute son énergie à parvenir au pouvoir pour sortir son pays de l'enfer du Traité de Versailles et de la République de Weimar. Quand il fut emprisonné à Landsberg où il écrivit Mein Kampf, un juge lui avait demandé : « Que désirez-vous Mr Hitler, un poste de ministre ? » et il avait répondu: « Je serais bien méprisable, monsieur le juge, si je ne voulais qu'un poste de ministre ». Le directeur de la prison le décrit « un homme affable, discret, toujours prêt à rendre service, généreux et d'une nature exceptionnelle ».

Alors, il décida de parvenir au pouvoir démocratiquement, car le peuple avait senti en lui sincérité, clairvoyance et énergie. En six ans, il fit rentrer dans le marché du travail six millions de chômeurs. Il élimina la S.A. et Röhm qui auraient empêché une action synergique vers la restauration de son pays, que des rivalités auraient livré à une pérennisation de la ruine. Il créa le « Front du Travail » qui ignora la lutte des classes, concept aberrant inventé par des idéologues juifs. Ce Front comprenait 25 millions de membres et était la plus importante organisation socialiste du monde. Il forma une véritable communauté populaire de producteurs. Le Pr. Goldhagen nous dit (ARTE, 30 septembre 1996) : « *Je ne suis pas d'accord pour dire qu'il n'y avait aucune liberté dans la société nazie. Plus nous apprenons de choses sur le Troisième Reich, plus nous constatons l'existence d'une certaine liberté* ».

Chacun avait la place qui lui convenait dans la vie de la nation, et une telle organisation était incompatible avec la guerre. Il créa la conception de la dignité du travail. Les usines avaient bibliothèques, piscines, congés payés. Les ouvriers avaient une petite maison où les femmes pouvaient s'adonner aux soins de leurs enfants qui ne deviendraient pas comme les nôtres, des clients des musiques qui tuent, des drogués, des délinquants, des suicidés, des chômeurs. Il rendit à la jeunesse le culte de l'honneur, de la patrie, de l'idéal. La petite « coccinelle » Volkswagen devint une voiture populaire. Il créa un code spécial pour la défense des animaux : Leur faire du mal eût été sévèrement puni. Il prôna le végétarisme, interdit la vivisection, réglementa la chasse et organisa une action écologique et zoologique remarquable et efficace. La médecine naturelle fut officialisée en 1939, alors qu'en France, seule la médecine chimique, pathogène et tératogène, a force de loi. Luc Ferry (*Le Nouvel Ordre écologique*) reconnaît un projet nazi « dont l'ampleur n'est à nulle autre pareille, un monument de l'écologie moderne, l'éducation du peuple en vue de l'amour et de la compréhension de la nature et de ses créatures » (…) « le régime nazi nous fait assister à un véritable éloge de la différence, à une réhabilitation de la diversité »…

Patrons et ouvriers collaboraient en égaux à la construction de la nation. « *L'honneur social* » impliquait l'accomplissement consciencieux de son devoir et était récompensé par dignités et estime. Le nombre des ouvriers ayant droit aux congés payés était le double de celui des autres pays. La guerre était nécessairement exclue du système, car l'Allemagne échangeait équitablement biens et marchandises avec les pays voisins. La guerre fut déclarée à

Hitler par mes congénères américains depuis 1933. Les visées hégémoniques de Hitler sont une plaisanterie.

Il n'a jamais voulu que réunifier les pays de langue et d'ethnie allemandes. L'Autriche désirait son rattachement au Reich longtemps avant l'avènement de Hitler et la Tchécoslovaquie comptait trois millions d'Allemands dans le territoire des Sudètes. Hitler prit le pays sous son protectorat car les Tchèques exerçaient une dictature mal ressentie par les Slovaques et les Ruthènes. Hitler n'exerçait pas une hégémonie mondiale comme les États-Unis et n'avait pas comme l'Angleterre un empire sur lequel le soleil ne se couchait jamais. En 1918, les puissances capitalistes rapaces avaient volé à l'Allemagne le Togo, le Cameroun, le Sud-Ouest Africain qui ne représentaient que 5% des colonies anglaises et françaises...

Parfaitement désintéressé, Hitler ne posséda jamais que son chien et sa maison. On n'a jamais parlé d'une fortune personnelle acquise par Hitler chancelier du Reich. Quant à son désir forcené de préserver l'ethnie germanique, on peut aujourd'hui le comprendre devant l'hystérie mondialiste de métissage institutionnalisé, alors que mes congénères sont les plus racistes du monde.

Les seize propositions concernant Danzig, présentées au chef du gouvernement polonais, le colonel Beck, étaient les plus raisonnables du monde. Beck les avait acceptées, mais l'Angleterre, sous l'influence du financier Baruch, le persuada de les refuser. Hitler, avec l'aide de Mussolini et du ministre français Yvon Delbos, fit tous les efforts humains possibles pour éviter la guerre, (l'Angleterre reconnut au procès de Nuremberg, qu'à ce moment de l'Histoire la paix aurait pu être sauvegardée !) tandis que en Posnanie, (en Pologne), les Allemands étaient persécutés et parfois massacrés. Hitler fut contraint à la guerre, et la France la lui déclara anticonstitutionnellement, à la remorque servile de l'Angleterre, puisque les deux chambres ne furent pas convoquées.

Quantaumonded'aujourd'hui,ilcroupitdanstouteslespollutio nsjudéo-cartésiennesmorales, physiques et écologiques, avec la Mafia investisseur de choix. Soixante-dix départements sont investis par la pédophilie. 70 % des bébés aux États-Unis n'ont pas de pères.[67] Le Communisme entièrement créé par mes congénères (idéologues, financiers, politiciens, administrateurs, bourreaux carcéraux et concentrationnaires) traîne derrière lui deux cents millions de cadavres et a toujours droit de cité. Il est vrai que dans l'arithmétique actuelle, six millions — même vrais — de Juifs sont supérieurs à deux cents millions de Goyim. Le Zohar nous le confirme : « *Les Goyim, cette vile semence de bétail* » ! On comprend la phrase de Goebbels lorsqu'il se suicida avec sa femme et ses enfants, en même temps que son Führer : « *Nous n'allons pas laisser vivre nos enfants dans l'enfer que les Juifs vont leur préparer* ». Il n'imaginait certainement pas l'horreur absolue de l'enfer dans lequel il les aurait laissés. Il y a bien eu un holocauste : Celui de soixante millions de victimes dans une guerre déclarée à Hitler depuis 1933, et qui voulait secouer le joug du dollar et de la Haute finance de mes congénères. Puis l'holocauste par cent cinquante guerres capitalo-marxistes qui ont suivi ce qu'on a dérisoirement appelé « *Libération* ».

---

[67] *La marche du siècle* du 28 mai 1997.

Etenfinunholocaustededeuxcentsmillionsdecadavresdansunrégimequintessentiellement juif. Cela est-il la vérité ? Non, c'est de l'antisémitisme ! Clamer la vérité, fût-elle éclatante, c'est toujours « *de l'immonde antisémitisme* » ; c'est de l'abjection stupide et on ne peut y répondre que par le mépris.

Arrêtons la circoncision au 8ème jour qui est, par ses répercussions hormono-psychiques, la cause de notre mentalité et de l'antisémitisme qui en découle depuis 5000 ans pendant lesquels nous avons trop parlé, « *paroles de mort pour nous et pour les autres* » (George Steiner).

« *Le Troisième Reich était la seule force capable de venir à bout de l'horreur communiste absolue* » (Soljenitsyne).

Le document qui suit, lettre de Hitler à Daladier, Président du Conseil de 1938 à 1940, montre la mentalité pacifique de Hitler et son désir de tout faire pour éviter la guerre : Elle ne reçut aucune réponse, ce qu'il faut méditer, comme le fait que Rudolf Hess ne fut jamais reçu en Angleterre, alors qu'il était venu pour parler de paix, et qu'en dernier ressort, il fut assassiné à 90 ans dans sa prison !

« *Puis-je me permettre, Monsieur Daladier, de vous demander comment vous agiriez, vous français, si à l'issue malheureuse d'une lutte courageuse, une de vos provinces était séparée par un corridor occupé par une puissance étrangère. Si une grande ville, disons Marseille, était mise dans l'impossibilité de se proclamer française, et si les Français résidant dans ce territoire étaient actuellement poursuivis, frappés, maltraités, voire assassinés bestialement ? Vous êtes français, Monsieur Daladier, je sais comment vous agiriez.*

Je suis Allemand, ne doutez pas de mon sentiment de l'honneur et de la conscience que j'ai de mon devoir d'agir exactement ainsi. Si vous aviez ce malheur qui est le nôtre, comprendriez-vous, Monsieur Daladier, que l'Allemagne voulût intervenir sans aucun motif pour que le corridor demeurât au travers de la France ? Pour que le retour de Marseille à la France fût interdit ? Il ne peut en aucun cas me venir à l'idée, Monsieur Daladier, que l'Allemagne entrerait en lutte contre vous pour ce motif ».

Le Chancelier termina sa lettre en faisant ressortir combien cette guerre sanglante entreprise par les Alliés pour la Pologne serait inutile, car il est un fait certain, c'est que quelle soit l'issue d'une guerre née de ce problème, l'État polonais serait de toute façon perdu.

Pauvre Pologne, réduite à ce que l'on sait. Toute son élite massacrée par les Bolchéviques dans la forêt de Katyn et des bateaux coulés à dessein dans l'Antarctique ! Les Juifs ne demandent pas pour eux des réparations ? ! Ce pays est en faillite, incapable de faire face à ses échéances, dans une situation sans issue. Il est vrai qu'en l'an 2000, la Pologne n'est pas la seule à se trouver dans ce piètre état !

Puisque les Juifs nous parlent de racisme voyons un peu avec mon congénère et collègue Israel Shahak, ce qu'il faut penser de leur « mégaracisme ».

Dans son « *Testament politique* » (que Robert Faurisson croit être un faux, mais qui correspond parfaitement à la psychologie de Hitler), Hitler dit : « *Il est normal que chacun éprouve l'orgueil de sa race et cela n'implique aucun mépris à l'égard des autres. Je n'ai jamais pensé qu'un Chinois ou un*

Japonais nous fussent inférieurs. Ils appartiennent à de vieilles civilisations et j'admets même que leur passé soit supérieur au nôtre. Ils ont des raisons d'être fiers comme nous sommes fiers de la civilisation à laquelle nous appartenons. Je pense même que plus les Chinois et les Japonais demeureront fiers de leur race, plus il me sera facile de m'entendre avec eux ». Ces propos sont pleins de bon sens élémentaire. Lorsque le professeur Israel Shakak nous fait connaître la véritable nature des écrits traditionnels juifs, dont il peut pénétrer l'essence, puisqu'il connaît l'hébreu, nulle part nous ne trouvons une seule phrase qui s'approche de près ou de loin de cette vue humaine et raisonnable.

Comment donc s'étonner que les Israéliens aient massacré 254 personnes, hommes, femmes, et enfants à Deir Yassin ? Ces procédés ne sont nullement exceptionnels depuis quarante ans, mais personne n'a jamais osé accuser officiellement Israël de « nazisme ». Non seulement l'affaire d'Oradour-sur-Glane fut exceptionnelle, comme le furent les représailles qui ont suivi l'assassinat d'Heydrich, ou celui de cent soldats tués dans un attentat en Italie, mais il y a plus de vingt ans que je sais qu'elle s'est déroulée de façon tout à fait différente de la version imposée par la propagande officielle (le capitaine allemand Kämpfe avait eu les yeux crevés la langue arrachée par la Résistance, entre Limoges et Oradour…). L'église d'Oradour n'a pas été incendiée, mais une explosion inexpliquée s'est produite dans le clocher… (explosifs stockés par la Résistance).

En Israël, les paysans pauvres furent chassés de leurs terres et n'avaient qu'à fuir ou mourir. Colonialisme patent et cruel. Quant à ceux qui dénonçaient l'horreur, on les a assassinés, comme le comte Bernadotte et comme Lord Moyne. Les procédés utilisés pour déposséder les Palestiniens ressortissent à un impitoyable colonialisme, un racisme patent et incontournable.

La terre dont les Palestiniens sont spoliés ne peut être vendue à un non Juif, ni louée à un non Juif, ni travaillée par un non Juif. La politique agraire d'Israël aboutit à une spoliation méthodique, systématique de la paysannerie arabe. C'est du racisme intégral. Des lois de spoliation systématique et implacable n'existaient pas en Allemagne nazie. Entre autre exemple, la loi sur l'acquisition des terres du 12 mars 1953 et toutes les mesures prises légalisent le vol en contraignant les Arabes à quitter leurs terres pour que s'y installent des colonies juives. L'exode massif des populations arabes sous la terreur comme à Deir Yassin ou à Karf Kassem a libéré de vastes territoires vidés de leurs propriétaires légitimes et des travailleurs arabes et sont donnés aux occupants Juifs.

Le Pr. Israël Shahak a donné en 1975 la liste de 385 villages arabes détruits et passés au bulldozer sur 475 existant en 1948. Pour convaincre qu'avant Israël la Palestine était un désert, des centaines de villages ont été rasés au bulldozer avec leurs maisons, clôtures, cimetières, tombes… De juin 1967 à novembre 1969, plus de 20.000 maisons arabes ont été dynamitées en Israël et en Cisjordanie. La Convention de Genève du 12 août 1949 stipule dans son article 49 que « *La puissance occupante ne pourra procéder au transfert d'une partie de sa propre population civile dans le territoire occupé par elle.* ». Hitler lui-même n'a jamais enfreint cette loi internationale. 1116 Palestiniens ont été tués depuis le début de l'intifada et parmi eux 233 enfants. L'ONU chiffre à 80.000 le nombre de Palestiniens blessés par balles. 15.000

Palestiniens sont détenus dans les prisons Israéliennes. 20.000 sont torturés chaque année et cette torture est devenue légale depuis 1996. Tout cela s'inscrit dans la spoliation, la discrimination, l'apartheid, le racisme.

Le malheureux Hitler qui voulait préserver son ethnie du métissage institutionnalisé que nous connaissons actuellement n'a pas inventé le racisme. Qui a conçu l'idée de réduire en esclavage les *« races inférieures »* ? Un représentant du Peuple élu qui sera châtié s'il prend pour femme une païenne, qui choisira ses esclaves parmi les Goyim sans se mêler à eux. *« Pour mille ans »* disait Hitler, *« pour l'éternité »* disent les Juifs.

Une seule loi, une seule race, un seul destin jusqu'à la fin des siècles. « *Et Josué brûla Ai pour n'en laisser qu'un tas de cendres et il employa les vaincus à couper le bois et puiser l'eau pour la communauté* ». Tous hommes, femmes, enfants, esclaves, sous le joug d'Israël. Mais le plus souvent, il ne restait personne à réduire en esclavage : « *Et ils détruisirent tout ce qui se trouvait dans la ville : hommes, femmes, enfants, jeunes et vieux, bœufs, moutons, mulets, par le fil de l'épée* ».

L'odeur du sang est à chaque page de la Bible. La doctrine dit qu'un peuple doit être élu pour que son destin s'accomplisse. Aucun peuple ne peut connaître la même gloire. Une nation véritable est un mystère, un corps unique voulu par Dieu. Conquérir sa terre promise, abattre ou réduire en esclavage ceux qui se dressent sur cette voie, se proclamer éternel : « *Que les trompettes sonnent dans Sion, que les chérubins du Tout-Puissant fassent tomber le feu et la peste sur nos ennemis. Ils rasèrent complètement la ville et tout ce qui s'y trouvait.* »

En Samarie parce que les Samaritains ne lisaient pas l'écriture comme eux, et parce qu'ils avaient construit leurs propres sanctuaires ; En Térébinthe : Au lieu de 6 coudées, ils en avaient mis 5 ou 7 ou Dieu sait quoi. Passés au fil de l'épée, chaque homme, chaque femme, chaque enfant, le bétail. Massacres de villes pour une idée ou affaire de mots. Josué, l'oint du Seigneur extermina des dizaines de milliers d'hommes puis dansa devant l'Arche. D'où Hitler a-t-il appris à choisir une race, la préserver pure et sans tache, lui offrir une terre promise ? Malheur aux Amorites, aux Jébusites, aux Kénites qui ne méritent pas le nom d'hommes ! Le racisme de Hitler est une minicaricature du racisme juif.

MILLE ANS ! À CÔTÉ DE L'ÉTERNELLE SION !

Comme ils étaient charmants ces Dieux païens, cachés sous les feuillages, les rochers, les sources consacrées : Ils auraient protégé la nature contre la monstrueuse pollution du matérialisme athée. Le Dieu Juif est celui de la vengeance jusqu'à la trentième génération. C'est un Dieu de contrats, de marchandages dérisoires, de crédits, de pots-de-vin, de pourboires dérisoires. « *Et le Seigneur accorda à Job deux fois ce qu'il possédait auparavant, un millier de mules* ». Qui connaît le rôle énorme que jouèrent les Juifs dans le trafic des esclaves jusqu'en 1870 ? (article du Pr. Shahak publié en 1967, avant la guerre des Six jours).

On ne connaît des textes religieux traditionnels Juifs que ce qui est traduit en langues occidentales. On ne connaît pas la réalité des textes car il faut pour cela connaître l'hébreux. Le Pr. Shahak qui connaît parfaitement l'hébreux, nous fait connaître ces textes dont le racisme dépasse les bornes de l'imagination (*Histoire Juive — Religion Juive, le poids de trois millénaires*, Librairie du Savoir, 5, rue Malebranches, 75005 Paris). Ainsi tout Juif passant devant un cimetière doit proférer une bénédiction s'il s'agit d'un cimetière Juif. Par contre, s'il s'agit d'un cimetière de Goyim, il doit maudire la mère des morts. Hostilité gratuite à l'égard de tout être humain.

Examinons le racisme anti-noir de Maïmonide célèbre philosophe juif : « *Une partie des Turcs* (c'est à dire les Mongols) *et les nomades du Nord, les Noirs et les nomades du Sud, et ceux qui leur ressemblent sous nos climats ; Leur nature est semblable à celle des animaux muets et selon mon opinion, ils n'atteignent pas au rang d'êtres humains. Parmi les choses existantes ils sont inférieurs à l'homme mais supérieurs aux singes, car ils possèdent dans une plus grande mesure que le singe l'image et la ressemblance de l'homme* ». Quant aux États-Unis, si les Juifs soutiennent Martin Luther King et la cause des Noirs d'Amérique, c'est pour obtenir un appui tactique au nom de l'intérêt Juif. Il s'agit de gagner le soutien de la communauté noire à la communauté juive et à la politique d'Israël. D'ailleurs, le métissage institutionnalisé partout (sauf en Israël ou ne pénétrera ni un Noir ni un Maghrébin), a deux buts : Régner sur un monde de zombies indifférenciés, et avoir des communautés entières, fussent-elles homosexuelles, pour voter pour les pantins de tous les partis dont ils tirent toutes les ficelles. En Israël, le Hassidisme, avatar de la mystique juive, est un mouvement vivant qui compte des centaines de milliers d'adeptes qui ont une influence politique énorme. Or que dit la Hatanya, bible du mouvement ? Les non-Juifs sont des créatures de Satan chez lesquelles il n'y a absolument rien de bon. La différence qualitative entre Juifs et non-Juifs existe dès le stade embryonnaire. La vie d'un non-Juif est quelque chose d'inessentiel car le monde n'a été créé que pour le bénéfice des Juifs. Le rabbin des Loubavitch et d'autres chefs hassidiques ne cessent de publier des déclarations les plus violentes, et les exhortations les plus sanguinaires contre tous les Arabes. L'influence du philosophe Martin Buber est très importante dans la montée du chauvinisme israélien et la haine à l'égard des non-Juifs. De nombreux êtres humains sont morts de leurs blessures parce que les infirmiers militaires israéliens, sous l'influence du Hassidisme, ont refusé de les soigner. Yehezkiel Kaufman, sociologue, préconisait le génocide sur le modèle du livre de Josué.

Hugo Shmnel Bergman prônait l'expulsion de tous les Palestiniens en Irak. L'apologie de l'inhumanité est prêchée non seulement par les rabbins, mais par des personnes qui passent pour les plus grands penseurs du Judaïsme. Les actes les plus horrifiants commis en Cisjordanie sont inspirés par le fanatisme religieux juif. Racisme et fanatisme juifs sont évidents : un ami de Marx, Moses Hess, bien connu et respecté comme l'un des premiers socialistes d'Allemagne, a fait montre d'un racisme juif extrême et ses idées sur « la pure race juive » n'ont rien à envier à «la pure race aryenne ».

« *Il est interdit de sauver la vie d'un Gentil parce qu'il n'est pas ton compagnon* ». Non seulement environ 400 villages ont été rasés, comme nous l'avons dit, mais des centaines de cimetières musulmans ont été détruits par Israël. (livre de Shahak, page 84).

Quant au Talmud il n'y va pas de main morte : « *C'est un devoir religieux de soutirer le plus d'intérêts possibles quand on prête à un Goyim* ». Cette mentalité spéculativo-parasitaire a été la cause majeure de l'antisémitisme de tous les temps et de tous les lieux. Ni l'Église, ni le Nazisme n'ont l'exclusivité de l'antisémitisme. Il a existé partout comme en Perse cinq siècles avant J-C.

L'Église a d'ailleurs très souvent protégé les Juifs au cours de l'Histoire. Il faut dire que Noblesse et Couronne utilisèrent les Juifs pour maintenir les paysans dans l'oppression. Cela est parfaitement ignoble de la part des Goyim, mais les Juifs en profitaient pour pressurer les paysans pour leur propre compte. En Pologne orientale, par exemple, du temps de la domination des magnats, les Juifs étaient les exploiteurs immédiats de la paysannerie et quasiment les seuls citadins. Dans « *The rise of Christian Europe* », Trevor Roper (page 173-74), établit que les Juifs furent les principaux trafiquants d'esclaves entre l'Europe médiévale et le monde Musulman. Voilà ce qu'écrivait le Dr Prinz : « *Un État fondé sur le principe de la pureté de la nation et de la race ne peut qu'être honoré et respecté par le Juif qui déclare son appartenance à son propre peuple* ». Comme on le voit, le métissage institutionnalisé, c'est bon pour les Goyim, « cette vile semence de bétail » (*Zohar*). Voilà ce que dit Maïmonide traitant du meurtre : « *Le Juif qui tue délibérément un Gentil n'est coupable que d'un péché contre la loi du ciel, il n'est pas punissable par un tribunal* ».

« *La cause indirecte de la mort d'un Gentil n'est pas un péché du tout* ». « *Le meilleur des Goyim, tuez-le* ». (Commentaire du *Shulhan Arukh*). Voici, extrait du traité « *La pureté des armes à la lumière de la Halakhah* » : « *Quant au cours d'une guerre ou lors d'une poursuite armée ou d'un raid, nos forces se trouvent devant des civils dont on ne peut être sûr qu'ils ne nous nuiront pas, ces civils, selon la Halakhah, peuvent et même doivent être tués… En aucun cas on ne peut faire confiance à un Arabe même s'il a l'air civilisé… En guerre lorsque nos troupes engagent un assaut final, il leur est permis et ordonné par la Halakhah de tuer même les civils bons, c'est à dire les civils qui se présentent comme tels* ». Le Talmud dit qu'il est interdit de profaner le Sabbat pour sauver la vie d'un Goyim gravement malade, ni d'accoucher une non-Juive le jour du Sabbat.

Voilà ce qu'il faut lire pour le croire dans l'Encyclopédie talmudique : « *Celui qui a des relations charnelles avec la femme d'un Goyim n'est pas passible de la peine de mort, car il est écrit :* « *la femme de ton prochain et non la femme d'un étranger et de même que le précepte* « *l'homme restera attaché à sa femme* », *qui est adressé aux Goyim, ne s'applique pas à un Juif, de même il n'y a pas de mariage sacré pour un païen ; la femme mariée d'un Goyim est interdite aux autres Goyim, mais un Juif n'est aucunement concerné par cet interdit* »…

De cette citation il ne faudrait pas conclure que cela autorise les rapports intimes entre un Juif et une non-Juive, bien au contraire. Mais la peine principale est infligée à la femme. C'est elle qui doit être exécutée *même si elle a été violée*. Si un Juif s'unit sexuellement avec un non-Juive, qu'elle soit une enfant de trois ans (sic) ou une adulte, qu'elle soit mariée ou nubile, et même si lui-même est un mineur n'ayant que neuf ans et un jour, comme il a commis un coït volontaire avec elle, « *elle doit être tuée comme le serait une bête parce qu'à cause d'elle un Juif s'est mis dans un mauvais cas* ». Ajoutons que les femmes de toutes les nations sont considérées comme des prostituées. La « *tromperie indirecte* » est permise. Le vol aux dépens d'un Goyim est autorisé s'il est sous la domination juive. Ces préceptes ne sont pas suivis « *s'ils portent préjudice aux Juifs* ». On peut comprendre la dépossession violente des Palestiniens par les Juifs ayant sur eux une supériorité écrasante. Si les Juifs sont assez puissants leur devoir religieux est d'expulser les Palestiniens. Il est évident que selon les exhortations génocidaires de la Bible et du Talmud, tous les Palestiniens doivent être exterminés. La littérature talmudique reprend avec véhémence : « *tu ne laisseras rien subsister de vivant* ». Les Palestiniens de Gaza sont comme les Amalécites. Les versets de la Bible exhortant au génocide des Médianites ont été repris par un rabbin israélien pour justifier le massacre de Qubbiya. Les lois halakhistes inculquent le mépris et la haine envers le Goy. Le Juif dévot rend grâce à Dieu « *de ne pas l'avoir fait naître Goy* ». « *Que tous les Chrétiens périssent à l'instant !* » L'usage s'est instauré de cracher trois fois à la vue d'une église ou d'un crucifix. « *Les Juifs sont les meilleurs du genre humain. Ils ont été créés pour reconnaître leur créateur et l'adorer et sont dignes de posséder des esclaves pour les servir* ». (Voir références dans le livre de Shahak). *Nous devons faire acte de miséricorde envers les Juifs mais en nous abstenant de tels actes envers le reste des hommes.* » (cf. Shahak). Shakak qui vit en Israël nous dit : « *quiconque vit en Israël, sait à quel point les attitudes de haine et de cruauté envers tous les Goyim sont répandues et enracinées chez la majorité des Juifs du pays. Le précepte inhumain selon lequel la servitude est le rôle naturel des Goyim ont été cités publiquement en Israël, même à la télévision, par des agriculteurs Juifs exploitant de la main d'œuvre arabe et notamment des enfants* ». (page 198).

Les droits de l'homme n'ont jamais été que les droits du Juif comme on le voit spectaculairement dans tout l'Occident. Les États-Unis et le Canada soutiennent de façon inconditionnelle la politique israélienne. Il n'y a pas une seule réaction lorsque celle-ci est en contradiction éclatante avec les droits de l'homme fondamentaux.

Il est impossible de rentrer dans un club Juif ou une obédience maçonnique comme le Bnai' B'rith : Mais si l'on interdit l'accès à un Juif, c'est alors les hurlements à l'antisémitisme. Autrement dit, ceux qui se réclament sans cesse des droits de l'homme sont ceux qui les violent en permanence. Et les Goyim avachis opinent du bonnet... Faurisson et Garaudy n'ont pas droit à cet élémentaire droit de l'homme qui est le droit à la liberté de parole. On leur répond par des lois stalino-orwelliennes et des condamnations pour crime de la pensée.

400 villages rasés, Sabra, Chatilla, Deir Yassin, les massacres permanents de Musulmans privés de leurs maisons et de leur terre, 50 Musulmans en prière, tués à coups de revolver, les massacres incessants et, maintenant en Occident, la peur panique d'ouvrir la bouche pour proférer une quelconque vérité : Tels sont les droits de l'homme que nous imposent les Juifs. Dans son livre « *Germany must perish* » paru juste avant l'entrée des États-Unis dans la Seconde guerre mondiale, T. Kaufman, Juif américain, préconisait l'extermination totale des Allemands.

« *Petit détail* », comme dirait Le Pen. Le Judaïsme est un totalitarisme raciste écrasant.

Rappelons avant de poursuivre quelques pensées de la tradition religieuse juive dont nous venons de parler :

Deutéronome : 4,10-11 : « *Lorsque le Seigneur votre Dieu vous aura conduit dans le pays qu'il vous donne, vous y trouverez de grandes et belles villes que vous n'avez pas bâties, des maisons pleines de toutes sortes de richesses, que vous n'avez pas amassées, des puits que vous n'avez pas creusés, des vignes et des oliviers que vous n'avez pas plantés…* »

Si cette psychologie n'est pas celles des Israéliens courageux et qui ont échappé au déterminisme de la circoncision, ce qui en fait des victimes rêvées de l'antisémitisme, nous avons là, bien résumée, cette psychologie speculativo-parasitaire mère de l'antisémitisme.

Le Talmud : « *Le Juif qui viole ou corrompt une femme non juive et même la tue doit être absous en justice, parce qu'il n'a fait de mal qu'à une jument.* » (*Nidderas bammidebar rabba*).

Wilhelm Marr était un Juif qui participa à la révolution de 1848 en Allemagne. Lorsqu'elle fut accomplie, il comprit qu'elle n'avait profité qu'au seul Israël. Aussi juif honnête, révolté, il publia en 1860 un ouvrage intitulé « *Le miroir du judaïsme* ». Il provoqua, on s'en doute, l'indignation des Juifs allemands (les Juifs ne supportant jamais la vérité qui les concerne, d'où des lois totalitaires et racistes qui interdisent à priori l'examen des faits).

Voici quelques passages ahurissants de ce livre, d'une pertinence époustouflante : « *Je déclare à haute voix, sans la moindre intention ironique, le triomphe du judaïsme dans l'Histoire mondiale. Je publie le bulletin de la bataille perdue, de la victoire de l'ennemi, sans aucun quartier pour l'ennemi vaincu. Dans ce pays de penseurs et de philosophes, l'émancipation des Juifs a eu lieu en 1848. Depuis cette époque commença la guerre de trente ans que les Juifs nous font maintenant ouvertement. Nous autres Allemands avons prononcé en 1848 notre renonciation officielle au profit du judaïsme. Dès le moment de leur émancipation, le Judaïsme est devenu pour nous Allemands, un objet auquel il est interdit de toucher. Il ne convient pas de soumettre à la critique la politique intérieure du Prince de Bismarck depuis 1866. Je me contenterai de constater un fait : Depuis cette époque, son Altesse Sérénissime est considéré par le Judaïsme comme l'empereur Constantin par les Chrétiens. »*

Traçant un aperçu de la victoire du Judaïsme sur les peuples d'Europe, Wilhelm Marr conclut : « *L'avènement du césarisme juif, je base cette affirmation sur une profonde conviction, n'est plus qu'une question de temps. Au Judaïsme appartient la domination mondiale. Le crépuscule des Dieux est déjà arrivé pour nous. S'il m'est permis d'adresser une prière à mon lecteur, voici en quoi elle consistera : Qu'il conserve le présent ouvrage et le transmette en héritage à ses enfants, en leur demandant de le léguer aussi à leurs descendants. Je n'ai pas l'intention de me considérer comme un prophète, mais je suis profondément pénétré de l'opinion exposée ici : avant quatre générations il n'y aura plus aucune fonction dans l'État, sans excepter les plus élevées, qui ne soit en la possession des Juifs... La capitulation de la Russie n'est qu'une question de temps. Dans cet énorme empire, le Judaïsme trouvera un levier qui lui permettra d'arracher définitivement de ses charnières tout le monde de l'Europe Occidentale.* »

Marcel Bernfeld (*Le Sionisme*, 1920) : « *Il importe peu de savoir si les Juifs sont une race pure ou non. L'essentiel est la constatation chez tous les Juifs d'une intime et profonde conviction d'être de souche très ancienne et de pouvoir faire remonter leur généalogie aux antiques Hébreux. Ils ont plus que tout autre peuple l'idée d'être de race pure, de là un sentiment de supériorité.* »

Knut Hamsun, Prix Nobel de Littérature en 1920 : « *Un grand homme vraiment ce Roosevelt, raide et têtu il poursuit son chemin, Juif qu'il est, à la solde des Juifs, esprit éminent dans la guerre que livre l'Amérique pour l'or et le pouvoir juifs.* » (Oslo, 1942)

Simone Weil (*La pesanteur et la Grâce*) : « *Parler d'un Dieu éducateur au sujet de ce peuple est une atroce plaisanterie.* » « *Le mensonge du progrès, c'est Israël.* » « *Les Juifs, cette poignée de déracinés, a causé le déracinement de tout le globe terrestre.* »

Voilà qui résume tout.

Fin de la première partie

DEUXIÈME PARTIE
Ce que les Goyim disent des Juifs

Il était impossible de constituer un énorme livre de ce que les Goyim ont dit. Mais on pourrait citer les auteurs suivants :

- Henri de Montherlant
- Léon Bloy
- Romain Rolland
- François Mauriac
- Roger Martin du Gard
- Alfred de Musset
- René de Chateaubriand
- Mme de Sévigné
- Racine
- Molière
- Shakespeare
- Dickens
- Walter Scott
- Daniel Defoe
- Etc.

Winston Churchill

Extrait d'un article paru en 1920 sous le titre « *Juif internationaux* » et dont l'intégralité se trouve dans mon livre « *Auschwitz, le silence de Heidegger, et la clef de la tragédie juive »⁶⁸ : « En violente opposition à toute cette sphère d'efforts juifs, s'élèvent les projets de l'internationale juive. Les adhérents de cette sinistre confédération sont, pour la plupart, issus des malheureuses populations des pays où les Juifs sont persécutés à cause de leur race. La plupart, sinon tous, ont abandonné la foi de leurs ancêtres et ôté de leur esprit tout espoir spirituel en un autre monde.*

Ce mouvement parmi les Juifs n'est pas nouveau. Depuis le temps de Spartakus, de Weishaupt à Karl Marx, et ensuite Trotsky (Russie), Bela Kuhn (Hongrie), Rosa Luxembourg (Allemagne), et Emma Goldman (U.S.A), cette conspiration mondiale pour le renversement de notre civilisation et la reconstitution de la société sur la base d'un arrêt du développement, d'une malfaisance envieuse, et d'une impossible égalité, a été constamment grandissante.

Elle a joué, comme un écrivain moderne, Mme Webster, l'a démontré, un rôle définitivement évident dans la tragédie de la Révolution française. Elle a été le ressort principal de tous les mouvements subversifs au XIXème siècle. Maintenant cette clique de personnalités extraordinaires du sous-monde des grandes cités d'Europe et d'Amérique a pris dans ces griffes les cheveux du peuple russe et est devenue pratiquement maîtresse incontestée de cet énorme empire.

Il n'est pas nécessaire d'insister quant au rôle joué par ces Juifs internationaux, pour la plupart athées, dans l'accomplissement actuel de la révolution bolchévique russe. Il est, sans aucun doute, d'une très grande importance. Leur rôle ici l'emporte sur tous les autres.

---

⁶⁸ Édité par Omnia Veritas Ltd – www.omnia-veritas.com

Si l'on excepte Lénine, la majorité des figures dirigeantes sont Juives. De plus la puissance motrice comme l'inspiration prennent leur source parmi des leaders Juifs. Ainsi Tchitcherin, russe de pure souche, est éclipsé par son subordonné Litvinoff, et l'influence de Russes comme Bukharin, ou Lunacharski, ne peut être comparée au pouvoir de Trotsky ou Zinovieff, le dictateur de la citadelle rouge (Pétrograd) ou de Krassin ou Radec, tous Juifs.

Dans l'institution soviétique la prépondérance des Juifs est encore plus étonnante. Et la partie dominante, sinon principale du système de terrorisme appliqué par la Commission extraordinaire de combat contre-révolutionnaire, a été pris en main par des Juifs et dans certains cas remarquables, par des Juives.

La même néfaste prépondérance fut exercée par les Juifs pendant la brève période de terreur lorsque Bela Kuhn dirigeait la Hongrie.

Le même phénomène s'est présenté en Allemagne (particulièrement en Bavière) aussi longtemps qu'il a été permis à cette folie de fondre sur les Allemands temporairement prostrés. Bien que dans tous ces pays il se soit trouvé de nombreux non-Juifs en tout point aussi néfaste que le pire des révolutionnaires Juifs, le rôle joué par ces derniers, quand on considère l'insignifiance de leur nombre par rapport à la population, est stupéfiant. »

MAHOMET

« *Je ne m'explique pas qu on ait pas depuis longtemps chassé ces bêtes malfaisantes qui respirent la mort. Est-ce qu'on ne tuerait pas immédiatement des bêtes qui dévoreraient des hommes, même si elles avaient formes humaines ? Que sont les Juifs, sinon des dévoreurs d'hommes ?* »

ÉRASME

« *Que de vols, quelle oppression subissent les pauvres victimes des Juifs ? Dieu les prenne en pitié.*

S'il est d'un bon chrétien de détester les Juifs, alors nous sommes tous de bons Chrétiens. » (1487)

LUTHER

« *Comme les Juifs aiment le livre d'Esther, qui correspond si bien à leur sanglant appétit de vengeance, à leurs espoirs meurtriers ! Le soleil n'a jamais brillé sur un peuple plus assoiffé de sang, plus vindicatif que celui-ci qui se prend pour le peuple élu, afin d'avoir licence d'assassiner et d'étrangler les gentils. Il n'y a pas de créatures sous le soleil plus avides qu'ils sont, ont été ou seront. Il n'est que de les voir pratiquer leur maudite usure. Ils se flattent de l'espoir que lorsque leur messie viendra, il rassemblera tout l'or et tout l'argent du monde et le leur partagera.* »

RONSARD

« *Fils de Vespasien, grand Titus, tu devais, détruisant la cité, en détruire la race.* » (1560)

VOLTAIRE

« *Les Juifs ne sont qu'un peuple ignorant et barbare qui allie depuis longtemps la plus répugnante avarice et la plus abominable superstition à une haine inextinguible pour tous les peuples qui les tolèrent et grâce auxquels ils s'enrichissent. Ils sont le plus abominable peuple de la terre.* » (*Dictionnaire philosophique*, 1745)

Emmanuel Kant

« *Les Palestiniens [Juifs] qui vivent parmi nous ont la réputation très justifiée d'être des escrocs... Mais une nation qui n'est composée que de commerçants, c'est-à-dire de membres non productifs de la société, ne peut être autre chose que cela.* » (*Anthropologie*, 1786)

Benjamin Franklin

« *Dans tous les pays où les Juifs se sont établis en nombre, ils ont abaissé son niveau moral, avili son intégrité, tourné en ridicule ses institutions. Je vous préviens, Messieurs, si vous accordez la citoyenneté aux Juifs, vos enfants vous maudiront dans vos tombeaux. Dans tous les pays où les Juifs se sont installés en nombre, ils ont abaissé le niveau moral, discrédité l'intégrité commerciale, et ont fait bande à part sans jamais s'assimiler aux autres citoyens. Ils ont tourné la religion chrétienne en ridicule, ont tenté de la miner. Ils ont bâti un état dans l'état et quand on leur a opposé résistance, ils ont essayé d'étrangler financièrement le pays.*

Si vous ne les excluez pas des États-Unis dans cette constitution, en moins de 200 ans ils y fourmilleront en quantité si considérable qu'ils domineront et dévoreront notre patrie et changeront la forme du gouvernement. Si vous n'interdisez pas aux Juifs l'accès de ce pays, en moins de 200 ans vos descendants travailleront la terre pour pourvoir aux besoins d'intrus qui resteront à se frotter les mains derrière leurs comptoirs. Je vous le redis Messieurs, si vous n'excluez pas pour toujours les Juifs de notre communauté, nos enfants nous maudiront. » (Discours devant le Congrès en 1787, en préliminaire à la rédaction de la Constitution)

Tout cela a été parfaitement réalisé comme le prévoyait Franklin.

MALESHERBES

« *Il existe dans le cœur de la plupart des Français une haine très forte contre la nation Juive, haine fondée sur l'usage où sont les Juifs de tous les pays de se livrer à des commerces que les Chrétiens regardent comme leur ruine.* »

FICHTE

« *Pour nous protéger contre eux, je ne vois qu'un seul moyen : conquérir pour eux leur terre promise et les y expédier tous.* » (*Sur la Révolution française* 1793)

NAPOLÉON

« *Nous devons considérer les Juifs non seulement comme une race distincte, mais comme un peuple étranger. Ce serait une humiliation trop grande pour la nation française d'être gouvernée par la race la plus basse du monde. Je ne puis regarder comme des Français ces Juifs qui sucent le sang des véritables Français. Si je ne faisais rien, le résultat serait la spoliation d'une multitude de familles par des usuriers rapaces et sans pitié. Ce sont des chenilles, des sauterelles qui ravagent la France.* » (*Adresse au Conseil d'État*, le 6 avril 1806)

CHARLES FOURIER

« *Une fois ceux-ci bien répandus en France, le pays ne serait plus qu'une vaste synagogue, car si les Juifs tenaient seulement le quart des propriétés, ils auraient la plus grande influence à cause de leur ligue secrète et indissoluble.* »

SCHOPENHAUER

Le philosophe allemand les appelle « *les Grands maîtres du mensonge.* »

ALFRED DE VIGNY

« *La bourgeoisie est la maîtresse de la France ; elle la possède en longueur, en largeur en profondeur : L'homme redevient singe. Le Juif a payé la Révolution de Juillet parce qu'il manie plus facilement le bourgeois que le noble.* » (1837)

HONORÉ DE BALZAC

« *Les Juifs ont accaparé l'or. Ils sont plus puissants que jamais.* » (*Les Illusions perdues*, 1843)

ALPHONSE TOUSSENEL

« *Mais comment trouvez-vous ces pauvres enfants d'Israël qui continuent de poser en victimes ? N'est-ce pas que cette attitude éplorée leur va bien ? Donc en dépit de tous les faux philanthropes et de tous les charlatans du Libéralisme, je répète que la France doit expier cruellement les torts de sa charité envers les Juifs. Charité imprudente, charité déplorable dont tous les grands penseurs de tous les siècles lui avaient signalé à l'avance les périls ; car Tacite est sur ce point d'accord avec Bossuet, avec les encyclopédistes et Fourier. Tacite le plus illustre historien de l'Antiquité s'élève contre l'indomptable orgueil et l'esprit de fourberie du peuple juif.* » (Les Juifs, rois de l'époque, 1845)

Proudhon

Pour le père du socialisme libertaire, « *Le Juif est l'ennemi du genre humain. Ce sont des êtres méchants, envieux, bilieux, qui nous haïssent. Il faut renvoyer cette race en Asie.* » (Carnet du 24 décembre 1847)

Michelet

« *Patients, indestructibles, ils ont vaincu par la durée. Ils sont maintenant libres. Ils sont maîtres.*

De soufflets en soufflets, les voilà au trône du monde. » (1853)

Ernest Renan

« *Le Juif ne connaît guère de devoir qu'envers lui-même. Poursuivre sa vengeance, revendiquer ce qu'il croit être son droit est à ses yeux une sorte d'obligation. Par contre, lui demander de* tenir sa parole, de rendre justice de façon désintéressée, c'est lui demander l'impossible. » (1864)

BAKOUNINE

« *Eh bien, tout ce monde juif qui forme une seule secte exploitante, est actuellement à la disposition de Marx d'un côté et des Rothschild de l'autre.* » (Lettre aux internationaux de Bologne, 1871)

DOSTOÏEVSKI

« *Ce qui vient, c'est le matérialisme, la soif aveugle et rapace du bien-être matériel, la soif de l'accumulation de l'argent par tous les moyens. Alors, à la tête de tous, se trouvera le Juif, car bien que prêchant le socialisme, il reste néanmoins en sa qualité de Juif, avec ses frères de race, hors du socialisme et quand tout l'avoir de l'Europe sera pillé, il ne restera que la banque juive.* » (*Journal d'un écrivain*, Passim, 1880)

VICTOR HUGO

À propos de Waterloo, qui fit la fortune de Rothschild, « *Vieillard, chapeau bas, ce passant fit sa fortune à l'heure où tu versais ton sang. Il jouait à la baisse et montait à mesure que notre chute était plus profonde et plus sûre. Il fallait un vautour à nos morts, il le fut.* » (La défaite de Waterloo fut à l'origine de la fortune de Rothschild)

WAGNER

« *Le plus urgent est de nous émanciper de l'oppression juive. Je tiens la race juive pour l'ennemi-né de l'humanité et de tout ce qui est noble. Il est certain que les Allemands notamment vont périr par elle. Peut-être suis-je le dernier Allemand qui a su s'affirmer contre le Judaïsme qui tient déjà tout sous sa coupe.* »
(*Lettre à Louis II de Bavière*, 1881)

ÉDOUARD DRUMONT

« *Quand le Juif monte, la France baisse, quand le Juif baisse la France monte. La Haute Banque, la Franc-Maçonnerie, la Révolution cosmopolite, toutes trois aux mains des Juifs, concourent au même but par des moyens différents. On trouve toujours un Juif prêchant le socialisme ou le communisme, demandant qu'on partage le bien des anciens habitants, pendant que leurs coreligionnaires arrivés nu-pieds, s'enrichissent et ne se montrent aucunement disposés à partager quoi que ce soit. Je n'ai pas l'intention de remuer toutes les immondices du journalisme juif, de rappeler toutes les injures, toutes les ignominies qu'ils ont versées sur les Chrétiens… Des chefs-d'œuvre chrétiens sont laissés dans l'ombre, mais on bat la grosse caisse au contraire pour tout ce qui porte la marque juive.*

Le malheur du Juif est qu'il dépasse toujours un point presque imperceptible qu'il ne faut pas franchir avec le Goy. Au Goy, on peut tout faire, mais il faut éviter de l'agacer. Il se laissera dérober tout ce qu'il possède mais, tout d'un coup, entrera en fureur pour une simple rose qu'on veut lui arracher. Alors, soudain réveillé, il comprend tout, ressaisit l'épée qui traînait dans un coin, tape comme un sourd et inflige au Juif qui l'exploitait, le pillait, un de ces châtiments dont l'autre porte la trace pendant trois siècles… Il disparaît, s'évanouit dans un brouillard, se terre dans un trou où il rumine une nouvelle combinaison pour recommencer... ». (*La France juive*, 1886)

EDMOND DE GONCOURT

« *A moi qui depuis 20 ans crie tout haut que si la famille Rothschild n'est pas habillée en jaune, nous serons très prochainement domestiqués, ilotisés, réduits en servitude...lorsque nous avons publié Manette Salomon, le mot d'ordre a été donné dans la presse juive de garder le silence à tout jamais sur nos livres...* » (*Journal*, avril 1886)

GUY DE MAUPASSANT

« *A Bou-Saada, on les voit accroupis en des tanières immondes, bouffis de graisse, sordides et guettant l'Arabe, comme l'araignée guette la mouche. Il l'appelle, essaie de lui prêter cent sous contre un billet qu'il signera. L'homme sent le danger, hésite, ne veut pas, mais le désir de boire et d'autres désirs encore, le tiraillent. Cent sous représentent pour lui tant de jouissances ! Il cède enfin, prend la pièce d'argent et signe le papier graisseux. Au bout de six mois il devra dix francs, au bout d'un an vingt francs, au bout de trois ans, cent francs. Alors le Juif fait vendre sa terre, son cheval, son chameau, son bourricot, ce qu'il possède enfin. Les chefs caïds, aghas, ou bachaghas, tombent également dans les griffes de ces rapaces qui sont le fléau, la plaie saignante de notre colonie, le grand obstacle à la civilisation et au bien-être de l'Arabe.* » (*Au soleil*, 1887)

JULES VERNE

« *Ils pratiquent le métier de prêteur avec une âpreté inquiétante pour l'avenir du paysan roumain. On verra peu à peu le sol passer de la race indigène à la race étrangère. Si la Terre promise n'est plus en Judée, peut-être figurera-t-elle un jour sur les cartes de Transylvanie.* » (*Le Château des Carpates*, 1892)

ADOLPHE HITLER

« *La France est et reste l'ennemi que nous avons le plus à craindre. Ce peuple qui tombe de plus en plus bas au niveau des nègres, met sourdement en danger, par l'appui qu'il prête aux Juifs pour atteindre leur but de domination universelle, l'existence de la race blanche en Europe.* » (*Mein Kampf*, 1924)

GEORGES SIMENON

« *Tout se tient, tout se précise. Les Juifs dans leur rage de destruction et aussi dans leur soif du gain, ont enfanté le bolchevisme. Ainsi la pieuvre juive étend ses tentacules dans toutes les classes de la société.* » (*Le Péril juif*, Gazette de Liège, 1921)

JEAN GIRAUDOUX

« *Les Juifs apportent là où ils passent, l'à-peu-près, l'action clandestine, la concussion, la corruption et sont des menaces constantes à l'esprit de précision, de bonne foi, de perfection, qui était celui de l'artisanat français.* » (1940)

LUCIEN REBATET

« *Je quittais mes papiers et mes livres. Je repartais à travers Paris. J'y retrouvais étalés partout, les signes les plus impudents de la souveraineté juive. Les Juifs savouraient tous les délices, chair, vengeance, orgueil, pouvoir. Ils couchaient avec nos plus belles filles. Ils accrochaient chez eux les plus beaux tableaux de nos plus grands peintres. Ils se prélassaient dans nos plus beaux châteaux. Ils étaient mignottés, encensés, caressés. Le moindre petit seigneur de leur tribu avait dix plumitifs dans sa cour pour faire chanter ses louanges. Ils tenaient dans leurs mains nos banques, les titres de nos bourgeois, les terres et les bêtes de nos paysans. Ils agitaient à leur gré, par leur presse et leurs films, les cervelles de notre peuple. Leurs journaux étaient toujours les plus lus, et il n'y avait plus un cinéma qui ne leur appartînt pas.*

Ils possédaient leurs ministres au faîte de l'État. Du haut en bas du régime, dans toutes les entreprises, à tous les carrefours de la vie française, dans l'économique, dans le politique, dans le spirituel, ils avaient un émissaire de leur race, posté, prêt à retenir la dîme, à intimer les vétos et les ordres d'Israël. L'Église elle-même leur offrait son alliance et lui prêtait ses armes. Ils avaient toute liberté de couvrir leurs ennemis de boue et d'ordures, d'accumuler sur eux les plus mortels soupçons. Les Juifs n'avaient rien acquis que par le vol et la corruption. Plus ils étendaient leur pouvoir et plus la pourriture gagnait avec eux. » (*Les Décombres*, 1942)

PAUL MORAND

« *Je demande seulement pour nos compatriotes une place, une toute petite place dans le cinéma national. En défendant les Français, je revendique simplement pour eux le droit des minorités.* » (*France la doulce*, 1934)

MARCEL AYMÉ

« *Nous communions avec le marxisme intégral, parce qu'il est l'arme de notre nationalisme. Le marxisme, direz-vous, est aux antipodes du capitalisme qui nous est également sacré. C'est précisément parce qu'ils sont aux antipodes l'un de l'autre qu'ils nous livrent les deux pôles de la planète et nous permettent d'en être l'axe.* » (cité dans « *Genève contre la paix* », 1936, par le comte de Saint-Aulaire, ambassadeur de France, qui rapporte les propos d'un grand banquier juif de New York)

PIERRE-ANTOINE COUSTEAU

Le frère du commandant Cousteau a écrit ceci : « *Et tout de suite, on a pu constater que la conquête de l'argent par les ploutocrates Juifs n'allait pas sans la conquête des masses par les agitateurs juifs. Toujours ce même dualisme dont l'expression la plus parfaite est aujourd'hui l'alliance de Wall Street et du Kremlin.* » (*L'Amérique juive*, 1942)

LOUIS FERDINAND CÉLINE

« *Notre République française n'est plus qu'une énorme entreprise d'avilissement, de négrification des Français sous le commandement juif. Le Blanc recherche avant tout l'artificieux, l'alambiqué, la contorsion afro-asiatique. Tous les films français, anglais, américain, c'est-à-dire Juifs, sont toujours infiniment tendancieux. Ils n'existent et ne se propagent que pour la plus grande gloire d'Israël. Cela sous divers masques : Démocratie, égalité des races, haine des « préjugés nationaux », marche du progrès, l'armée des bobards démocratiques en somme. Leur but strict est d'abrutir le Goy toujours davantage, de l'amener le plus vite possible à renier ses traditions, ses tabous, ses religions, à lui faire abjurer tout son passé, sa race, son rythme au profit de l'idéal juif.*

Le coup du Juif traqué, martyr, prend encore immanquablement sur ce con de cocu de Goy. La petite histoire lamentable du persécuté juif, la jérémiade juive, le fait toujours mouiller. Infaillible ! Seuls les malheurs du Juif le touchent à coup sûr. Il avale tout. Quand le pillard Juif crie au secours, la poire goy sursaute d'emblée. C'est ainsi que les Juifs possèdent toute la richesse, tout l'or du monde. L'agresseur hurle qu'on l'égorge ! : le truc est vieux comme Moïse.

La musique moderne n'est qu'un tam tam de transition. C'est le Juif qui nous tâte pour savoir à quel point nous sommes dégénérés et pourris, notre sensibilité aryenne négrifiée. Alors, nous ayant robotisés, ils nous refilent des camelotes de traite bien assez bonnes pour nos sales viandes d'esclaves. Qui s'en soucie ? Le monde n'a plus de mélodie. C'est encore le folklore, les derniers murmures de nos folklores qui nous bercent. Après ce sera fini, la nuit. Et le tam tam nègre… ». (*Bagatelle pour un massacre*, 1937)

J'ai réservé bien moins de place aux Goyim qu'aux Juifs pour converger vers la même lucidité.

En effet, à notre époque de zombisme, ce que les Juifs disent est plus convaincant…

Il n'y a plus rien à ajouter à tout cela : à moins d'un miracle, à moins de la suppression radicale de la circoncision primo-pubertaire, nous allons vers un cataclysme où Juifs et Goyim seront exterminés.

Laissons un dernier mot à Dostoïevski, et voyons si l'involution que nous vivons n'a pas été prévue par des esprits supérieurs au siècle dernier. Voilà ce que disait Dostoïevski il y a environ un siècle : « *Leur royaume est proche, leur royaume complet. Il vient le triomphe des idées devant lesquelles ne soufflent plus mot les sentiments d'humanité, la soif de vérité, les sentiments chrétiens, nationaux, et même les sentiments de fierté populaire des peuples d'Europe. Ce qui vient au contraire, c'est le matérialisme, la soif aveugle et rapace du bien-être matériel personnel, la soif de l'accumulation de l'argent par tous les moyens, voilà tout ce qui est considéré comme un but suprême, comme la raison, comme la liberté, au lieu de l'idéal chrétien du salut par le seul moyen de la plus étroite union morale et fraternelle entre les hommes. On en rira...*

Tous ces Bismarck, Beaconsfield (Disraeli), la République française, Gambetta et autres, tous, ils ne sont pour moi qu'une apparence : Leur maître comme celui de tout le reste et de toute l'Europe, c'est le Juif et sa banque. Nous verrons encore le jour où il prononcera son veto et Bismarck sera impitoyablement balayé comme un fétu de paille. Le Judaïsme et la banque règnent maintenant sur tout,[69] *tant sur l'Europe que sur l'instruction publique, sur toute le civilisation et particulièrement sur le socialisme, car avec son aide, le judaïsme*

---

[69] Cela est exact mais il y a plus qu'une nuance : Dostoïevski pouvait encore le dire et le publier. Les médias n'étaient pas encore entièrement contrôlés par les Juifs comme aujourd'hui, de même que la Justice. Aujourd'hui, médias, comme gouvernement et Justice sont entièrement contrôlés par eux. Le fait qu'un ministre de la Justice soit Juif en 1981(Badinter), est un symbole définitif. Il n'y a plus aucune liberté : au nom de lois racistes déguisées en « antiracistes » Dostoïevski serait inculpé. S'il était Juif, comme Wilhelm Marr, il serait soumis à des commissions psychiatriques : Cela est un fait.

arrachera avec la racine, le Christianisme et la culture chrétienne. Et si de cela rien ne sort, sinon l'anarchie, alors à la tête se trouvera encore le Juif, car bien que prêchant le socialisme, il restera néanmoins en sa qualité de Juif, avec ses frères de race, hors du socialisme, et quand tout l'avoir de l'Europe sera pillé, alors seule la banque juive subsistera. Les Juifs mèneront la Russie à sa perte. »

Ce texte fut écrit en 1880. C'est-à-dire il y a environ 120 ans.

L'HOLOCAUSTE SHERLOCKHOLMISÉ

Les Juifs ont subi de nombreux et douloureux pogroms. C'est de leur faute incontestablement, mais la douleur qu'ils ont subie est gigantesque. Pourquoi avoir inventé le mensonge de l'Holocauste hitlérien, véritable ineptie arithmético-technique ? Incorrigibles, il s'agit d'une escroquerie fantastique qui permet en culpabilisant tout le monde, (sans jamais parler des dizaines de millions de victimes des Juifs par le Bolchevisme), d'extorquer un maximum d'argent à toutes les nations possibles.

Mettons au point ce pseudo-holocauste en le sherlockholmisant :

A-t-on connaissance dans l'histoire humaine d'une seule ethnie qui ne se réjouirait pas en apprenant que dans une guerre terminée cinquante années auparavant, elle avait subi infiniment moins de pertes qu'elle ne le pensait ? Celui qui le découvrirait ne serait-il pas fêté, récompensé pour une si réjouissante nouvelle ? Serait-il accablé d'énormes amendes ? Tenterait-on de l'assassiner comme on a tenté d'assassiner le professeur Faurisson ? Une telle réaction ne ressortit-elle pas à une patente psychopathologie ?

Les squelettes vivants que l'on voit dans des films comme « *Nuit et Brouillard* » d'Alain Resnais, ont-ils quoi que ce soit à voir avec des « gazages » ? Ne sont-ils pas réduits à cet état par l'impossibilité d'approvisionnement des camps du fait des bombardements par l'aviation anglo-américaine, réduisant en cendres les villes allemandes de plus de cent mille habitants, holocaustant des centaines de milliers de femmes et d'enfants dont on ne parle jamais ?

Où se seraient trouvés les six millions pendant la période holocaustienne intensive de 1943-44, alors qu'un seul camp ne pouvait contenir plus de soixante mille détenus, et que, officiellement, Claude Lanzmann affirme lui-même qu'il n'y a pas eu de gazage au cyclon B ailleurs qu'à Auschwitz. Quant à des gazages massifs avec d'autres gaz, il n'en a jamais été question, et il n'y a à ce sujet aucune preuve.

Que valent les « *témoins* » alors que tout le monde connaît la manière dont furent obtenus les témoignages au procès de Nuremberg, comme celui du commandant Hoess, dont l'absurdité est désormais légendaire, alors qu'il existe cent témoignages de gazages à Dachau, où il est officiel qu'il n'y a jamais eu de chambres à gaz ?

Il faut 130 kg de charbon pour passer un corps à la crémation. On nous a dit que les Allemands en brûlaient 1 300 par jour. L'aviation américaine a pris, pendant la durée officielle de l'Holocauste, des centaines de photographies d'Auschwitz. Pourquoi n'y voit-on sur aucune photo d'immenses volutes de fumée noire, ni de gigantesques tas de charbon nécessaire ?

Pourquoi radio, films, télévision presse continuent à nous infliger quotidiennement le mythe des « Six millions — chambres à gaz », selon la technique juive de la jérémiade, poursuivant cinquante ans après, des nonagénaires qui avaient tenté de sauver l'Allemagne de l'iniquité du Traité de Versailles, de la pourriture de la République de Weimar, de l'effondrement de la jeunesse allemande, d'un chômage de six millions de personnes en rendant du pain au 215 001 personnes qui dépendaient d'eux ?

Pourquoi l'*American Jewish Year Book*, à la page 666 de son numéro 1943, nous informe-t-il qu'en Europe occupée, il y avait en 1941, 3.300.000 Juifs ?

Comment les chambres à gaz auraient-elles pu jouxter des fours crématoires alors que le cyclon B est un gaz hyperinflammable ?

Pourquoi persécute-t-on les historiens révisionnistes qui démontrent l'imposture de la Shoa, alors qu'un dialogue scientifique réclamé depuis 1980, sur un problème essentiellement arithmétique et technique, de caractère primaire, fixerait définitivement la vérité, fermant ainsi la bouche de tout le monde, comme ce fut le cas pour Katyn grâce au révisionniste Gorbatchev ?

Comment le cyclon B, acide cyanhydrique, pourrait-il permettre de gazer mille personnes à la fois, alors que la chambre à gaz américaine, pour un condamné à mort (maximum 2) est d'une complexité et d'un coût inouïs ? Pourquoi au procès de la DEGESH, en 1949, a-t-il été affirmé que de tels gazages étaient impossibles et impensables ?

Pourquoi le rapport de Fred Leuchter, un ingénieur chargé de la maintenance des chambres à gaz aux États-Unis, a-t-il dans une expertise affirmé l'inexistence de gazages à Auschwitz ?

Pourquoi le Rapport Rudolf, qui confirme le résultat du Rapport Leuchter, est-il interdit ? Pourquoi ceux qui le divulguent sont-ils condamnés en justice, sans que l'on se soucie de la qualité et de l'exactitude de ce rapport ?

Pourquoi a-t-on annulé (pour la première fois dans l'Histoire) la thèse d'Henri Roques sur le *Rapport Gerstein*, un document qui fut refusé au procès de Nuremberg, alors que le célèbre historien et ministre socialiste Alain Decaux a déclaré dans son livre (« *La guerre absolue* », 1998) : « *J'ai admiré la perfection du véritable travail de chartiste auquel M. Roques s'est livré.* » (Dans sa thèse de doctorat sur le Rapport Gerstein).

Pourquoi Raymond Aron et François Furet ont-ils affirmé, à un colloque en Sorbonne où aucun révisionniste ne fut invité, (sans doute par probité intellectuelle, et liberté démocratique), qu'il n'existe pas la moindre trace ni orale ni écrite quant à un ordre d'extermination des Juifs ? Pourquoi ne parle-t-on jamais du projet d'extermination des Allemands, par stérilisation générale, tel que planifié dans le livre « *Germany must perish* » (L'Allemagne doit périr) du Juif américain Kaufman ? Il ne s'agit là que d'un petit détail sans doute ?

Pourquoi le cyclon B utilisé par les services d'hygiène en Allemagne depuis les années vingt aurait-il servi à autre chose qu'à l'épouillage des vêtements pour éviter le typhus ? Pourquoi a-t-on trouvé de grandes quantités de cyclon B dans des camps où il est reconnu officiellement qu'il n'y a jamais eu de gazage ?

Pourquoi nous parle-t-on toujours des « Six millions — chambres à gaz » et jamais des 80 millions de goyim exterminés en URSS dans un régime entièrement juif dans lequel les bourreaux carcéraux et concentrationnaires se nommaient : Kaganovitch, Frenkel, Jagoda, Firine, Apetter, Jejoff, Abramovici, Rappaport, etc. ? (une cinquantaine de Juifs).

Pourquoi au procès Zündel au Canada, les célèbres Juifs exterminationnistes ont-ils été jusqu'à se ridiculiser en parlant de « licence poétique » pour justifier des mensonges flagrants, et à ne pas se présenter devant le tribunal aux convocations ultérieures ?

Pourquoi a-t-on besoin de la loi Fabius-Gayssot ? (Laurent Fabius, le Juif, l'homme du sang contaminé, et Alain Gayssot, le communiste, qui traîne derrière lui deux cent millions de cadavres).

N'est-elle pas la preuve suprême de l'imposture, la preuve par neuf, nécessaire et suffisante ? On n'a pas besoin de loi stalino-orwellienne, de loi « *instituant le délit d'opinion* » (le crime de la pensée de « *1984* »), « *le délit de révisionnisme fait reculer le droit et affaiblit l'histoire* » comme disait M. Toubon, peu de temps avant de devenir ministre de la Justice, loi antidémocratique, anti-droit de l'homme, anticonstitutionnelle, pour établir la vérité. Les faits, les arguments, les preuves suffisent. Le professeur Faurisson demande avec ardeur un débat public avec un nombre illimité de contradicteurs et il ne l'a jamais obtenu. L'Abbé Pierre l'a demandé : on a fait semblant de l'accepter, puis on l'a finalement refusé. Un tel forum a eu lieu lors d'une émission diffusée par la télévision du Tessin (Suisse), à

Lugano. Personne ne le sait car les médias aux ordres du lobby juif ne bougent le petit doigt que si ce lobby mondialiste le lui autorise…

Pourquoi, lorsqu'un enseignant déclare que « *l'holocauste de six millions de Juifs exterminés dans des chambres à gaz au cyclon B* » est une ineptie arithmético-technique, est-il immédiatement révoqué, ce qui institue pour la première fois dans l'Histoire, le concept aberrant de dogme historico-religieux passible, en cas de non-adoration perpétuelle du mythe holocaustique, des foudres de l'Inquisition laïque ?

Pourquoi, dans son numéro de janvier 1995, l'*Express* a-t-il affirmé que « *la chambre à gaz montrée depuis des décennies dans le camps d'Auschwitz I était une reconstruction d'après-guerre, dans son état original et que tout ce qui la concernait était faux ?* »

Conclusion : il y a bien eu un holocauste de 60 millions de personnes dans une guerre déclarée en 1933 par les Juifs à Hitler. Ce dernier avait tiré six millions de travailleurs du chômage et donné du pain aux 21.500.000 personnes qui dépendaient d'eux. Il avait rejeté la dictature du dieu dollar, et le totalitarisme juif, pollueur de l'homme et de la planète, appelé « démocratie » par mystification sémantique. Il n'existe plus désormais que deux partis : le mondialisme, judéopathie totalitaire, exterminatrice de l'homme et de la planète, et le nationalisme des Goyim qui ne sont pas encore totalement nécrosés par l'influence capitalisto-marxiste juive.

Jean François Kahn s'en prend dans l'hebdomadaire « *Marianne* » aux bureaucrates du Congrès Juif Mondial. Il écrit à propos de la conférence sur la spoliation des biens

juifs qui s'est achevée le 2 décembre 1998 à Washington :
« *Ils ont réduit la Shoah à un marché financier. Ainsi la victime type de la barbarie nazie, l'objet premier du plus effroyable génocide de ce temps[70] n'était ni l'ouvrier exploité de Cracovie, ni l'humble artisan de Lodz, ni le fonctionnaire subalterne de Kiev, ni le petit commerçant de la rue des Rosiers, ni l'artisan inconnu de Riga, mais le milliardaire cosmopolite qui collectionnait des Rembrandt et des Rubens, dormait sur un tas de lingots d'or, faisait fructifier son immense fortune en Suisse, souscrivait un peu partout de confortables polices d'assurance et envoyait ses enfants faire carrière aux États-Unis. Ce puissant lobby d'oligarques américains n'a pas honte de réduire la Shoah à une affaire de gros sous* ».

Si Faurisson avait osé dire cela, il aurait eu un procès de plus intenté par une justice asservie à ces oligarques…

Je donnerai le dernier mot de cette partie à l'écrivain Paul Chevallet, auteur du remarquable ouvrage « *Urnocratie* » :

« *Le Mondialisme dévastateur est Juif dans son essence. Les Juifs en sont les inventeurs et les profiteurs, au grand dam de l'humanité entière. L'article 131 du Traité d'Amsterdam précise :*

« *La politique commerciale commune doit contribuer, conformément à l'intérêt commun (sic), au développement harmonieux du commerce mondial, à la disparition progressive des restrictions, aux échanges internationaux et à la réduction des barrières douanières.* »

---

[70] Ce journaliste juif ignore ou feint d'ignorer les réalités arithmético-techniques de ce pseudo-holocauste, mais ce qu'il dit n'en est pas moins courageux et exceptionnel.

Il saute aux yeux pour quiconque réfléchit encore que cet article 131 est fondamentalement inspiré par les spéculateurs apatrides du type Soros. Il n'est en effet nullement question de fabrication ou de production, mais exclusivement de développement commercial, de disparition de restrictions aux échanges internationaux et de barrières douanières !

Il est parfaitement clair qu'il faut mondialement favoriser, non pas ceux qui travaillent, mais ceux qui profitent du travail des autres (CQFD) ! Tous les États sont aujourd'hui orientés et dirigés, dans tous les secteurs par les Juifs. Le système est suicidaire à terme, à l'échelle de l'humanité. Les maîtres sont tellement obnubilés par l'or, qu'ils ne se rendent pas compte qu'il faut avant tout préserver l'eau potable pour la survie de tous !

Ainsi nous constatons simplement ces faits indiscutables, mais nous gardons bien de les dénoncer car, bien au contraire, nous éprouvons une profonde jubilation à l'idée qu'approche la Fin des Temps annoncée par les Écritures.

« *Depuis 5000 ans, nous parlons trop : paroles de mort pour nous et pour les autres* ». (George Steiner, Juif).

COMPLÉMENT À PROPOS DE L'ONU

Comme l'ancienne Société des Nations, L'Organisation des Nations Unies est radicalement juive. On trouvera ici les noms de la haute bureaucratie du gouvernement mondial de Flushing Meadows, à New York. Les bureaucrates sont aussi juifs que leurs directeurs occultes.

Ce que l'on peut dire sans erreur, c'est que l'ONU qui veut agir comme un super gouvernement mondial composé de Juifs, de Francs-Maçons, de gauchistes pour diriger les peuples qui ne sont pas encore sous la dictature socialo-communiste.

Nous avions appris par des journaux juifs eux-mêmes, que le tiers de tous les Juifs des pays sous contrôle communiste, soit environ quatre millions, forment la direction principale et la bureaucratie des pays emprisonnés dans l'enfer rouge communiste. La même proportion contrôle l'ONU.

En un mot, l'Est comme l'Ouest sont sous la férule des circoncis.

Il n'est pas possible de nommer tous les Juifs incrustés dans les délégations politiques des divers pays réunis à l'ONU, il faudrait pour cela imprimer un énorme bottin. Il en est de même pour les innombrables bureaucrates juifs d'importance mineure : il ne s'agira ici que de donner une idée non exhaustive des dirigeants importants de l'organisme permanent de l'ONU.

SECRÉTARIAT GÉNÉRAL

- ➢ Dr H. S Bloch, chef de la section des armements.
- ➢ Antoine Goldet, directeur du département des affaires économiques.
- ➢ David Weinstraub, directeur de la division de la stabilité et du développement économiques.
- ➢ Karl Lachman, chef de division fiscale.
- ➢ Henri Langier, assistant secrétaire général en charge, département des affaires sociales.

- Dr Léon Steinig, directeur, division des narcotiques.
- Dr E. Schwelb, directeur, division des droits de l'homme.
- H.A. Wieschoff, chef de la section analyses et recherches, département de fiducie des peuples non autonomes.
- Benjamin Cohen, assistant secrétaire général en charge du département de l'information publique.
- J. Benoit-Lévy, directeur division des films et information visuelle.
- Dr Ivan Kerna, assistant en charge du département légal.
- Abraham H. Feller, aviseur général et principal directeur département légal.
- Marc Schreiber, conseiller légal.
- G. Sandberg, conseiller légal, division de développement et du droit international.
- David Zablodowsky, directeur division de l'imprimerie.
- Georges Rabinovitch, directeur division des interprètes.
- Max Abramovitch, sous-directeur de l'office de planification.
- P. C. J. Kien, chef de la section des comptes généraux.
- Mercedes Bergman, officier exécutif, bureau du personnel.
- Paul Radzianka, secrétaire du bureau des appels.
- Dr A. Singer, officier médical en charge de la clinique de santé.

CENTRE D'INFORMATION

➢ Jarzy Shapiro, directeur du centre d'informations de l'ONU à Genève.
➢ B.Leitgeber, directeur du centre d'informations de l'ONU à la Nouvelle Delhi, Inde.
➢ Henri Fast, directeur du centre d'informations de l'ONU, Shanghaï, Chine.
➢ Dr Julius Stawinski, directeur du centre d'information de l'ONU, Varsovie.

BUREAU INTERNATIONAL DU TRAVAIL (BIT).

➢ David.A. Marse (Moscovitch), directeur général du BIT à Genève.
➢ Des quatre membres qui gouvernent le BIT, trois sont Juifs : Altman (Pologne), Finet, (Belgique), Zellerbach, (USA).
➢ V.Gabriel-Garces, délégué pour l'Équateur, attaché au bureau du BIT.
➢ Jan Rosner, correspondant pour la Pologne, attaché au bureau du BIT.

ORGANISATION POUR L'ALIMENTATION ET L'AGRICULTURE (FAO)

➢ André Mayer, premier vice-président.
➢ A.P Jacobsen, représentant du Danemark.
➢ E. de Vries, représentant des Pays-Bas.
➢ M.M. Libman, économiste, section des engrais.
➢ Gerda Kardos, chef, section des fibres.
➢ B. Kardos, économiste, section des produits divers.
➢ M. Ezechiel, chef de la section d'analyse économique.

➤ J.P. Kagan, officier technique, section de coupe de bois et équipement.
➤ M.A Huberman, officier technique, section des lois, direction et organisation à la division des forêts et produits forestiers.
➤ J. Meyer, officier technique, division de nutrition.
➤ F. Weisel, division administrative.

Organisation pour l'éducation, la science et la Culture (Unesco)

➤ Alf Sommerfelt et Paul Carneiro, bureau exécutif.
➤ Alf Sommerfelt, président du comité des relations extérieures.
➤ J.Eisenhardt, directeur du conseil international temporaire pour la reconstruction de l'éducation.
➤ Mlle Luffman, chef de la division des tensions.
➤ H.Kaplan, chef du bureau d'information publique.
➤ H Weitz, chef du bureau de gérance administrative et du budget.
➤ S.Samuel Selsky, chef du bureau du personnel.
➤ B.Abramski, chef de la division du logement et voyage.
➤ B.Wermiel, chef de la division du recrutement et placement.
➤ Dr. A Welsky, directeur Asie du Sud, bureau de coopération des sciences appliquées.

Banque Mondiale pour la Reconstruction et le Développement

- Léonard B. Rist, directeur économique.
- Leopold Scmela, membre du bureau des gouverneurs, représentant de la Tchécoslovaquie.
- E. Polak, membre du bureau des gouverneurs, représentant de la Tchécoslovaquie.
- M De Jong, bureau des gouverneurs, représentant les Pays Bas.
- Pierre Mendès-France, membre du bureau des gouverneurs, représentant de la France.
- M Bernales, membre du bureau des gouverneurs, représentant le Pérou.
- M. M. Mendels, secrétaire.
- Abramovic, membre du bureau des gouverneurs, représentant la Yougoslavie.

Fonds monétaire international (FMI)

- Josef Goldman, bureau des gouverneurs, représentant de la Tchécoslovaquie.
- Pierre Mendès-France, membre du bureau des gouverneurs, représentant de la France.
- Camille Gutt, président du directorat exécutif et directeur gérant du FMI.
- Louis Rasminsky, directeur exécutif pour le Canada.
- W. Kaster, directeur alternatif pour les Pays Bas.
- Louis Altman, assistant du directeur gérant.
- E.M. Bernstein, directeur du département de recherches.
- Joseph Gold, conseiller senior.
- Lee Levanthal, conseiller senior.

Organisation Mondiale des Réfugiés

➢ Mayer Cahen, directeur général département du bien-être et de l'entretien.
➢ Pierre Jacobsen, directeur général département rapatriement et re-établissement.
➢ R.J. Youdin, directeur division du rapatriement.

ORGANISATION MONDIALE DE LA SANTÉ (OMS)

C'est le Dr Chishlam, ancien ministre fédéral au Canada, qui en est le président.

Ce médecin, parlant d'autorité sur la santé mentale, disait à la radio canadienne qu'on détraque le cerveau des enfants en leur enseignant les notions de bien et de mal, en leur racontant les légendes du Christianisme.

On voit que l'ONU a trouvé le Juif le mieux qualifié du monde pour la santé physique et mentale de l'humanité.[71]

➢ Z. Deutschnobb, chef de la section technologique.
➢ G. Mayer, chef de la section des traductions.
➢ Dr.N. Goodman, directeur général du département des opérations.
➢ M. Siegel, directeur de l'administration de la finance.
➢ A. Zorb, directeur section légale.

ORGANISATION MONDIALE DU COMMERCE (OMC)

---

[71] On voit là un exemple patent parmi un Niagara d'exemples, de l'éradication du sens moral que produit la circoncision au 8ème jour et qui va nourrir à travers les siècles l'antisémitisme avec des pouvoirs spéculatifs non contrôlés par le sens moral.

➢ Max Suetens, président de la commission intérimaire du commerce international.

Union Internationale des Télécommunications (UIT)

➢ P.-C de Wolfe, membre américain du conseil d'administration.
➢ Gerry C. Cross, assistant secrétaire général.
➢ H.B.Rantzen, directeur service des télécommunications pour l'ONU.
➢ A.G.Berg, organisation internationale de l'aviation civile : chef de section de l'enviolabilité (« airworthiness »). Ajoutons à cela que le colonel A.G. Katzin représentait l'ONU pour la guerre en Corée.
➢ Georges Movshon, officier d'information pour l'ONU en Corée.
➢ Ernest A. Cross député représentant des USA à l'ONU.
➢ Isador Lubin est représentant américain à la Commission d'économie et d'embauche.
➢ Julius Katz-Sachy est délégué permanent de la Yougoslavie à l'ONU.

À noter que l'État d'Israël ne tolère aucun représentant non-Juif dans toutes ses délégations à l'ONU, pas plus que l'American Jewish Committee, le Sionisme international, le Congrès Juif Mondial et autres organisations parasitaires qui se donnent le statut d'États réels, illustration parfaite du non racisme Juif (bon pour les autres !).

Fin de la deuxième partie

TROISIÈME PARTIE
Un texte d'une écrasante vérité attribué à un Juif

Le texte qui suit, publié en 1914, puis en 1934, possède des références précises et un nom d'auteur. L'outrecuidance et l'agressivité de ce texte sont telles que je doute qu'un Juif ait pu les écrire de cette manière. Au niveau de la première partie, la chose est évidente, mais à ce niveau d'action directe, si je puis dire ainsi, les Juifs sont plutôt discrets. Leur discrétion va jusqu'à changer massivement de noms. Je donnerai toutes les références de ce texte avec la réserve qui s'impose et si je le livre, c'est parce que son contenu est rigoureusement exact. Ce texte pourrait appartenir à la catégorie des « *Protocoles des Sages de Sion* » : un faux qui dit vrai.

Non seulement tout y est vrai, mais depuis 1934, date de son ultime publication, tout est dépassé en horreur : guerre mondiale, chômage, désintégration morale, physique, intellectuelle, musiques qui tuent, drogue, pornographie, effondrement écologique, disparitions des espèces animales et végétales, violence, criminalité, etc. Et pour terminer le triomphe du mondialisme rothschildo-marxiste signant l'agonie de la planète.

Voici les références exactes du texte qui va suivre et que je n'ai voulu attribuer ni à mes congénères ni aux Goyim, mais simplement à la vérité depuis longtemps prouvée.

L'auteur serait Isaac Blümchen, né à Cracovie le 14 novembre 1887. (remarquons tout de même que cette nativité de Scorpion correspond bien au texte). Il est fils de Jacob Haïm Blümchen, casquettier, et de Salomé Sticka Pfaff, son épouse. Son oncle Blümchen établi à Leipzig est connu en Saxe et même dans l'Allemagne entière par le Blümchen-Kaffe. Isaac Blümchen vint à Paris en 1904, appelé par l'Alliance Israélite dont le président était Maurice Leven et les frais payés par la Société des Enfants de Cracovie, dont le président était Henri Weinstein, de Maisons-Alfort. Il attendait pour se faire naturaliser Français d'avoir atteint l'âge du service militaire actif. Il prit une part importante à la campagne électorale de 1914 lorsque la guerre lui donna d'autres occupations.

Les livres sous le titre « *Le Droit de la Race supérieure* » et « *A nous la France* » furent publiés en 1914, puis une dernière fois en 1934. Les ouvrages furent déposés à la Bibliothèque Nationale de France en 1913, cote No 8°Lb 57 18013 et Lb57 18012 A.

Les extraits qui suivent ne sont aucunement exhaustifs, car ces deux livres sont, on s'en doute, rigoureusement introuvables...

LE DROIT DE LA RACE SUPÉRIEURE

Enfin le peuple Juif est maître de la France. Les gouvernements et les nations reconnaissent le fait officiellement. Alphonse XIII, roi d'Espagne de la maison de Bourbon est venu en France au mois de novembre 1913. Il est allé chez le Président Poincarré pour une partie de chasse à Rambouillet. Mais il est allé chez notre Édouard de Rothschild pour traiter des affaires de l'Espagne avec la France. Sa majesté catholique le roi d'Espagne, hôte d'un Juif. Charles Quint, Philippe II, Henri IV, n'avaient pas prévu ça.

Lorsque Carlos du Portugal accrochait le grand cordon de l'ordre du Christ au cou d'un Rothschild, il ne prostituait au Juif que son Dieu, mais Alphonse XIII s'est prostitué en personne. Ferdinand, tsar de Bulgarie des maisons d'Orléans et de Cobourg, venant en France pour traiter des affaires de son pays, n'avait pas même rendu visite au Président Fallières : il s'était rendu directement chez notre Joseph Reinach et il y avait trouvé tous les ministres de la République.[72]

Notre conquête est désormais un événement accompli.

J'ai expliqué (voir la suite du texte), *que nous ne voulions pas faire sortir de France les Français, comme l'ont dit témérairement quelques-uns des nôtres exaltés par la victoire. Nous ne supprimons que les Français rebelles à notre domination, c'est-à-dire une poignée d'énergumènes. La masse docile et laborieuse des indigènes nous est nécessaire comme les ilotes étaient nécessaires aux Spartiates en Laconie et que les Hindous sont nécessaires aux Anglais en Hindoustan. Il nous suffit de tenir en mains les rouages directeurs du pays et d'exercer le commandement. Nous pouvons l'exercer au grand jour. Pendant les trente premières années de la République, nous*

---

[72] Lorsque la police de la République se décida à perquisitionner chez Reinach, le bandit des chemins de fer du sud du Panam et des lits militaires, elle y trouva des dossiers diplomatiques que le ministère des affaires étrangères avait refusé de communiquer à la commission parlementaire en raison de « secret d'état ».
Nos secrets sont bien gardés chez les Reinach de Frankfort sur Mayn (note du traducteur).

avons dissimulé notre puissance et nos progrès ; avec le XXème siècle, l'ère juive s'est ouverte. Nous régnons et nous entendons que le monde le sache. Nous régnons sur la France en vertu du même droit qu'ont invoqué les Européens pour anéantir les Peaux-Rouges, et pour asservir les Cafres ou les Congolais. Le droit de la race supérieure sur une race inférieure. C'est une loi de la nature. La supériorité de la race juive et son droit à la domination sont établis par le fait même de cette domination. Les vaincus s'inclinent devant l'évidence.

L'indigène français ne manque pas d'une certaine intelligence. Il commence à comprendre ce qu'il peut gagner en acceptant l'inévitable. Il sollicite nos enseignements, nos conseils, nos impulsions, dans tous les ordres d'activité politique, économique, artistique, philosophique, littéraire.

C'est à l'école primaire, au lycée, à la Sorbonne, dans les grands établissements d'enseignement supérieur que se forment toutes les classes de la nation, que la plèbe acquiert les quelques notions sur lesquelles elle vivra toute sa vie, et que la bourgeoisie acquiert les idées qu'elle tient ensuite pour définitives. Sagement, nous nous étions emparés de l'instruction publique à tous les degrés avant de démasquer notre dessin politique. L'Université, ses conseils, ses programmes sont entre nos mains. Les plus modestes manuels de l'école primaire comme les chaires les plus orgueilleuses des facultés subissent notre censure. A l'École Normale Supérieure comme à Polytechnique, nos hommes contrôlent tout, décident de tout. Une grande partie des éditeurs qui publient les livres scolaires sont Juifs et les professeurs indigènes qui travaillent à leurs gages doivent se conformer à notre pensée. La Sorbonne entière nous est dévouée, le Collège de France tremble devant nous. Dans la scandaleuse affaire Curie, les pontifes et les maîtres de la culture « française » ont fait bloc contre la mère de famille pour servir notre sœur Salomé Slodowska.

Nous avons expurgé l'histoire de France de ses fastes. Par notre volonté les indigènes Français ignorent ou renient les siècles de leur passé qui précédèrent notre avènement. Ils croient que la France était plongée dans la barbarie, le fanatisme, la servitude, la misère avant l'époque où les Juifs affranchis se dévouèrent à l'affranchir. L'histoire de France n'est plus que l'histoire de la conquête de la France par Israël, commençant par l'intervention des loges maçonniques à la fin du XVIIIème siècle, s'achevant en apothéose au XXème siècle. En même temps que nous effaçons des programmes ou que nous supprimons de l'enseignement effectif ces inutiles légendes, ces absurdes réveils du passé, disait Joseph Reinach en 1895, nous proscrivons ce que les Français appelaient naïvement l'Histoire Sainte, c'est-à-dire l'histoire de nos tribulations, le tableau de nos superstitions, le récit de nos fureurs et la mémoire de nos origines.

Interrogez à l'arrivée de la classe dans les casernes, les conscrits français qui composeront bientôt le corps électoral : ils diront volontiers que Louis XI était le père de Louis XII et le grand-père de Louis XIV, tous tyrans imbéciles, lubriques et féroces, ou que Jeanne d'Arc fut un général de Napoléon. Ils ne vous diront jamais, car ils l'ignorent, que les Juifs arrivent de Palestine par les ghettos de Russie et d'Allemagne, car deux cent mille instituteurs surveillés de près leur enseignent qu'un Juif est un Normand, un Provençal, un Lorrain de religion particulière aussi bon et vrai français que les autochtones.

Nous avons ouvert à Paris une école des Hautes Études Sociales pour enseigner à la jeunesse bourgeoise la morale, la philosophie, la pédagogie, la sociologie, le journalisme, et tout ce qui touche à la vie publique. Les administrateurs, avec un général qui porte le nom prédestiné de Bazaine, se nomment Théodore Reinach et Bernard, le conseil de direction comprend nos Juifs, Eugène Sée, Felix Alcan, Dick May (Juive, secrétaire générale), Diehl, Durkheim, Joseph Reinach, Felix Michel.

Les Professeurs pour l'année 1913-14 (avec quelques indigènes dont la soumission aveugle nous est garantie), se nomment : Théodore Reinach, Léon Friedel, Cruppi-Crémieux, Dwelshauvers, Hadamard, Brunschwig, Milhaud, Meyerson, Blaringhem, Rosenthal, Lévy-Wogue, Gaston Raphaël, G. Bloch, Hauser, Mantoux, Moch, Worms, Yakchtich, Weyll-Raynal, Lévy-Schneider, Bergmann, Zimmermann, Rouff, Léon Cahen, Caspar, Georges-Cahen, Bash, Mandach, Boas-Boasson, Mortier, Bluysen, Elie May, Edmond Bloch, etc.

Tous remplissent des fonctions importantes, des postes de commandement, dans la haute université ou dans les administrations centrales. Nous a-t-on assez jeté à la face autrefois le nom de nos ghettos ! Eh bien, nous avons fait de la Sorbonne un ghetto, de l'Université un ghetto, des grandes écoles françaises autant de ghettos. C'est dans le ghetto des Hautes Études Sociales que les jeunes français de la classe aisée ou riche viennent apprendre à penser, apprendre à vivre la vie publique, modeler leur pensée sur la pensée juive, abolir leurs instincts héréditaires devant la volonté juive, s'exercer au seul rôle que nous leur permettons d'ambitionner : celui de zélés serviteurs, de parfaits valets d'Israël !

Mais nos jeunes Juifs gardent toujours la préséance. Quand Lévy-Brühl, président les juris de philosophie, décerne les diplômes à la Sorbonne, il nomme d'abord les élèves Abraham,

Durkheim, Flilgenheimer, Gintzberg, Lambrecht, Kaploum, Lipmann, Guttmann et Spaler et ensuite les indigènes.

Notre Joseph Reinach est vice-président de la commission de l'armée, de la commission chargée de fouiller les archives de la Révolution, de la commission chargée d'explorer les documents diplomatiques du Second empire, et d'éclairer les causes de la guerre franco-allemande. Tous les secrets militaires, tous les dossiers historiques sont à la merci de Joseph Reinach.

Quant Joseph Reinach descend de la tribune parlementaire où il vient de régler l'organisation de l'armée française, Théodore Reinach lui succède (11 novembre 1913) *pour défendre les vieilles églises de France contre le vandalisme des indigènes.*

Au congrès de l'enseignement, c'est Théodore Reinach qui propose contre les pères de famille indigènes des déchéances civiques, politiques, et des peines infamantes, s'ils ne livrent pas leurs enfants à l'instituteur approuvé d'Israël.[73] C'est Théodore Reinach qui prend la peine de rédiger des petits traités de grammaire pour enseigner aux Français leur propre langue. Et Joseph Reinach encore révèle aux lecteurs du Matin (entre Blum, Porto-Rich, Weyll et Saüerschwein), que Corneille est l'auteur de Phèdre. Nous aurions pu dans ces rôles divers employer un plus grand nombre des nôtres.

Nous avons des Herr à l'école Normale, des Carvalho à Polytechnique, des Bloch, Cahen et Lévy dans toutes les chaires

---

[73] Le laïcisme et la démocratie (pseudo), sont les deux moyens nécessaires à l'enjuivement intégral. C'est le moyen radical d'abrutissement et de zombifiage des masses, dont les politiciens de tous les partis de droite et de gauche sont la partie émergée de l'iceberg. Il faut donc imposer ces deux impostures par tous les moyens à partir de l'école maternelle.

supérieures. Mais nous avons pensé qu'il fallait répéter partout les noms de Reinach qui a subi tant d'outrages en diverses conjonctures. Plus les indigènes français montrèrent alors d'insolence, plus il importe de les humilier, de les prosterner devant la famille juive qu'ils avaient osé salir. Lorsque les savants Juifs auront enseigné le français aux indigènes de France, ils leur enseigneront alors l'hébreu et le yiddish, car il faut que les vaincus parlent la langue des vainqueurs. La proposition en a été faite avec beaucoup de raison par l'Univers Israélite et l'Écho Sioniste en octobre 1912. « L'hébreu est une langue classique au même titre que le grec et la République doit créer le baccalauréat hébreu-latin où les candidats pourraient choisir comme textes Isaïe et les Proverbes. Cet enseignement fournirait un travail rémunérateur à nos rabbins de provinces ».

D'autre part, il est logique d'apprendre notre langue aux Français comme les Français apprennent leur langue aux Annamites et aux Malgaches. Cela est même indispensable puisque l'hébreux et le yiddish deviennent la langue des réunions publiques (salle Wagram, présidence Jaurès), des meetings professionnels, (Bourse du travail, convocations spéciales pour l'Humanité) et des campagnes électorales (élections municipales de Paris, IVème arrondissement, candidature socialiste, avec affiches en caractères hébraïques). L'accomplissement de nos desseins souffrirait un fâcheux retard si les Juifs importés d'Allemagne, de Russie, de Roumanie, et du Levant étaient obligés d'apprendre le français. Nous avons besoin qu'ils soient tout de suite à l'abri d'une expulsion, et tout de suite électeurs, éligibles, admissibles aux premières fonctions du pays.[74] C'est

---

[74] J'ai assisté dans mon enfance juive à la naturalisation de nombreux Juifs qui parlaient à peine le Français. Mais cet inconvénient est vite réparé car les Juifs ont un don des langues et il ne leur fallait pas longtemps pour parler parfaitement. J'ai

pourquoi nous avons placé à la direction de la Sûreté Générale comme chef de service des déclarations de résidence, permis de séjour, admissions à domicile et naturalisations notre Grümbach, soigneusement choisi par l'Alliance Israélite.

C'est pourquoi nous avons aussi imposé au Parquet et au Tribunal de la Seine, une procédure spéciale pour les immigrants Juifs. Pour les Juifs, et pour les Juifs seulement, le Tribunal et le Parquet acceptent comme pièce d'identité suffisante, suppléant à tout état civil, un acte de notoriété fabriqué par n'importe quel rabbin et certifié par sept de nos frères. Ainsi nos Juifs prennent en arrivant les noms qui leur plaisent, dissimulent leur passé, leurs condamnations, les raisons pour lesquelles ils cherchent refuge en France. Le Parquet va jusqu'à dispenser les Juifs, et les Juifs seuls, de toute légalisation pour les pièces qu'ils veulent bien produire. Une signature de rabbin qui n'a même pas besoin de prouver qu'il est rabbin, est un talisman devant lequel tout s'incline. Voilà comment nous avons pu installer à Paris une armée de cinquante mille Juifs, ignorant le français, mais citoyens français.

Des circonscriptions électorales presque entières ne parlent que notre langue, en Algérie par exemple, à Paris dans les 3ème, 4ème et 18ème arrondissements. La liste électorale de Constantine se compose pour plusieurs milliers de noms de nos Zaouch, Zemmour, Zammit, Zerbola, Kalfa fils de Simon, Kalfa de Judas, Kalfa d'Abraham, Marchodée d'Abraham,

---

connu une ponte juive en philosophie à la Sorbonne qui malgré un français parfait, avait un épouvantable accent si bien que dans une phrase comme celle-ci, le comique était d'un effet ahurissant : « on m'a accusé d'avoir sartré Heidegger et d'avoir Heidegerrisé Jean Paul Sartre »...

Samuel d'Aaron, Salomon d'Isaac, Chloumou de Simon, Chloumou de Moïse, Elie d'Isaac, etc. Et nos frères qui donnent ainsi à la France ses législateurs et ses ministres (Etienne, Thomson), ne savent pas que le français. Donc les Français doivent savoir le yiddish.

Nous voulons que pour la génération prochaine l'hébreu soit la langue officielle de la France au moins sur le même pied que le dialecte indigène. Dans une thèse approuvée par la Sorbonne et préfacée par le professeur Andler, de la faculté des lettres de Paris, notre docteur Pines a suffisamment établi que le yiddish est une langue littéraire illustrée par nos écrivains « qui ont transformé en diamants les pierres de la route de l'exil » et bien digne de prendre rang à côté du jargon français. La Sorbonne a fait docteur ès lettres notre Pines pour s'associer à sa démonstration.

Il n'y a pas d'instituteurs juifs dans les écoles primaires publiques car le salaire est trop bas. Mais l'état-major de l'enseignement primaire est peuplé de nos hommes. Dans les lycées de Paris comme Janson de Sailly et Condorcet, nos Juifs règlent tout. Jamais nous n'admettrions qu'un Français professât dans une école juive, qu'il enseignât l'histoire d'Israël, et qu'il commentât nos livres saints devant les petits Juifs. Les petits Français, eux, reçoivent les leçons de nos Juifs et sont modelés par la pensée juive.

Notez bien ce trait qui résume la situation de deux races : dans aucune famille française vous ne trouverez de domestiques juifs, de servantes juives. Toutes nos familles Juives sont servies par des domestiques français : la race supérieure servie par la race inférieure.[75] *Arrêtez-vous devant la banque Rothschild rue Laffite ou l'hôtel Rothschild rue de Rivoli et Saint-Florentin : vous y verrez des agents de police en tenue qui veillent sur nos chefs, sur les maîtres de la France. Pas un crime, pas une catastrophe ne les détourneraient un instant de leur devoir. C'est le symbole de la France vouée au service d'Israël.*

Voilà un congrès des Jeunes Républicains qui se réunit. Sur l'estrade, comme hôte d'honneur, nos Reinach, Strauss, Roubinovitch. Les présidents, secrétaires, orateurs, sont nos Juifs Hirsh, Stora, Lévy, Cahen, etc. Les jeunes indigènes écoutent et obéissent. Voici une association de jeunes filles républicaines : au comité, Mlles Klein, Halbwachs.

Aux conférences des Annales, à l'œuvre du Secrétariat féminin, dans les ligues pour le droit des femmes, pour le suffrage des femmes, à la tête des œuvres philanthropiques, et des œuvres pédagogiques, à l'école Normale de Sèvres, de Fontenay, dans toutes les réunions féministes ou féminines de Paris et de province, qui préside, inspire, dirige ?

Nos Juives, nos modernes Judith, nos Esthers dévouées : Mme Cruppi-Crémieux, Mme Moll-Weiss, Mme Dick-Meyer, Mme Léon Braunschweig, Mme Boas, Mme Marguerite Aron... Et les femmes françaises, les jeunes filles françaises, dociles, conscientes de l'infériorité de leur race et de leur infériorité personnelle, se tiennent modestement devant la présidente juive, la conférencière juive, la directrice juive,[76] *comme les petits*

---

[75] J'ai constaté ce phénomène des centaines de fois notamment dans ma propre famille.

[76] Le symbole de cette effrayante infériotié mentale goy et de la faculté d'uniformisation mondiale du zombisme est le port hideux du blue jeans lévis qui

Annamites et les petits Malgaches autour d'une institutrice européenne. Race supérieure, race inférieure !

Ainsi trente-huit millions d'indigènes français ne lisent que des revues et des journaux rédigés par nos Juifs ou des Goyim à notre solde. Ils n'étudient leur Histoire que dans des manuels fabriqués sous notre contrôle et leurs auteurs classiques que dans des éditions annotées, commentées par nos scribes. Morale, psychologie, politique, journalisme, art ou finance, ils ne connaissent rien que par nous.

Et quand ils croient boire de la bière dans une brasserie « Pousset », ils boivent en réalité de la bière juive dans une brasserie « Lévy » (famille Lévy, Jacob et Reiss). S'ils croient armer leurs bateaux avec de l'artillerie française, ils achètent en réalité leurs canons dans une usine Lévy (Commentry).

Incapables de produire et de vendre les objets nécessaires à leur vie matérielle ou les œuvres nécessaires à leur vie intellectuelle, comment les Français pourraient-ils se gouverner eux-mêmes ? Comment pourraient-ils exploiter l'admirable pays que Jéhovah nous destinait depuis la destruction du Temple ?

Nous avons pris en main le pouvoir. Aux élections de 1910, trente Juifs furent présentés. Une douzaine ont été élus. Cela signifie que dans une dizaine de circonscriptions, les indigènes français ont déjà compris qu'ils ne trouveront pas parmi leurs frères des représentants comme nos Juifs. La supériorité du Juif

---

manifeste de façon effrayante la disparition du jugement même esthétique élémentaire, de toute personnalité. Personne ne peut croire que la distorsion mentale est telle que c'est souvent non seulement par conformisme grégaire que ce vêtement est porté mais par coquetterie ! ! !

éclate aux yeux du peuple. En 1914, nous aurons deux fois plus de candidats et nous occuperons deux fois plus de sièges.

Le Président de la République est sous notre dépendance étroite.[77] *Les ministères sont occupés par des Juifs ou des Goyim mariés à des Juives. Quand un politicien célibataire manifeste des ambitions comme le jeune Besnard ou le jeune Renoult, nous le contraignons à épouser une juive s'il veut un portefeuille. S'il s'agit d'un politicien marié à une française nous lui imposons le divorce et le mariage avec une juive.*

Tel Baudin, « Le grand dépendeur d'andouilles », que nous avions poussé à la Marine. Il a répudié sa française pour épouser notre sœur Ochs qui l'accompagnait dans les inspections de la flotte (avril 1913). En arrivant rue Royale, son premier geste fut de désigner comme avocat du ministère notre frère Schmoll. Le barreau de Paris ne broncha pas. On doit reconnaître qu'il manque d'héroïsme : il n'a que le culte du succès. Il avait repoussé durement Aristide Briand, gueux et flétri. Pendant l'affaire Dreyfus, quand la victoire des Nationalistes semblait probable, les avocats insultaient les dreyfusards au Palais de Justice, les frappaient, voulaient les jeter à la Seine. Depuis la victoire juive, l'Ordre des avocats est soumis aux Juifs. Nos avocats juifs s'emparent des bons dossiers, accaparent la publicité fructueuse, intimident les magistrats non circoncis.

---

[77] Notre spirituel et considérable Henri Amshell (au théâtre Henri de Rothschild) qui fait des mots d'auteur, appelle familièrement M. Poincarré « le sire concis ». Nos grands critiques Blum, Weyl et Porto-Rico dit Porto Riche, trouvent ce mot exquis. On l'avait déjà vu dans « *La vie de Bohême* » appliqué à Pépin le Bref. Mais la plaisanterie d'Henri Amschel est plus savoureuse parce qu'elle vise à la fois la stature de président et son zèle pour Israël.

J'assistais à cette audience de la neuvième chambre, où notre Lévy-Oulmann, défendant quelques Juifs de la basse pègre, arrivés fraîchement d'un ghetto russe, clamait avec assurance : « Mes clients sont de bons Français, ils sont aussi bons Français, meilleurs Français que n'importe qui dans cette enceinte ». *Les avocats indigènes, aussi bien que le substitut et les trois juges restaient muets sous l'insulte. Voilà comment il faut traiter les Français. Le temps de la prudence est passé. De l'audace frères, de l'insolence : Les vaincus baissent le nez.*

Ce trait du barreau de Paris est symétrique au trait de la Société des Gens de Lettres choisissant pour représenter les écrivains français en Russie, notre Juif Kohan, d'Odessa, dit Séménoff, qui s'est vanté de faire sortir de France les Français gênants. Avertie, sommée d'épargner à ses adhérents cet outrage, la Société des Gens de Lettres s'y est obstinée. Car elle a peur de nous : Quels sont les barbouilleurs de papier que nous ne tenons pas par quelque sportule ? « Oignez vilain, il vous poindra, poignez le Français, il vous oindra ». *C'est pourquoi notre sœur Ochs a contraint son mari Baudin à livrer à notre Schmoll les dossiers de la marine. Si la mari ne plaide contre les fournisseurs Lévy et Paraf, la cause est entendue : Baudin, ministre, est tombé, Schmoll reste.*

L'opposition socialiste pour attaquer le ministre de la guerre Etienne, a répété que cet homme d'affaires était en même temps fournisseur de l'armée : Président des tréfileries du Havre qui fournissaient la matière des douilles de cartouches. Mais les socialistes n'ont jamais signalé que le Conseil d'administration comprend, avec le président Etienne, nos Juifs Weiller, Hauser, A. Cahen, E. Cahen, Einhorn (vice-président), etc. Dans toutes les sociétés de grandes fournitures, surtout pour la guerre et la marine, la proportion de Juifs est la même. Nous avons en effet besoin des renseignements confidentiels et nous voulons les gros profits. Notre Lazarel-Weiler s'offre le luxe de donner quelques rouleaux de pièces d'or aux aviateurs militaires : C'est de l'argent bien placé. Notre Cornélius Herz et notre Reinach des lits militaires le savaient. Nos Lévy, Salmon, Caïn, Hanen, Wertheimer qui expédient « La charogne à soldats » *dans les garnisons de la frontière, le savent aussi. Mais nous n'aimons pas trop qu'on en parle.*

A la Chambre, que le Président se nomme Brisson ou Deschanel, il n'est jamais permis de prononcer le nom de Rothschild pas plus que d'incriminer un Juif. Le parti socialiste est à nous parce que nous entretenons ses journaux, ses organisations, ses tribuns. Le parti radical et radical-socialiste est à nous : son secrétaire général est un Cahen. Ses membres sollicitent et reçoivent pour leurs élections les subsides des banques Rothschild et Dreyfus.

Le comité Mascuraud qui est le plus riche et peut-être la plus influente agence électorale de la République comprend 80% de Juifs : Cinq Bernheim, neuf Bloch, six Blum, neuf Cohen, quatre Cahen, dix Kahn, sept Dreyfus, cinq Goldschmidt, quatre Hirsh, vingt-neuf Lévy, etc.

Du socialiste Jaurès au radical Clémenceau, il n'y a pas de politicien gras ou maigre qui ne soit à nos gages. Nous les surveillons par leurs secrétaires Juifs et leurs maîtresses juives, filles de théâtre ou de tripot, baronnes d'aventures ou marchandes à la toilette. Quand leurs rivalités suscitent entre eux des querelles qui gêneraient notre politique, nous leur imposons la paix. C'est nous qui avions réconcilié ces deux mortels ennemis Clémenceau et Rouvier, dans la nuit sinistre où périt un Reinach.

C'est nous qui avons réconcilié chez Astruc, les deux rivaux perfides, Deschanel et Poincaré, par devant nos Merzbach, Sulzbach, et Blumenthal. Pour seconder la synagogue et le Comité de l'Alliance Israélite, nous avons fondé dans Paris des Loges maçonniques où nos frères délibèrent seuls à l'abri des profanes. Toutes les Loges maçonniques sont peuplés de nos Juifs mais nul ne peut pénétrer nos Loges juives telle que la Loge Goethe fondée en 1906 par nos frères Dubsky, Fisher et Bouchholtz. On n'y parle que l'allemand et le yiddish.

De là partiront les ordres qui jetteront dans la rue nos cinquante mille immigrés, browning au poing, pour la grande Pâque au son des canons allemands. Notre frère Jost van Vollenhoven, bon Juif de Rotterdam, a été nommé par la République vice-roi de l'Indochine Française. Sa chance est encore plus belle que celle Gruenbaum-Ballin, bon Juif de Francfort, président du Conseil de Préfecture de la Seine, ou que celle d'Isaac Weiss, secrétaire général du Conseil municipal. Aussitôt que naturalisé, Vollenhoven était entré dans l'administration coloniale comme scribe à deux mille francs. Dix ans plus tard, il règne sur un immense empire arrosé du sang et de l'or français. Jamais un Français n'a fait une pareille carrière. Les Annamites voient de leurs yeux la distance qu'il y a du Juif au Français : ils connaissent maintenant leur vrai maître.

Un pays où, sur douze millions d'habitants, il n'y a pas un homme capable d'administrer sa plus grande colonie, qui est réduit à faire venir de Rotterdam un petit Juif pour gouverner Paris, et de tous les ghettos allemands, russes, roumains, levantins, des Juifs pour gouverner ses provinces, ses finances, ses bureaux, ses armées, est un pays fini, un pays vacant, un pays à prendre : Eh bien nous le prenons !

Le Maroc aura le même sort que l'Indochine. Commercialement, tout ce qui échappe aux Allemands tombe au pouvoir de sociétés fondées par nos Cahen, Nathan, Schwab et Blum. Les officiers français parlent avec une émotion naïve des enfants juifs qui les accueillaient dans les villes marocaines par un compliment en langue française : Comme s'il n'était pas naturel de voir nos frères opprimés par les Marocains recevoir les Français en libérateurs. Dans quelques années, grâce aux Français, les Juifs du Maroc se trouveront maîtres du pays où ils gémissaient dans la crasse, maîtres des Marocains vaincus, maître aussi de l'armée française, « Épée et bouclier d'Israël ».

L'exemple de l'Algérie est là. Les Arabes et les Kabyles qui nous traitaient jadis comme des chiens sont aujourd'hui, grâce à la France, moins que des chiens devant nous. Leurs terres, leurs troupeaux, les fruits de leur industrie, sont à nous. S'ils bougent, les soldats français nous défendent.

En Crimée, en Italie, au Mexique, à Madagascar, au Tonkin, sur les champs de batailles de 1870, les Arabes et les Kabyles ont versé leur sang pour la France. Mais la France continue de les tenir dans la poussière de nos sandales. C'est nous que la France a fait citoyens, électeurs, souverains. C'est nous qui nommons les Etienne et les Thomson, gérants de nos affaires, arbitres des destinées françaises.

Au journal officiel du 16 décembre 1912, on trouve cette impudente pétition signée de plusieurs milliers de signatures (Algérie, Madagascar, Tebessa etc.) :

Monsieur le Président,

Nous nous permettons de vous faire remarquer la situation vraiment déplorable qui nous est faite comparée à celle des Israélites et des étrangers domiciliés en Algérie. Étant comme eux soumis à l'impôt du sang, nous sommes leurs égaux au point de vue du devoir, mais au point de vue du droit, il n'en sera pas ainsi et nous trouvons nos enfants dans une situation manifestement inférieure vis-à-vis d'eux.

Dès leur sortie du régiment, les Israélites jouissent de tous les droits du citoyen français et nous non. Permettez-moi de vous citer deux exemples :

1/ Aujourd'hui arrive en Algérie une famille de nationalité quelconque, le plus souvent ne parlant ni ne comprenant un mot de français. Elle a un fils qui veut entrer dans l'armée et son père, signant simplement une déclaration, le fait incorporé et le fils fait deux ans de service militaire. À sa sortie du régiment, il est français et jouit de tous les droits et prérogatives du citoyen français. Peut-on le mettre en parallèle avec nos enfants qui, depuis leur plus tendre enfance, aiment la France ? Eh bien, cet étranger qui, malgré son service militaire, ne parle pas le français, et reprend en rentrant chez lui sa langue d'origine, est français et nos enfants restent étrangers.

2/ Un ancien officier de spahis ou de tirailleurs, retraité, presque toujours décoré de la Légion d'honneur, rentre dans la vie civile. Il demeure absolument étranger. Il ne jouit d'aucun droit de citoyen français bien que, pendant trente ans, il ait exposé sa vie sur les champs de bataille, alors que l'étranger, qui n'a fait que deux ans de service militaire bénéficie de la nationalité française !

Si nous avons des devoirs à remplir, nous voudrions avoir les mêmes droits que les Israélites... Voyez-vous ça ! Les mêmes droits que les Israélites !

Les députés n'ont pas fait l'honneur d'une réponse à cette requête insensée.

L'Arabe est le sujet du Français lequel est sujet du Juif : Chacun garde son rang.

Notre conquête de la France a été facilitée par une suite de conjonctures heureuses. Jéhovah combat si ouvertement pour nous qu'il tourne à notre avantage même les résistances opposées à notre effort. Nous trouvons à chaque pas des alliés inattendus. Et nos ennemis, involontairement, nous servent.

Pendant ces vingt dernières années nous avons eu devant nous le parti nationaliste, le parti catholique, le parti néo-royaliste : les nationalistes ont capitulé tout de suite, l'Église romaine ne se risque pas à nous rendre coup pour coup, le parti néo-royaliste est notre meilleure sauvegarde. Le parti nationaliste composé des débris du parti boulangiste, était à nous sans combat. Déroulède, subventionné par Rothschild (200.000 francs),[78] intime ami d'Arthur Meyer, ancien acolyte d'Alfred Naquet ; Messieurs Galli et Dausset, futur associés de notre Isaac Weiss de Budapest à l'Hôtel de Ville. Barrès, ornement des salons de Willy Blumenthal ; et des dix-neuf Juifs du Gaulois, les vingt Juifs du Figaro, les Juifs de l'Écho de Paris, les Juifs de tous les journaux, de toutes les revues, de toutes les agences de presse jouaient notre grand jeu même quand ils feignaient de nous résister. Arthur Meyer nous répondait de l'état-major

---

[78] Voir *Le Testament d'un antisémite* de Edouard Drumont.

nationaliste, comme il nous avait répondu de l'état-major boulangiste : intimidant les uns, achetant les autres, à nos frais, les espionnant tous, il nous les livrait à merci. Le parti nationaliste et « La Patrie française » n'ont pas pesé lourd.

L'Église catholique apparaissait comme une force. Or, quand j'arrivai de Cracovie et que je vis se dresser sur Montmartre l'énorme et ruineuse bâtisse du Sacré Cœur, je perdis mes inquiétudes : des gens qui dépensent en moellons cinquante millions et qui n'ont pas cinquante mille francs pour soutenir un journal, ne sont pas dangereux. Nous jugeons habile d'entretenir cette légende que l'Église nous persécute furieusement ; alors nous devenons les martyrs et les champions de la libre pensée ; la Franc-Maçonnerie n'a plus d'autre souci que de nous glorifier et de nous servir ; les anticléricaux se sont engagés à nous couvrir : toute la République athée, laïque et laïcisatrice est notre chose.

En fait une partie du Haut Clergé s'entend fort bien avec nous. L'espoir de convertir quelques juives millionnaires et d'en tirer des aumônes ostentatoires allèche les prélats. Le baptême de Gaston Joseph Pollack, dit Pollonais, laquais d'Arthur Meyer au Gaulois, par le Père Donnech, en l'église Saint Thomas d'Aquin, fut le principal succès dont l'Église s'enorgueillit dans la terrible crise dreyfusiste : notre renégat tenu sur les fonts baptismaux par la comtesse de Béarn et le général Récamier, ne fit guère honneur à ses parrains.

Ce redoutable jésuite, le Père Dulac, effroi de la Libre-Pensée, déjeunait avec notre Joseph Reinach. Le Père Maumus avec Waldeck-Rousseau. Ces champions de la foi catholique, comme les de Mun, travaillent avec nos Juifs : le marquis (…) dans la finance douteuse avec Lazare Weiler, le comte (…) dans le journalisme équivoque avec Arthur Meyer. L'évêque d'Albi fait voter son clergé pour notre meilleur valet, le citoyen Jean Jaurès, et les catholiques de la Loire ont marché pour l'ex-préfet Lépine, complice de toutes nos machinations.

Le vénérable Monseigneur Amette, cardinal-archevêque de Paris, quand la République expropria les congrégations, négociait avec notre Juif Ossip Lew, mandataire de notre Juif Cahen, marchand de café, pour lever l'excommunication qui frappait les acquéreurs ou locataires de biens religieux confisqués.

Au moment du procès de Kiev, le prélat d'académie Duchesne et certains évêques catholiques d'Angleterre imaginèrent, par je ne sais quel calcul, de protester contre l'accusation de « crime rituel » (objet du procès de Kiev), *avec autant de force que nos rabbins. Nous ne savons ce qu'en pensèrent leurs ouailles : nous en fûmes encore plus écœurés que réjouis.*[79]

Si nous soutenons que nos livres et nos prêtres ne préconisent pas le crime rituel, et nous affirmons l'innocence d'un des nôtres accusé de crime rituel, nous ne pouvons garantir qu'il n'y en a jamais eu et qu'il n'y en aura jamais parmi les sanglants fanatiques qui se trouveraient parmi nous. L'Église romaine, elle, en répond ! Ses cardinaux et ses évêques sont plus juifs que nous ! Ils passent la mesure : ce n'est pas à nous de nous en plaindre.

---

[79] Ce genre de remarque comme le ton de l'ensemble me laissent à penser que ce document a été conçu par un Goy conscient connaissant admirablement tous les coins et recoins de l'actualité. La suite après 1934, fut la même en décuplée et les noms juifs de l'époque furent remplacés par les Aron, Wahl, Soros, Bleustein-Blanchet, etc.

Le commerce des objets de piété dans le quartier Saint Sulpice, aussi bien que dans la cité miraculeuse de Lourdes est, dans l'ensemble, un monopole juif. En revanche, nos Juifs pourvu d'un siège parlementaire, octroient volontiers protection aux curés de leur circonscription. Ils le peuvent sans encourir le soupçon mortel de cléricalisme et ils en retirent quelqu'utilité.

Mais il est essentiel que l'antisémitisme passe en France pour la pire expression du fanatisme clérical. Les indigènes de ce pays vivent de phrases toutes faites et de légendes absurdes : profitons-en.

Le seul groupe d'indigènes français qui se dresse encore contre nous est le groupe néo-royaliste. J'ai dit comment nous nous débarrassons des individus qui nous gênent. Nous n'aurions pas plus de peine à nous débarrasser d'un groupe organisé. Mais celui-ci nous est précieux. Si l'Action Française n'existait pas nous devrions l'inventer. Après l'affaire Dreyfus, dans l'enivrement de la victoire, nous avons commis quelques imprudences, quelques brutalités maladroites. Les bandes antisémites vaincues, dispersées, allaient se rallier autour de quelques dreyfusards étranges, plus enflammés contre nous et plus implacables que nos précédents adversaires. Une nouvelle vague d'antisémitisme allait battre les murailles de Jérusalem avant que fût éteint notre chant de triomphe.

Heureusement, l'Action Française parut, exposa ses doctrines et nous permit de lier notre cause à celle de la République.

Dans les soirées tumultueuses de l'affaire Bernstein à la Comédie-Française, alors que Lépine flanquait chaque spectateur de deux roussins pour faire respecter Israël, une grande juive disait à ses pique-assiettes français : « ce n'est rien, une bande de galopins, les Camelots du Roi qui crient « À bas les Juifs », et notre Judith affectait de rire. À son exemple nous affectons de rire quand nous entendons « à bas les Juifs ». Ce sont les Camelots du Roi, c'est l'Ancien régime, la féodalité, le droit du seigneur, l'obscurantisme, la gabelle, la mainmorte, la corvée. Voilà nos adversaires. Nous, nous sommes la République, la Liberté, le Progrès, l'Humanité, la Cité future...[80] Pour des Français ignorants, irréfléchis, qu'on mène où l'on veut avec l'appât d'une formule creuse, il n'en faut pas davantage. Plutôt que de passer pour des Camelots du Roi, pour des suppôts de l'Ancien régime, les Français nous permettront tout, nous pardonneront tout, nous livreront tout. Si jamais l'Action Française est à court d'argent nous lui en fournirons plus que les douairières : elle fait notre sécurité.

D'ailleurs, le prodige invraisemblable qui rétablirait la monarchie ne nous fait pas peur : la monarchie serait nôtre comme la République. Philippe VII irait chasser chez Rothschild comme le roi d'Espagne et déjeuner chez Reinach comme le tsar de Bulgarie. La monarchie ne s'appuierait pas sur un clan de folliculaires surexcités mais sur l'aristocratie et la haute bourgeoisie. Or l'aristocratie est une de nos annexes et la haute bourgeoisie sa servante.

Nous tenons la haute bourgeoisie en laisse dans les conseils d'administration. Nous avons acheté ce qui restait de l'aristocratie. Les bourgeois qui désirent faire carrière devront

---

[80] Elle est belle la cité future : voir aux États-Unis et en France des milliers de villes livrées à la violence, au chômage, à la drogue et à toutes les délinquances et en l'an 2000 où nous sommes demain, ce n'est que le commencement.
« *Le monde finira dans une sanglante anarchie* » ai-je écrit dans mon livre « *J'ai mal de la terre* », il y a 50 ans. (Note de R. Dommergue Polacco de Ménasce). Voilà où conduit l'hégémonie juive et l'absence de toute religion.

être nos gendres ou nos estafiers. Les descendants plus ou moins authentiques des anciennes grandes familles épousent aussi nos filles ou vivent à nos crochets. S'il y a mésalliance elle est de notre côté. Nous sommes la première aristocratie du monde.

C'est pour nous donner une apparence française que nous usurpons les signes extérieurs de la noblesse française. Nous avons le choix entre plusieurs procédés. Le plus simple et le moins coûteux consiste à prendre de notre propre autorité un nom de terre, une particule, un titre, comme font une multitude de courtisanes et d'aigrefins. Par exemple, notre Finkelhaus achète un château à Andilly et signera successivement Finkelhaus d'Andilly, (F. d'Andilly). Notre demoiselle Carmen de Raisy, l'une des poules à Rostand, (Chantecler), est notre sœur Lévy. Ou bien Bader et Kahn des Galeries Lafayette, B. et K. de Lafayette, baron et comte de Lafayette. D'autres, embarrassés de scrupules, acquièrent un vrai parchemin d'un monarque besogneux et vénal : ainsi les Rothschild. Ou encore du Pape : ainsi le comte Isidore Lévy qui a payé comptant le Bref pontifical du 8 janvier 1889.

Le gouvernement de la République nous rend le même service à meilleur marché. Pour moins de cinquante louis, notre Wiener est devenu par décret présidentiel : Monsieur de Croisset. Enfin, si nous n'avons de vanité que pour nos petits-enfants, nous achetons simplement à nos filles des gentilshommes de bonne souche. N'est-il pas meilleur pour eux de redorer leur blason en épousant une honnête juive qu'en épousant une vieille catin comme ils ne manqueraient pas de le faire ?

Le prince de Bidache, duc de Grammont, allié aux Ségur, Choiseul-Pralin, Montesquiou-Fézensac, Lesparre, Conegliano, etc. ont épousé une Rothschild. Le prince de Wagram et de

Neuchâtel (Berthier), a épousé une Rothschild. Le duc de Rivoli (Masséna), a épousé une Furtado-Heine qu'avait épousé auparavant le duc d'Elchingen (Ney) *et dont la fille a épousé le prince Murat. Le prince de Chalençon-Polignac a épousé une Mirès. Notre Marie-Alice Heine, avant d'épouser le prince de Monaco était la femme du duc de Richelieu. La duchesse d'Étampes est une juive Raminghen. La marquise de Breteuil, une juive Fould. La vicomtesse de la Panouse, une juive Heilbronn. La marquise de Salignac-Fenelon, une Juive Hertz. La marquise de Plancy, une juive Oppenheim. La duchesse de Fitz-James,* (des Stuarts, ma chère), *une juive Loevenhielm. La marquise de Las Marinas, une juive Jacob, échappée peut-être de Turcaret. La princesse Della-Roca, une Juive Embden-Heim. La marquise de Rochechouart-Montemart, une Juive Erard. La vicomtesse de Quelen, la baronne de Baye, et la marquise de Saint Jean de Lentilhac, sont trois sœurs, trois juives Hermann-Oppenheim. La duchesse de la Croix-Castries est une Juive Séna. Veuve, elle s'est remariée au Comte d'Harcourt : elle entrait ainsi chez tous les d'Harcourt, les Beaumont, les Guishe, les Puymaigre, les Mac Mahon, les Haussonville. Personnellement les D'Haussonville ont eu d'autres occasions de s'allier aux Juif Éphrussi.* (voir à ce sujet un fameux roman de Gyp). *La marquise du Taillis est une juive Cahen. La princesse de Lucinge-Faucigny une autre juive Cahen. La comtesse de la Rochefoucault, une Juive Rumbold. La marquise de Presles n'est pas une demoiselle Poirier comme le croyait le naïf Augier, mais une juive Klein. La comtesse de Rambervilliers, une Juive Alkein. La marquise de Groucy, la vicomtesse de Kerjégu, la comtesse de Villiers, sont trois sœurs Haber. La marquise de Noailles, une juive Lackmann, la comtesse d'Aramont, une Juive Stern...*

Tout l'armorial y passerait. Notre Finkelhaus publia un travail fort étendu du vicomte de Royer sur cet important sujet. Depuis lors ces familles de « la vieille roche » ont pullulé. Leurs enfants ont grandi, d'autres familles « de la vieille roche » affamées de l'argent juif ont suivi le mouvement. Aussi nous nous payons une pinte de bon sang quand nous voyons les néo-royalistes de l'Action Française prodiguer leur énergie, leur talent et leur éloquence pour restaurer en son rang l'antique noblesse et rendre la France à ses destinées. « L'antique noblesse » se compose désormais de nos gendres, petits-fils, neveux, cousins germains : tous demi-youpin ou quart de youpin. Ce bon Monsieur Charles Maurras ne reçoit donc jamais de billet de faire-part lorsqu'un deuil survient dans les nobles maisons ? Mêlés en une édifiante salade aux plus vieux noms de souche française, il lirait les noms de nos Grumbach, Lévy, Schwob, Kahn et Meyer, qui sont « ces messieurs de la famille ».

Nous avons pourtant trouvé dans l'Action Française même le récit des obsèques que fit la noblesse de France au beau-père d'Arthur Meyer, un d'Antigny Turenne. Tout l'armorial et tout le ghetto tanguaient dans une fraternelle étreinte. Ah ! Ce serait une belle cérémonie pour nous que le sacre de Philippe VII entouré de ses preux et de ses pages : les fils et petits-fils de nos juives montreraient les toisons crépues, les nez crochus, les lèvres lubriques et les oreilles décollées qui composent notre marque de fabrique.[81] Elle est estampillée par nous, la belle aristocratie française : nos filles ou nos sœurs l'ont pondue.

La « Vie Parisienne » *raconte que dans un salon des plus aristocratiques, Tristan Bernard était aux prises avec un noble*

---

[81] Voilà le genre de remarque qui me conduisent à conclure de façon péremptoire que ce texte est « un faux qui dit vrai ».

vieillard. (Tiens ! le nationaliste et catholique Barrès étant l'hôte assidu des Blumenthal, notre Juif Bernard peut bien être l'hôte assidu des Breteuil ou des Larochefoucauld, puisque la marquise et la duchesse sont précisément de sa tribu...) et le noble vieillard disait : « Mon grand-père fut tué pendant la conquête de l'Algérie, mon bisaïeul fut guillotiné par Robespierre, un de mes arrières-cousins fut assassiné par Henri de Guise, un autre de mes aïeux mourut glorieusement à Pavie...

Ah ! Monsieur, interrompit le célèbre ironiste, croyez que je prends bien part à ces deuils si cruels et si répétés.

Bravo, bon Juif Bernard, tu as bien fait d'insulter le noble vieillard.

Sa noblesse et sa vieillesse méritaient l'insulte chez les nobles hôtes qui accueillaient les Juifs et de qui le luxe est probablement payé par une dot juive ou par un entreteneur Juif. Toutes les distinctions sociales nous reviennent de droit.

Quand Napoléon Ier institua la Légion d'honneur, il ne pensait pas à nous. Sous la République, la Légion d'honneur nous appartient.[82] On peut dire que le ruban rose ou la rosette remplacent le bonnet jaune du Moyen Age : c'est à cela qu'on reconnaît le Juif dans les rues de Paris. Nous avons l'air de porter à la boutonnière ce qu'on nous a coupé ailleurs. Nos May, Mohr, Hahn, Sue, Sacerdote, Klein, et le baron James de Rothschild décorés comme « littérateurs » *en 1913, étaient sans*

---

[82] Il est exact qu'au cours du XXème siecle que ma vie a quasiment couvert, il me serait impossible de donner le nombre énorme de Juifs ayant obtenu cette décoration consacrant la démocrétinisation...

doute les derniers qui ne le fussent pas. Depuis Schmoll, administrateur du Gaulois, officier de la légion d'honneur[83] et Meyer Arthur d'Antigny-Turenne, commandeur de l'ordre de Saint-Stanislas, jusqu'à Mme Guillaume, née Goldschmidt (en littérature, Jean Dornis), *en passant par Marcel Cahen,* « planteur de caïffa » *et par Lévy-Brühl, qui transmet à l'Humanité les subsides de Rothschild, nos douze tribus arborent l'étoile des braves.*

Notre Lazare Weiler, associé du marquis de Mun, a été fait commandeur de la légion d'honneur pour ses rafles de l'épargne française dans le Général Motor Cab, la New York Taxi Cab, et l'Anglo-Spanish Copper & Cie Ltd. De même notre Bonnichausen (dit Eiffel), *a été promu officier de la Légion d'honneur pour son non-lieu par prescription dans le scandale du Panama :* « Un peu de gloire à la grande humiliée de 1870, la France, » *expliquait son avocat Waldeck-Rousseau. Nous lui en faisons continuellement l'aumône de nos gloires à la France humiliée ! Jamais elle ne pourra nous décorer assez pour le reconnaître. Chacune de nos familles fournit à la chronique de la vie nationale en France plus que mille familles indigènes.*

Où ne trouvez-vous pas nos Bloch ? Jeanne Bloch la grande artiste ; Bloch le satire qui enfonçait des épingles dans les seins des petites françaises ; Bloch le fonctionnaire qui a subtilisé un demi-million dans la souscription pour les victimes du Mont-de-Piété (Martinique) ; *Bloch-Levallois, qui dépèce toutes les vieilles propriétés et dépècera le Palais Royal. Qui est le*

---

[83] M. Rouvier, président du Conseil, à qui l'on recommandait un journaliste pour la croix disait : « impossible, voyons, il n'est pas sur ma liste des fonds secrets ! » Logique rigoureuse. Le gouvernement ne peut décorer que ses auxiliaires. Les Juifs du Gaulois ont toujours émargé Place Beauvau pour faire « de l'opposition ».

représentant des auteurs dramatiques français ? Bloch. Qui préside les grands cercles boulevardiers ? Bloch. Qui dirige les droits de l'homme ? Bloch. Qui détroussait au 14ème hussard, la petite de Quinsonnas ? Une deuxième Jeanne Bloch. Qui a tué Minnie Bridgemain ? Notre Rachel Bloch. Qui professe la morale et la sociologie au Collège des Hautes Études Sociales ? Trois maîtres Bloch.

Je pourrais continuer pendant dix pages et si je prends la famille Lévy ou la famille Cohen, j'emplirais deux volumes : il n'y a que nous. Allez place des Victoires autour de la statue de Louis XIV et du bas-relief qui rappelle le passage du Rhin. Les maisons de commerce ont pour patrons Bloch, Lippmann, Weill, Klotz, Kahn, Lévy, Wolff, Alimbour-Akar, Cohn, C'est nous qui l'avons passé, le Rhin !

Il n'y a que nous. De qui se compose le comité directeur de la société des commerçants et industriels de France ? M. Hayen, secrétaire général, M. Klotz, adjoint, M. Cohen, secrétaire administratif, Sachs, Schoeen, Sciami, Zébaum. Les bureaux sont balayés par les Français. Il n'y a que nous. Quels sont les conseillers du commerce extérieur de la France préposés par la République à la surveillance des intérêts nationaux ? Messieurs Amson, Baruch, Moïse Bauer, Moïse Berr, A. Bernheim, G. Bernheim, Aaron Bloch, Louis Bloch, Meyer Bloch, Raoul Bloch, Isidore Blum, Brach, Brunswick, E. Cahen, A. Cahen, H. Cahen, Jules Cahen, Joseph Cahen, A. Dreyfus, Moïse Dreyfus, Dreyfus-Bing, Dreyfus-Rose et ainsi de suite par ordre alphabétique jusqu'à Weil, Weill, Weiss et Wolf.

Les Français collaborent à l'exportation en clouant les caisses d'emballage. Les Français ne sont même pas capables de commettre un vol rémunérateur. Ils volent un pain quand ils ont faim, mais pour voler des colliers de perles, percer des murailles et les coffres des joailliers, escroquer les bijoutiers, exécuter des coups de 100.000 francs à 3.000.000 francs, il n'y a que nos Juifs : Kaourbia, Aaron, Abanowitz.

Et les héros de l'affaire Meyer-Salomons, et les héros du mystère Goldstein ? Qui exploite l'industrie la plus florissante de Paris : la traite des Blanches ? Nos Juifs Max Schummer, Max Epsten, Jacques Jeuckel, Sarah Smolachowaka, Samuel Rosendthal, Sarah Léovitch, Sarah Planhouritch. *Le directeur de l'école municipale où s'abritaient les pourvoyeurs de Flachon et de Nitchevo est notre frère* Weill.

Lisez « Les communiqués de la vie mondaine » *de notre organe* « Le Matin » : *rien que les deuils ou les unions de nos* Aron, Abraham, Gobsek, Schwob, Meyer, Worth, Kuhn *etc.*

Ouvrez « Excelsior » : *photographie des salons de Madame Navay de Foldeack, ex dame Dreyfus, née Gutmann.*

Accidents d'automobiles ? Voici M. Bodenschatz *qui entre en collision avec M.* Gutmann, *Mme* Gutmann, *Mlle* Gutmann, *et Mme* Rosenstein. « Une famille parisienne » *assure* « Le Matin ». *Ou bien, c'est notre Théodore* Reinach *qui écrabouille sous sa 60HP une vieille Française. Tous les journaux se taisent et le tribunal estime la vie de la femme indigène à 15.000F.*

Nous tranchons souverainement les questions d'honneur. Dans l'affaire Bernstein, *trois paires de témoins indigènes avaient disqualifié notre grand dramaturge austro-américain par l'état civil. Hébreu par la race, Français par sa fantaisie. Nous avons aussitôt réuni un jury d'honneur et un amiral français a prononcé solennellement que la désertion n'entachait nullement l'honneur d'un gentilhomme d'Israël. Les six Français qui avaient rendu la sentence contraire n'ont pas bougé.*

Avez-vous visité l'exposition des cadeaux reçus par notre Myriam de Rothschild quand elle a épousé notre baron de Goldschmidt ?

Les donateurs avaient inscrit leurs noms sur des cartes monumentales pour bien afficher leur dévouement aux familles Rothschild et Goldschmidt. C'était la duchesse de Rohan, le duc et la duchesse de la Tremoille, le duc et la duchesse de Guiche, le marquis et la marquise de Ganay, de Jaucourt, de Noailles, de Breteuil, de Mun, de Montebello, de Saint-Sauveur, le prince et la princesse de Broglie, de la Tour d'Auvergne, le duc Vogue, de Talleyrand-Périgord, de Chevigné, de Beauregard, de Kergorlay, de Pourtalès, de la Tour-du-Pin, Chambly, etc.

Hein ? Pensez-vous qu'il avait le droit de se rengorger notre petit Goldschmidt ?

Et lorsque notre Maurice de Rothschild, fils du baron Edmond, épousa notre Noémie Halphen, quelle foule s'écrasait à la synagogue de la rue des Victoires, surveillée par l'officier de paix du IXème. Toujours la même cohue de Rohan, d'Harcourt, de Ganay, de Breteuil, de Morny, de Sauvigny, de Mouchy, de Bertheux, de Fitz-James, de la Rochefoucault, etc. La plupart demi-Juifs eux-mêmes répondaient comme des Juifs à la Ketouba, et à l'Aschrei Kol Yercï qu'entonna le grand rabbin Dreyfus, après les sept bénédictions du rabbin Beer. Toute la vraie France était là, la nouvelle France, résumée dans son aristocratie.

Quant à la bourgeoisie française, elle fait ordinairement les frais de notre grandeur. Lorsque nous arrivons dans le merveilleux pays de Chanaan, fuyant la police russe ou les gendarmes allemands, n'ayant pour tout bagage que nos puces et quelques maladies asiatiques (éléphantiasis, conjonctivite purulente), l'Alliance Israélite et la Franc-Maçonnerie nous fournissent la première mise d'un petit commerce pour nous donner de la « surface ». En peu d'années, par d'heureuses banqueroutes, par des émissions de valeurs fantastiques, par des trafics qui n'ont de désignation précise en aucune langue, nous faisons passer dans notre poche la fortune de dix, cent, mille familles françaises. La République nous protège, la magistrature est à nous, les lois n'existent plus.[84] Quand je dis que la[85] magistrature est à nous, je ne trahis aucun secret. Une bonne partie des magistrats et des juges comme des conseillers de Paris sont Juifs. Les magistrats indigènes savent très bien que l'avancement dépend de leur zèle pour la cause juive. A la neuvième chambre, le substitut Péan a proclamé qu'il avait pour premier devoir de protéger les Juifs contre la rébellion des Français. Aussitôt nous avons imposé M. Péan comme chef de cabinet du ministre de la Justice, garde des Sceaux et nous l'avons fait décorer. A la 8ème chambre, un juge d'instruction maladroit traduisait comme receleur notre frère

---

[84] Mieux encore en cette fin de siècle, ils imposent à des politiciens et des magistrats serpillières des lois anticonstitutionnelles, antidroits-de-l'homme, antidémocratiques qui leur donne tous les droits et interdit de les critiquer sous peine d'accusation de racisme. Leur racisme mégalomaniaque devient totalitaire au nom de l'antiracisme. Ils soutiennent ici les Arabes qu'ils massacrent en Palestine, au nom d'un antiracisme qui leur permet d'institutionnaliser le métissage avec la lie du monde Afro-asiatique. Le coma dépassé du mondialisme est déjà là. La loi s'appelle « Fabius Gayssot » : un Juif responsable de l'affaire atroce du sang contaminé et un communiste qui traîne derrière lui 200 millions de cadavres…

[85] Ceci est donc encore plus vrai en 1999.

Leib Prisant. Son avocat Juif, Me Rappoport, n'eut qu'à produire le certificat de la synagogue :

« Je soussigné, rabbin de l'association cultuelle Agondas Hakehilok, certifie que M. Prisant Leib a déjà atteint un très haut degré de perfection dans l'étude du Talmud et qu'il sera bientôt digne du titre de rabbin ». (Signé, Rabbin Herzog).

Sur le champ le tribunal acquitta notre frère. Qu'avons-nous à craindre ? Le bourgeois français travaille vingt ans, trente ans comme un galérien. Il entasse écu sur écu. Il refuse aux siens et il se refuse souvent à lui-même tous les plaisirs de la vie. Quand il est riche, il apporte son magot dans notre caisse, parce que nous lui promettons 40 ou 400% de revenu et la farce est jouée. Il n'y a pas encore très longtemps, la farce présentait encore quelques dangers.[86] *Nous nous souvenons de la catastrophe de notre Benoist-Lévy qui avait proprement détroussé plusieurs familles indigènes et qu'un sieur Caroit ruiné, tua de trois coups de révolver. L'assassin fut défendu par Me Henri Robert, aujourd'hui bâtonnier, en ces termes :* « M.Benoist-Lévy se faisait appeler Benoist. Le nom de Lévy est un joli nom pourtant. Tout le monde ne peut pas s'appeler Abraham, Lévy, ou Mathusalem. Il pratiquait le système de l'araignée qui laisse approcher la mouche et la happe au bon moment. Tous ces loups-cerviers de la Bourse ne méritent aucune considération. Leur richesse est faite de notre pauvreté, leurs espoirs de nos chagrins. Si vous croyez qu'il faut protéger les honnêtes Français acquittez Caroit sans hésitation ». *Le meurtrier fut acquitté et la veuve Lévy n'obtint que vingt sous de dommages-intérêts.*

---

[86] Aujourd'hui le système juif généralisé Bourse, banque, assurances, leur donne tous les droits et sans aucun risques.

Mais le temps a marché.

Aujourd'hui le jury proclamerait le droit légal de Lévy aux dépouilles de Caroit : le droit de la race supérieure.[87]

Je me trouvais cet hiver au Five-O'Clock d'une de nos belles Juives. Elle racontait que son beau-frère Salomon dépense trois cent mille francs par an, et qu'il avait offert à sa fille un superbe collier de perles. Parmi les femmes indigènes venues pour admirer notre luxe, je voyais une mère et sa fille que Salomon avait précisément allégées de trois cent mille francs l'année précédente. La petite Française n'a plus de dot : elle épousera l'un de nos employés ou servira d'institutrice à nos enfants. Mais elle ne se révolte point. Elle et sa mère sont pleines de respect pour la richesse faite de leur misère, pour l'automobile, l'hôtel, le château historique de la grande dame Israélite.[88] *Il suffit à Salomon de trouver une fois par an une seule famille française de cette espèce pour soutenir son train et pour choisir ses gendres dans la noblesse royaliste* (Noailles ou La Rochefoucault), *dans la noblesse d'empire* (Wagram ou Rivoli), *dans la noblesse républicaine* (Besnard, de Monzie, Kruppi, Crémieux, Renoult-Wormser, Delaroche-Paraf, ou Baudin-Ochs).

La petite Française, coiffée du bonnet de Sainte Catherine, et les pieds dans la boue, verra monter leur cortège nuptial au grand escalier de la Madeleine. Nous sommes le peuple élu. Car il est

---

[87] Tout absolument tout, dans la conjoncture politico-légale prouve que cette assertion est vraie. Le sanguisme juif est devenu multilatéral et parfaitement légal. Et cela à un degré qui dépasse l'intelligence humaine.
L'exploitation éhontée d'un holocauste dont l'ineptie arithmético-technique est éclatante, est le clou de ce système monstrueux de la ruine goy.
[88] Cette anecdote illustre bien ce que je dis toujours : « il n'y a pas de question juive, il n'y a que la question de la connerie goy »…

écrit dans le traité Hid : « Dieu a donné aux Juifs pouvoir sur la fortune et sur la vie de tous les peuples ». *Le Seigneur nous avait livré la vie des Philistins, des Amalécites, des Madianites, des Ammonites, des Moabites, et ceux de Bethel, et ceux de Rabba et ceux de Galgala. Nous les avons exterminés. Nous les avons égorgés, crucifiés, pendus et coupés en morceaux, rôtis dans des statues d'airain, déchiquetés vifs sous des herses de fer,* (Pentateuque, Livre des rois).

Le Seigneur nous a livré la vie des tsars, des grands ducs, des gouverneurs, des généraux de Russie et nous en faisons continuellement un grand chérem (massacre, tuerie) *à coups de bombes et de browning.*

Mais le Seigneur nous a livré la France pour en faire notre terre d'abondance et les Français pour en faire nos esclaves.[89]

Sa volonté s'accomplit : que le nom de Jéhovah soit glorifié ! Nous sommes la race supérieure…

---

[89] Esclaves consentants et satisfaits qui dans leur hideux blue-jeans lévy clament béatement « liberté, égalité, fraternité » en regardant un match de football ou un film pornographique…

À NOUS LA FRANCE !

La France est un concept géographique. Le nom de France désigne le territoire compris entre la Manche et les Vosges, entre le golfe de Gascogne et les Alpes. Les hommes qui sont maîtres de cette région se nomment les Français. Maintenant c'est nous les Juifs qui régnons et commandons la France. Les indigènes nous obéissent, nous servent, et nous enrichissent. Donc, les Français, c'est nous. Un peuple remplace un autre peuple, une race remplace une autre race : avec les nouveaux Français, la France continue. Nous sommes une grande nation de douze millions d'hommes. L'une des plus riches et malgré notre dispersion, la plus homogène, la plus solidaire, la plus fortement organisée de la terre. Plus de cinq millions de nôtres campent en Russie dont deux millions en Pologne russe. Plus de deux millions en Autriche-Hongrie, sept cent mille en Allemagne, trois cent mille en Turquie, trois cent mille en Roumanie, deux cent cinquante mille en Angleterre, mais il n'y a que soixante mille Hébreux à Jérusalem. Il y en a cent cinquante mille à Londres et un million deux cent mille à New York.[90]

Mais notre pays d'élection est la France. Le climat y est sain, la terre y est riche, l'or y abonde, et les indigènes s'offrent d'eux-mêmes à notre conquête. Privés de patrie, nous devons nous

---

[90] En 1999 ces chiffres doivent être tous revus à la hausse. Les États-Unis comptent plus de Juifs qu'Israël. Le gouvernement américain est radicalement et totalement Juif. Le guignol Clinton, soumis à un procès grotesque (pour avoir caressé une fille juive) et dont on veut manifestement se débarrasser par ce procédé ridicule, a neuf conseillers Juifs sur dix. Il a été élu par 60% de capitaux Juifs.

installer dans la patrie des autres. En cherchant la ligne de moindre résistance, c'est dans l'organisme français que nous avons pénétré le plus aisément et que nous nous sommes implantés le plus fortement. Avant l'affaire Dreyfus, nous comptions en France cent mille des nôtres. Depuis le début du XXème siècle, par les soins du Consistoire et de l'Alliance, avec le concours des ministères successifs, que nous avons tenus en laisse, et des hommes à nous que nous avons postés dans l'administration, nos frères ont été appelés, amenés, casés, pourvu du nécessaire et du superflu en cette terre de Chanaan par fournées de trente à quarante mille par an.

Le président Loubet et le président Fallières vivront dans la mémoire d'Israël. En décembre 1912, l'organe du Judaïsme en Tunisie, publiait dans sa partie officielle, cette expression de notre gratitude :

Le Président Armand Fallières,

Au moment où notre aimé et vénéré Président de la République, Armand Fallières, son septennat terminé, va rentrer dans le rang et devenir un simple citoyen de la France républicaine, qu'il nous soit permis dans cette revue française, au premier chef de le saluer respectueusement.

M. Fallières est un ami du judaïsme français et il a toujours entretenu avec nos coreligionnaires de la métropole les relations les plus courtoises. Lors de sa venue en Tunisie en 1911, il avait reçu avec beaucoup de cordialité les diverses délégations israélites, qui étaient allées lui présenter leur déférent hommage. Il eut des paroles de sympathie pour le loyalisme de nos frères indigènes et pour leur collaboration dévouée à l'œuvre civilisatrice et émancipatrice de notre chère patrie. Rappelons encore que c'est lui qui décora de la Légion d'honneur notre éminent collaborateur Me Elie Fitoussi, honorant de la sorte, en la personne de notre délégué, le Judaïsme tunisien tout entier.

Nous renouvelons à M. le Président Fallières l'expression de notre plus profond respect et nos meilleurs souhaits le suivent dans sa retraite. Les dernières signatures que donna le vénéré président Fallières accordaient le titre et les prérogatives de citoyens Français à nos frères : Marcus Grunfeld, Vohan Sholak, Fermann, Zeftmann, Guitla-Ruchla Merovitz, Jacob-Ariya, Altschuler, Taksen, Wurtz, Hanna Guelbtrunk, Weinberg, Kayser, Kummer, Ott, Lew Spivakoff, Reifenberg, Kopetzky, Hanau, Wittgenstein, Valsberg, Esther-Lévy Ruben, Schmilovitz, Dobès dit Dobison, Goldstein, Isaac Azoria, Kapelonchnick, Robenowitz, Baretzki, Nephtali Gradwohl, Meyer, Abraham Garfoukel, Isaac de Mayo, Roethel, Kuchly, Friess, Sarah Kaluski, Nathalie Schriftgiesser, Martz, Mecklenburg, Bernheim, Tedesco, Schmidt, Fisher, Ehrhardt, Wachberg, Strasky, Miraschi, Weiss, Schellenberg, Moïse Cohen, Finkel, Aron, Rabinovitch, Handverger, Josipovici, Ornstein, Rosenthal, Frank, Dardik, Sternbach, Max Goldmann, Lubke, Rossenblat, Bleiweiss, Mayer, Belzung, Salomovici, Kahan, Salomon, Kopeloff, Isaac Danon, Wertheimer, Kleinberg, Himstedt, Lewy, Reichmann, Weill, Schuffenecker, Moïse Saül, Wend, Oberweiss, Meyer, Goldstein, Elmach, Schamoun, Isaïe, Feldman, Weinberg, Kahn, Rosenblum, Mozes Wallig, Stern, Jakob-Karl, Noetzlin, Karnik Kevranbachian, Isaac Silberstein, Fremde Rosenzweig, Engelmann, Bloch, Jontor Semach, Spitzer, Freidlander, Lévy, Lilienthal, Taub, Zucker, Friedmann, Meyer, Klotz, David Salomon, Navachelski, Jacob Meyer, Eljakim-Ellacin Ubreich, Schlessinger, Weiss, Wolff, Aaron Viesschdrager, Sarah Id, Gombelid, Abraham Zaslawski, Ettla Granick, Ouwaroff,

Ruhl, Maienberg, Feier, Munschau, Leib David, Rosenthal, Israël Quartner, Simon-Baruch Prechner, Fürst, Haym Cohen, Saül Blum, Goldenberg, Lichtenberg, Schwartz, Leichle, Bachner, Haberkorn, Pfaff, Abraham Berger, Leib, Axebronde, Elie et Simon Arochas, Ephraïm Marcovici, Eisenreich, Pfirsch, Moïse Sapsa, Miriam Sapsa, Sura Hamovicy, Hack, Nathalie Jacob-Isaac, Schweke, Mifsud, Isaac Mayer, Bertchinsky, Moïse Seebag, Moïse Bedoncha, Ephraïm Bronfein, Necha Arest, Jacob Bronfein, Haïm Tcherny, Stoianowsky Liba, Metzger, Marcus, Friedmann, Zacharie Zacharian, Nathalie Pitoeff, Leonhart, Hofrath, Unru Fisher, Katuputchina Fisher, Kieffer, Schick, Schor, Abraham Eptein, Esther Goldenberg, Jacob Kozak, Kamm, Abraham Rabinovitcz, Abrahamovitcz, Suralski, Jacob Bercovich, David Guenracheni, Cohen, Cahen, Mohr.

(Extrait du Journal Officiel).

Le bien-aimé président Poincarré, encadré par Klotz, ministre Juif et Grumbach, sous-ministre Juif, marche résolument dans la même voie que ses prédécesseurs. Il nous avait déjà donné des gages de son dévouement à plusieurs reprises. C'est lui qui évalua, comme ministre des Finances, la succession de notre grand Rothschild (Amschel Meyer), à trois cent millions faisant ainsi remise aux héritiers de droits qui seraient montés à quelques centaines de millions, et surtout dissimulant aux regards de la plèbe française l'énormité des fortunes qu'alimente sa servilité. C'est encore le Président Poincaré qui, en qualité d'ancien président du Conseil et d'avocat, prit sous sa protection notre sœur Marfa-Salomé Slodowska, dame Curie, et n'épargna rien pour accabler une sotte Française ; grâce à son influence les enquêtes gênantes furent arrêtées, les pièces compromettantes furent étouffées, les témoins dangereux furent intimidés. Il fallut un hasard malheureux pour que la Française et sa couvée échappassent au piège si bien tendu par notre hardie compatriote.

Les premières signatures données par le nouveau chef de l'État ont accordé le titre et les prérogatives de citoyens français à nos frères : Jacob Eisenstein, Stein, Kissel, Moïse Abraham, Rachel Lehmann, Nahïn Zaïdmann, Nessi Flachs, Tugendhat, Steinmetz, Acher Lourie, Slata Rocks, Weismann, Loeb, Reicher, Bassa, Weksler, Abraham, Kerestdji, Bohn Gruenebaum, Kouttchneski, Zelenka, Klotz, Moïse Leibowitz, Olga Herscovici, Reisner.

(Extrait du Journal officiel dit).

C'est ainsi que M. Poincaré continua l'œuvre de Mrs Loubet et Fallières. Il ne saurait d'ailleurs nous manquer. Ce n'est pas de lui que nous accepterions une résistance à l'introduction d'éléments étrangers dans le corps français.

Nous lui permettrons un nationalisme de parade ; il sait bien quelles considérations nous ferions valoir pour lui interdire un nationalisme effectif. Il ne s'y risquera jamais : la prudence est le trait principal de son vigoureux caractère. Pendant la crise qui secoua pendant plusieurs années son pays, M. Poincarré eut le courage de se tenir coi, de ne pas prendre parti, de réfréner à la fois sa passion de justice et son instinct patriotique. Plus tard, après la victoire, il « libéra sa conscience » et reconnut publiquement que les vainqueurs avaient raison.

Le 13 septembre 1913, au cours de sa royale randonnée, M. Poincaré présidait souverainement le banquet offert en son honneur à la préfecture de Cahors. Il avait à sa droite Madame

Klotz, juive, femme du ministre, à sa gauche, Mme de Monzie, juive, femme du sous-ministre. Les femmes indigènes occupaient des tabourets un peu plus bas. Le Président de la République entre les deux princesses juives affichait son rôle et son dévouement : Vive Poincaré !

La France est désormais à nous. La République, c'est nous.

Ces Sternbach, Goldman, Kohan, ces Schuffenecker, Schamann, Oberweisf, Kaksen, ces Scholack, Ruchla, Merowitz et Guelbtrunk, qui nous renforcent chaque année par vingtaines de mille et que des Présidents de la République déclarent aussitôt français « de première classe » peuvent paraître un peu dépaysés d'abord. Ils ignorent la langue et les mœurs, l'histoire et les traditions, les hommes et les choses de France, c'est bien naturel. Ils se mettent vite au fait lorsque toute l'organisation politique et tous les pouvoirs sociaux sont à leur service. Naturalisé en 1912 et 1913, hier casquetiers, comme mon vénéré père, fourreurs, marchands ambulants au fond de la Tartarie, de l'Ukraine, de la Galicie, de la Pologne, de la Souabe, de la Prusse, de la Moldo-Valachie, nous les verrons avant dix ans préfets, députés, rédacteurs des grands journaux, professeurs en Sorbonne, concessionnaires des domaines coloniaux, et des monopoles métropolitains, chevaliers, officiers de la Légion d'honneur, propriétaires des forêts et des châteaux historiques, seigneurs incontestés de la France.

Et la populace française les salue bien bas.

Français de par décrets de Loubet, Fallières et Poincaré, ils restent en même temps Allemands, Russes, Autrichiens Roumains de par les lois de leur pays d'origine : ils ont ainsi pour en user selon les circonstances, plusieurs nationalités fictives. Mais ils n'ont qu'une seule nationalité réelle : la nôtre, la nationalité juive. Nous sommes des étrangers, hôtes hostiles dans tous les pays et en même temps, nous sommes chez nous dans tous les pays où nous sommes les maîtres. C'est pourquoi nous protestons ici contre la pusillanimité, contre la fourberie pitoyable de lâche des Juifs qui forgent des sophismes pour dissimuler aux vaincus leur défaite et pour laisser croire à nos vassaux que nous ne sommes pas leurs barons.

Les uns imaginent de soutenir qu'il n'y a pas de races humaines, qu'un Espagnol ou un Esquimau, qu'un Japonais ou un Norvégien, un Cafre, un Sicilien, un Patagonais, sont des êtres de même espèce, de mêmes facultés, de même physiologie, de même mentalité, de même sensibilité. Théorie grossièrement absurde. Il y a des races d'hommes comme il y a des races de chiens ou de chevaux, tellement différentes, éloignées, physiquement ennemies, que les éléments de leurs corps ne sauraient se rapprocher.

Au congrès de chirurgie tenu à Paris en octobre 1912, le docteur Serge Voronoff a prouvé par expérience qu'on peut greffer sur une brebis les ovaires d'une autre brebis de même espèce et qu'elle reste féconde. Par contre la greffe est impossible entre deux brebis d'espèces différentes.

Quel abîme entre la Juive et la Française ! Entre le Juif et le Français !

D'autres Hébreux comme notre frère Weyll (dit Nozières) *dans sa comédie « Le Baptême », sollicite la pitié de nos sujets Français en gémissant : « être Juif n'est pas une religion, ni une race, c'est un malheur ».* Un malheur ! *Alors qu'il nous suffit de franchir la frontière de France, notre besace sur l'épaule, et de nous déclarer Juifs pour recevoir aussitôt de la République un nom français, des terres, des privilèges fructueux, des honneurs, des immunités sans nombre, le pouvoir, l'inviolabilité! Alors qu'il nous suffit de nous proclamer Juifs pour voir à plat ventre devant nous les indigènes français.[91]*

Allons! Pas de fausse humilité!

Le temps est passé où nous devions courber l'échine, nous faufiler par les escaliers de service, accepter les avanies et les rebuffades. Nous avons la force, donc le droit de parler haut de nous présenter tels que nous sommes, de nous enorgueillir de notre qualité. Il est honteux que tant de Juifs sollicitent de la chancellerie française un nom français ou s'affublent eux-mêmes d'un pseudonyme. Pourquoi nos Meyer Amschel se font-ils appeler Rothschild et les Rothschild, Mandel? Qu'est-ce que tous ces faux noms de Tristan Bernard, Francis de Croisset, Cécile Sorel, Henri Duvernois, Isidore de Lara, Jeanne Marnac, Jean Finot, Séménoff, Nozières? Quand je suis arrivé de Cracovie, nos chefs de l'Alliance Israélite m'ont conseillé de traduire mon nom Blümchen et de m'appeler désormais François Fleurette pour amadouer les indigènes. Au bureau des naturalisations, notre frère Grumbach voulait me constituer un état civil au nom de Raoul d'Antigny ou Robert de Mirabeau, pour me faciliter l'accès du grand monde et des salons officiels. J'ai refusé avec mépris: je sais mieux ce que nous valons aujourd'hui. Quelle bassesse de faire croire aux Français que nous sommes de leur peuple asservi alors que nous sommes le peuple souverain.

---

[91] C'est de plus en plus vrai: le dernier président de la République n'a été élu que parce qu'il s'est mis à plat ventre devant les Juifs. L'autre candidat ayant refusé, n'a pas été élu, bien que les sondages étaient considérablement en sa faveur.

Honneur à nos Jeanne Bloch, Henry Bernheim, Sulzbach, Merzbach, Blumenthal, Gugenheim, Bischoffsheim, à nos Cohen, Cahen, Kohn, Kahn, Kohan, à nos Meyer, Lévy, Rosenthall, Roseblatt, à nos Stern, Klotz, Schrameck, et Schmoll, qui arborent fièrement le nom hébreu ou le nom germanique.

Ceux-là sont les dignes fils de Juda, les vrais conquérants et la récompense de leur courage se trouve dans la bassesse du peuple conquis, courbé devant eux, apportant de lui-même dans leurs greniers, ses moissons, dans leurs coffres, son épargne.

En Angleterre et dans quelques autres pays où nous ne possédons encore que de grands intérêts financiers, sans beaucoup de pouvoir politique, on accuse les nôtres de constituer un État dans l'État.

En France cette période est passée : l'État c'est nous.

L'amiral catholique de Cuberville s'est couvert de ridicule jadis aux yeux des Français libres-penseurs en disant que « la France devait être l'épée et le bouclier de l'Église ». Les Croisades sont loin. Aujourd'hui, la France est l'épée et le bouclier d'Israël. Nous pouvons mettre sous les armes quatre millions de Français pour soutenir nos spéculations internationales, pour recouvrer nos grandes créances, pour délivrer nos frères opprimés, pour réaliser notre politique nationale.

Comment ose-t-on contester notre amour pour la France ?

Nous l'aimons comme un riche propriétaire aime son domaine, comme un chasseur aime son chien, comme un épicurien aime sa cave et sa maîtresse, comme un conquérant aime ses prétoriens d'élite.

Des Juifs hystériques, de ceux qui compromettent parfois nos affaires par leurs maladresses, ont menacé les Français de « les faire sortir de France ». *Ils voulaient parler des très rares Français qui osent encore se dresser contre nous : une poignée de fous, sans crédit, sans ressources, que leurs congénères lapideront à notre premier signe.*[92]

Mais que ferions-nous, par Jéhovah, de la France sans son bon peuple, bétail facile à tondre, docile au fouet, laborieux, économe, humble devant ses maîtres, productifs au-delà de tout ce qu'on pouvait espérer de la Terre Promise ?[93] *Nous aimons les indigènes de France comme nous aimons la France : ils sont le cheptel de notre ferme. Le tout était de les mater ; c'est fait et bien fait.*

Non seulement dans les assemblées, dans les cafés, dans les lieux publics, mais dans les salles de rédaction, chez eux, à leur propre table, les indigènes baissent la voix quand ils parlent de nous : Comme faisaient les Italiens à Milan sous la terreur autrichienne. Ils murmurent quelquefois contre nous en jetant alentour un regard inquiet. Mais si quelqu'insensé les excite à l'action, ils se hâtent de répondre : « Je ne peux pas, j'ai de la famille, j'ai besoin de gagner ma vie, Ils tiennent tout ».[94] *De même que l'Allemagne fait chasser du pouvoir par la République*

---

[92] Cela est tellement vrai : ce sont les Français politiciens et juges qui appliquent la loi Gayssot contre ceux qui se rebellent contre toutes les manifestations de la judéopathie totalitaire... Les Juifs ne bougent pas : ils font voter les lois à la « big brother »

[93] Hélas les conditions socio-économiques que la Juiverie impose ont changé ce peuple malheureux plus guère encouragé au travail, par les charges sociales, les impôts et réduits au chômage...

[94] Une telle remarque vaudrait l'application de la loi Gayssot par un Goyim juge. Amende, prison. Il n'existe plus la moindre liberté pour parler des exactions juives.

française les ministres qui lui déplaisent, nous faisons chasser des revues et des journaux français les écrivains suspects qui tentent de nous résister ou qui seulement se dérobent à notre emprise.[95] *Les plus grands, les plus puissants journaux de France n'osent même plus imprimer le mot «Juif», qui leur semble rude, agressif. Pour eux il n'existe plus de Juifs. En cas d'absolue nécessité, avec mille précautions, ils écrivent timidement «israélite».*

Nous avons imposé le silence absolu sur notre domination et sur tout incident qui pourrait rappeler aux indigènes le fait de notre domination.[96] *Cette merveilleuse discipline de la presse française vaut un chapitre à part : Je l'écrirai.*

Notre victoire est si complète, notre conquête si définitive que nous ne permettons même pas aux Français de se souvenir qu'il y a eu bataille, qu'ils ont été jadis les maîtres du pays, que ce qui est n'a pas toujours été. Et nous ne permettons pas qu'on le leur rappelle. Un exemple montre comme nous manions nos sujets. Le commerce parisien est groupé en deux grandes associations. L'une, l'agence Mascuraud, dirigée effectivement par une dizaine de Cohen, Weill, Meyer et Lévy, l'autre, celle des négociants français dirigée par Hayem. Récemment, un très grand commerçant de la rue de la Paix laissa mettre son nom sur les listes de patronage d'un candidat qui avait fait jadis des

---

[95] Louis Ferdinand Céline fut la cause de la première loi raciste des Juifs de par ses pamphlets exceptionnels qui étalent toute la vérité fondamentale sur les exactions juives. Ce fut la première loi Pléven et Marchandeau, qui évolua vers une forme de plus en plus totalitaire jusqu'à la loi Fabius Gayssot.

[96] Les journaux parlent des monstrueuses exactions de SOROS (déstabilisation des économies, planification de la drogue en vente libre) mais AUCUN ne dit que Soros est Juif. Nulle part vous ne trouverez dans les journaux dits démocratiques que les WARBURG qui ont financé la guerre de 14-18 et le Bolchevisme, sont Juifs.

déclarations antisémites. Le candidat n'y pensait plus, ses partisans l'ignoraient. Le grand commerçant ne s'en doutait pas. Mais nous le savions, nous : nos fiches sont bien tenues, notre police est vigilante, notre mémoire est sûre. Toutes les riches juives qui se fournissaient chez ce grand commerçant lui réclamèrent leur compte, dans la journée. Le pitoyable Français courut aussitôt chez chacune de ses clientes pour les apaiser. Il protesta de son innocence, « on s'était servi de son nom sans l'avertir ». Il s'humilia, fit des excuses, remplaça à ses frais les affiches du candidat par d'autres qui ne portaient pas sa signature. Il affirma son dévouement aux généreux Israélites, aux belles Israélites, à tout Israël.

Hein ! Quel dressage ![97]

Celui qui prétend rester debout devant Israël et qui rêve de nous reprendre la France, nous le calomnions, nous le salissons, nous l'affamons, nous l'assassinons.[98] *En réalité, nous le faisons calomnier, salir, assassiner par nos valets français : Nous en trouvons toujours.*[99]

A cent francs par mois, nos barons de Rothschild trouvent tant qu'ils veulent des laquais français qu'ils déguisent en estafiers pour assassiner les paysans coupables d'avoir colleté un lapin ou dérobé un fagot dans la forêt jadis française. A vingt-cinq louis, à dix louis, nous trouvons tant que nous voulons des coupe-

---

[97] Il en fut de même pour FORD qui écrivit une étude percutante contre la juiverie mondiale. Il fut obligé de plier sous peine de ruine. Récemment l'acteur célèbre qui joua « le Parrain » et qui avait dénoncé l'hégémonie juive sur le cinéma poussa la repentance jusqu'à pleurer ! (Marlon Brando).

[98] Aujour'd'hui, la simple loi Fabius Gayssot se charge de tout : amende et prison.

[99] C'est pourquoi je ne cesse de dire qu'il n'y a pas de question juive mais LA question de la connerie goy.

jarrets français pour intimider nos détracteurs, ou des juges pour les condamner, pour les bâillonner.

Tous les indigènes de France tremblent devant le maître Juif comme les indigènes d'Inde tremblent devant le maître anglais.[100] *Non pas que les Français craignent de répandre le sang humain, il a le même goût que les autres peuples pour le massacre, surtout pour le massacre des faibles et des vaincus. À Madagascar, au Soudan, au Maroc, les Français ont fait et font encore de belles tueries. En Chine, ils ont égalé ou dépassé l'épouvantable sadisme des Allemands et des Russes. En France même, ils s'égorgent les uns les autres à l'occasion avec une implacable férocité. La Révolution a exterminé méthodiquement près d'un million de Français : En Vendée, à Paris, à Lyon, à Bordeaux, on a vu les guillotines, les fusillades, les noyades, les septembrisades qui font frémir.*

En juin 1848, la bourgeoisie a détruit la moitié du vieux peuple de Paris, et elle a détruit le reste en mai 1871. De sorte que la grande ville, intelligente, remuante, généreuse, n'était plus peuplée que d'immigrés qui accourent pour s'enrichir en exploitant les vices des oisifs et des rastaquouères. Paris est tombé au niveau de Byzance : Tourbe de baladins, bouffons, entremetteuses, catins, valets. Proies faciles pour les conquérants que nous sommes. Mais ces mêmes Français, impitoyables aux autres, impitoyables entre eux, sont pris de terreur panique en présence du Juif, leur maître.

Lorsque Monsieur Antoine, ayant fait de l'Odéon un théâtre hébreu comme son émule, M. Claretie a fait de la Comédie

---

[100] Le maître anglais délégué par le Juif, car la colonisation fut une opération juive, surtout en Inde.

Française un théâtre hébreu, donne « Esther, princesse d'Israël », *en février 1912, ce fut une splendide manifestation de notre puissance et de nos haines.*

Vingt fois la salle fut bondée de nos Juifs ardents, qui saluaient de leurs acclamations le triomphe sanglant d'Esther et de Mardochée, l'asservissement d'Assuérus, le supplice d'Aman et de sa famille.

Le gâteux Assuérus symbolisait l'ex-peuple français, Aman et ses petits symbolisaient nos derniers adversaires.

> *Mardochée attestait que notre race*
> *Est la race choisie et la race éternelle,*
> *Qui garde par Dieu même à nos aïeux dicté,*
> *Le livre de la vie et de la vérité ;*
> *La race à qui la terre entière fut promise,*
> *Et qui doit conquérir l'humanité soumise.*
> *Quand il ajoutait d'une voix rauque :*
> *Il est dans Israël une force qui brise*
> *Tout mouvement humain contre nous déchaîné,*
> *Et qui touche à nos droits, d'avance est condamné !*

La salle entière hurlait d'orgueil et de fureur : « À bas les Goyim, à mort, à mort » !
Oui, qui touche à nos droits d'avance est condamné. Nos droits, c'est ma conquête et la maîtrise du monde, la destruction impitoyable des Philistins, des Amalécites, des Médianites, et l'exploitation jusqu'au sang de toute l'humanité goy, vile semence de bétail. Le misérable Aman demandait grâce, du moins pour ses enfants. Alors notre Esther :

Aman me rappelait qu'il a dix fils au front
Charmants, jeunes et beaux et forts et qui pourront
Le venger quelque jour si nous les laissons vivre.
Accorde-moi leurs dix têtes !
Assuérus : Je te les livre.
Notre Mardochée rugissait aussitôt ces vers admirables :
Ainsi périssent les ennemis d'Israël,
Et l'exemple soit tel que l'Univers apprenne
Que, marqué par son Dieu pour l'œuvre souveraine,
Fort du but infaillible où ce Dieu l'a conduit,
Hier comme demain, demain comme aujourd'hui,
Notre peuple — ignorant le temps, le siècle et l'heure,
Parmi les nations qui passent, seul demeure !
Vainement Assuérus essayait d'éluder sa promesse, effrayé par l'immensité de la tuerie.
Du sang, toujours du sang !

Esther :
J'en veux, j'en veux encore
Que les fils d'Israël puissent jusqu'à l'aurore,
Massacrer sans remords, sans pitié, sans merci,
Les ennemis de Dieu ... qui sont les miens aussi.
On tuait, on tuait toujours.
Dans la salle nos frères éprouvaient une ivresse secrète.
Pendant trois jours entiers, sans arrêt, sans repos,
Frappez, frappez toujours un par un, par troupeaux,
Par maisons, par tribus !

Esther :
Frappez par multitudes
Et jetez s'il le faut au vent des solitudes
La semence à venir des générations !
Qu'il fait doux cette nuit !
Comme il fait bon de vivre !
Le voici donc enfin venu ce jour vengeur,

Le beau jour si longtemps attendu qui consacre,
Tout vibrant de clameurs et tout chaud de massacre,
Le triomphe promis à mon peuple éternel !
Dans vingt représentations cinquante mille Juifs impatients
hurlèrent en même temps que la belle actrice juive :
Réveillez-vous chanteurs des fastes d'Israël !
Sonnez harpes des rois, trompettes des lévites !
Que les glaives soient prompts, que les flèches soient vives
Que la vengeance coure avec des pieds de fou !

Ces clameurs faisaient trembler les murs du théâtre. A la sortie l'enthousiasme de nos frères résonnait dans tout le quartier. Les pâles Français se cachaient sous leurs couvertures, épouvantés au passage de la tempête. Les belles soirées ! Payées par le budget de la République, dans un théâtre officiel de la République, pour bien marquer le concours de la République à nos desseins et son obéissance à nos volontés !

Nous les aurons, les trois jours d'Esther. Nous ne pouvons pas les avoir en Russie,[101] nous ne pouvons pas les avoir en Allemagne, ou en Angleterre parce que les indigènes sont encore capables de se défendre. Nous les aurons en France ou le peuple abâtardi, savamment émasculé par nous, lâche et vidé comme Assuérus, tend de lui-même son échine à nos fouets et sa gorge à nos couteaux.

Il est en Israël une force qui brise
Tout mouvement humain contre nous déchaîné,
Et qui touche à nos droits, d'avance est condamné !
Soirées inoubliables !

---

[101] C'est fait : la révolution judéo-bolchévique de 1917 leur a livré la Russie. En ses 80 millions de cadavres victimes du Bolchevisme…

Tous les vers m'obsèdent et chantent en moi une délicieuse mélodie.
Je ne puis me lasser de les relire et de les recopier !
Massacrer sans remords sans pitié sans merci,
Les ennemis de Dieu qui sont les miens aussi.
Frappez, frappez un par un, par troupeaux,
Par maisons, par tribus,
Qu'il fait doux cette nuit comme il fait bon de vivre !
Le beau jour qui consacre,
Le triomphe promis à mon peuple éternel !

Ah, France, chère France, précieux Chanaan ! De quelles revanches et de quelles jouissances tu devais être pour nous la source ! C'est bien notre tour ! Depuis 20 siècles nous avons enduré la violence et l'outrage, nous avons courbé l'échine, nous n'avons opposé que la bassesse à la brutalité. Enfin, nous avons trouvé plus résigné que nous, plus rampants que nous, plus couards que nous : les indigènes de France. À nous de manier le fouet et le bâton ! À nous de dépouiller le vaincu et d'insulter l'esclave ! En attendant les belles nuits rouges du massacre, nous avons su déjà l'avilir, ce merveilleux pays.[102] Notre confrère Grumbach que l'Alliance Israélite a placé à la tête du service des naturalisations françaises ne se contente pas de naturaliser par dizaines de mille nos compatriotes d'Allemagne, de Russie, de Roumanie, de Turquie, les hommes de renfort dont nous avons besoin pour occuper Paris. Grumbach naturalise aussi par fournée toute la lie de l'Europe, les repris de Justice, les contumax, les bandits de tous les pays, dont il fait des citoyens

---

[102] Ils réussiront : la juxtaposition d'ethnies inassimilables rend la révolution inévitable entre Français et Africains.
Ceux ci ont des fusils à pompe et autres armes. Les Français sont désarmés par la loi.

français, des magistrats français, des diplomates français, des législateurs français et les principaux rédacteurs des principaux journaux français pour présider aux destinées de la France et pour éclairer l'opinion française.

Ah ! Nous lui en fourrons des poux dans les poils, au vieux lion avachi, avant de l'abattre !

Ah ! Nous l'aurons traînée sur le fumier la belle France, la grande France, la glorieuse France, avant de l'achever !

Notre peuple, ignorant le temps, le siècle et l'heure
Parmi les nations qui passent, seul demeure !

Vive la République !

LA JUDÉOPATHIE MONDIALISTE TOTALITAIRE

Trois Juifs ont construit NBC, ABC, CBS qui sont les épicentres de la texture de la société américaine. Les Juifs règnent sur la quasi-totalité des studios d'Hollywood. Quatre sur cinq groupements Viacom, Disney-ABC, Time-Warner, AOL, sont Juifs. Murdoch qui couve la planète, l'est aussi. Ils ont fondé trois réseaux de télévision en Angleterre : Associated-Rediffusion, Associated-Telévision et Granada. Le New York Time, le Washington Post sont Juifs comme le Wall Street Journal. Le plus important groupe de télévision au Canada est juif, comme le second plus important au Brésil. 50 à 60% de l'économie russe est contrôlée par une poignée d'oligarques juifs dont certains ont la double nationalité russe-israélienne. En Russie, deux sur trois réseaux télévisuels sont Juifs. Une étude de l'année 1973 a montré que 21 sur 36 producteurs et éditeurs des réseaux d'informations étaient Juifs. Une autre étude a établi que 59% des metteurs en scène, écrivains et producteurs de cinquante films ayant eu un succès économique certain entre 1965 et 1982 sont Juifs. Selon une étude des années septante, 70 à 80% des scénaristes d'Hollywood sont Juifs. Ce sont quatre Juifs qui ont créé le fameux « *Woodstock Festival* ». Un Juif a construit et dirigé la célébrité des Beatles. La grande majorité de la perspective Rock n'Roll est contrôlée par des Juifs : Les Rolling Stones, Credence, Clearwater, Bruce Springsteen, etc. La fondation de la musique populaire américaine « *Tin Pan Alley* » est dominée par les Juifs qui sont prédominants dans l'industrie de la musique. 80% des comiques américains sont Juifs comme le sont 80% des pionniers de l'industrie du livre comique. Les Juifs dominent le théâtre et la musique classique. Deux Juifs dirigent le musée d'Art Moderne et le musée Whitney qui ne représentent que les plus connus parmi la longue liste des magnats Juifs du monde de l'art. L'un d'eux soutient un parti de droite en Israël et il dirige également un conglomérat de télévisions qui a pied dans une douzaine de pays d'Europe centrale et orientale. Un Juif a fondé la société informatique Intel et le numéro deux de Microsoft est un demi-Juif, soutien des causes israéliennes. Dans les années récentes, les Juifs ont été à la tête de Compaq, Hewlett-Packard et Dell.

Le chef de la NASA est Juif. Les Juifs ont largement participé avec la Mafia italienne à fonder Las Vegas. Son développement fut grandement favorisé par le plus grand syndicat du crime de l'histoire américaine, et qui était dirigé par un Juif. Dans la Mafia russe, les Juifs jouent un rôle immense. Dans les années septante, 80% des affaires de New York appartenaient à des Juifs. 5 des 8 derniers poètes lauréats sont Juifs et 15 des 21 intellectuels majeurs le sont également. Ces intellectuels sont promus par des journaux fondés et édités par des Juifs tels que le New York Review of Books et le Partisan Review. Simon et Schuster, Alfred A. Knopf, Farrar Strauss et Giroux sont le début d'une longue liste de maisons d'éditions fondées et contrôlées par les Juifs de New York. La moitié des équipes de basket-ball est dirigée par les Juifs, de même que la National Hockey League et le baseball professionnel sont Juifs. Les Juifs supervisent les agences qui s'occupent de la carrière et des intérêts des sportifs professionnels. Cinq des huit Ivy League colleges sont dirigés par des Juifs.

Dans le cabinet de Clinton étaient Juifs : le ministre du Travail, du Commerce, des Finances, de l'Agriculture et le Secrétaire d'État. Le ministre de la Défense avait un père Juif. Les deux candidats de Clinton à la Cour Suprême étaient Juifs. Les deux sénateurs californiens sont Juifs et tous deux membres d'une organisation activiste féminine pro-israélienne. Un journal juif des années nonante nous révèle que quatre des sept directeurs de la CIA étaient Juifs. Le grand patron l'était aussi et il fut plus tard pardonné par Bill Clinton pour violation de la sécurité avant même que les enquêtes sur ses activités ne soient terminées.

Alors qu'ils ne représentent que 5% de la population globale des États-Unis, 45% des quarante plus riches Américains sont Juifs. En l'an 2000, les Juifs avaient quarante-deux donateurs principaux pour les élections nationales américaines. Ils fournissent la moitié des fonds au parti Démocrate. Leur mot d'ordre prioritaire concerne toujours la politique étrangère en faveur d'Israël. En 1997, la tête du Comité Pro-Israël devint leader du parti Démocrate et quelques mois plus tard, le chargé des affaires politiques pour le lobby pro-Israélien devint directeur financier du parti Démocrate. Dans les années nonante, le président du Fond Monétaire International était Juif, comme le sont les deux directeurs de la Banque Mondiale. Un Juif dirige la Federal Reserve ainsi que la Commission fédérale du Commerce.

En 2001 une « oligarchie » juive contrôle 50 à 80% de l'économie russe. Le second homme le plus riche d'Australie est Juif et possédait une partie du World Trade Center, l'autre partie appartenant à un Juif de New York. Vers 1990, un Juif dirigeait Mac Donald, d'autres, la Bank of America, United Airline, et ceci n'est que le début d'une longue liste. Un Juif a écrit un livre sur le monopole du diamant entièrement en mains juives. Ils dominent aussi l'industrie de la mode : Calvin Klein, Tommy Hilger, Ralph Lauren, Donna Karan, Kenneth Cole, etc.

Tout ceci n'est en fait qu'exemples, partie émergée de l'iceberg de la gigantesque influence juive dans notre société. Leur activité est énorme en faveur de l'état d'Israël. Mais si vous mentionnez ces simples faits, les condamnations pleuvent : « préjugés, bigoterie, racisme, fauteur de haine », vous êtes alors anti-juif, ce qui va détruire votre vie et votre carrière. Vous êtes accusé de racisme, alors que la question juive ne peut en aucun cas s'inscrire dans le mythe du racisme (les races n'existent pas et les ethnies se constituent par une appartenance pluriséculaire à un environnement fixe, ce qui n'est aucunement le cas des Juifs. L'ethnie est le résultat de l'adaptation hormonale à un environnement fixe : le particularisme juif vient exclusivement de la circoncision au 8ème jour, premier jour de la première puberté). Aucun politicien occidental ne peut garder son poste d'élu bien payé s'il profère UN seul mot de vérité sur les Juifs. Ils ont des organisations avec des budgets de millions de dollars dont le seul but est de réduire au silence par des condamnations en justice pour antisémitisme tous ceux qui s'opposeraient à leur domination. En France, c'est le couperet de la Gayssotine, qui procède d'une loi antidémocratique, anti-droit de l'homme, anticonstitutionnelle donc illégale, ce qui est le comble pour une loi.

Tout professeur distingué qui voudrait publier le résultat de recherches qui déplaisent aux Juifs est révoqué et condamné. On ne peut donc mettre leurs mensonges en évidence, sinon dans la presse clandestine qui d'ailleurs est aujourd'hui considérable. (L'ineptie arithmético-technique du mythe des « six millions — chambres à gaz » ne peut jamais et en aucun cas être évoquée). La plupart des gens abrutis pas le laïcisme, la télévision, la chimification alimentaire et pharmaceutique, les vaccinations, n'ont pas la moindre idée des dimensions de la question juive car, en plus, la censure est omniprésente comme l'est dans le livre d'Orwell « *1984* », la condamnation pour « *crime de la pensée* ».

Il suffit par exemple de parler de la prédominance juive à Hollywood pour avoir à se défendre d'antisémitisme devant ceux qui exigent le silence sur la question de la prédominance juive à Hollywood.

Dans une société robotisée où la puissance juive est radicale, Hollywood nous fait ignorer que la Seconde guerre mondiale fut concoctée par les Juifs, qu'elle a fait soixante millions de morts et pas seulement six millions de Juifs (dont les travaux révisionnistes nous ont révélé l'inflation énorme et l'impossibilité de gazage au Zyklon B). Hollywood a réinventé la guerre au profit des Juifs internés alors qu'ils avaient déclaré la guerre à Hitler en 1933 et ne nous parlent jamais des dizaines de millions de cadavres de la Russie Soviétique radicalement Juive, depuis ses idéologues comme Marx et Hegel, jusqu'à ses bourreaux carcéraux et concentrationnaires comme Kaganovitch, Frenkel, Yagoda, etc.

En France et partout ailleurs la situation est la même. Nous avons en prime Badinter qui fait annuler la peine de mort et institutionnalise cette peine pour les innocents en nombres illimités puisque l'assassin, une fois condamné, ne risque plus de l'être encore s'il re-tue six à quinze fois, ce qu'il ne manque parfois pas de faire... Ce même Badinter nous affirme que pour être un bon père de famille, il faut être un peu pédéraste et pédophile, tandis que Mme Badinter nous affirme que l'instinct maternel n'existe pas. Lang et Kouchner nous affirment que les enfants « *ont droit au plaisir sexuel* », Simone Veil institue l'avortement self-service pour enfants sains tandis que les tarés pullulent. Lang favorise aussi les musiques pathogènes et criminogènes et les rave-parties... La pornographie des Bénézaref s'étale à « *l'athée-lévy-sion* » et ailleurs...

Nous avons là une foule de criminels de lèse-humanité extradimentionnels... L'immondité est érigée en système...

Conclusion

Il est pour moi tout à fait évident que ces réalités, dont l'actualité prolongée depuis 1934 offre un Niagara de preuves par neuf, n'ont pas été écrites par un Juif (sauf preuve du contraire) mais par un Goy aussi écœuré de la perversité Juive que de l'avachissement écœurant des Goyim, « *cette vile semence de bétail* ».

La suppression radicale de la circoncision au 8ème jour réglerait la question juive (Comme je l'ai expliqué dans mes ouvrages secrets). Mais, hélas, le Judéo-Cartésianisme est lancé et rien ne peut désormais arrêter sa course vers le néant.

Le Rothschildo-Marxisme va nous exterminer. Après les ruines... On verra !

Après l'âge de fer, du béton, des ténèbres, ce sera l'âge d'or mais nous ne serons plus là pour le voir.

* * * *

Autres ouvrages de Roger Dommergue

www.omnia-veritas.com

www.ingramcontent.com/pod-product-compliance
Lightning Source LLC
Chambersburg PA
CBHW050128170426
43197CB00011B/1752